天变1914
——第一次世界大战百年祭

石炜◎著

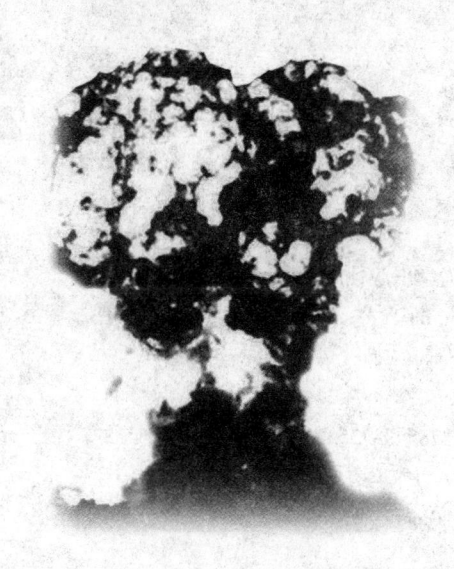

西南财经大学出版社

图书在版编目(CIP)数据

天变1914——第一次世界大战百年祭/石炜著.
—成都:西南财经大学出版社,2014.9
ISBN 978 - 7 - 5504 - 1498 - 3

Ⅰ.①天… Ⅱ.①石… Ⅲ.①第一次世界大战—研究 Ⅳ.①K143

中国版本图书馆 CIP 数据核字(2014)第 158351 号

天变1914——第一次世界大战百年祭
石 炜 著

责任编辑:王　艳
助理编辑:李晓嵩
特约编辑:潘志强
责任印制:封俊川

出版发行	西南财经大学出版社(四川省成都市光华村街55号)
网　　址	http://www.bookcj.com
电子邮件	bookcj@foxmail.com
邮政编码	610074
电　　话	028 - 87353785　87352368
印　　刷	北京合众协力印刷有限公司
成品尺寸	170mm × 240mm
印　　张	19.75
字　　数	320 千字
版　　次	2014 年 9 月第 1 版
印　　次	2014 年 9 月第 1 次印刷
书　　号	ISBN 978 - 7 - 5504 - 1498 - 3
定　　价	38.00 元

版权所有,翻印必究。

序

欲了解世界，必先了解西方，欲了解西方，必先通其文化，欲通其文化，必先了解其历史，而第一次世界大战的历史，就是我们今天亟须恶补的一课。

作为最古老的现代战争，第一次世界大战的爆发距今已整整100年了，但是直到今天，关于第一次世界大战的人物与故事，无论欧美还是日本的儿童都是耳熟能详的，反倒是把产品卖到了全世界、英语考试已成了一整套产业的中国人，对第一次世界大战的了解仍停留在教科书里轻描淡写的程度。

其实，作为一场最古老的现代战争，第一次世界大战既是我们了解西方的一把钥匙，又是我们参透西方人思维方式的一本教科书，更能帮助我们了解如今的世界格局是如何形成的。特别是西方各国在第一次世界大战前后治乱兴替的华章闹剧，更对我们将来如何找准路、下好棋提供了正反两方面的借鉴和参考。鲜为人知的是，第一次世界大战的影响至今也没有结束。无论是中东的动荡，还是巴尔干的隐忧；无论是乌克兰问题的悬而难决，还是中日之间冷若坚冰的局面；无论是"民族自决权"这一魔物的降生，还是现代国际恐怖暴力事件的滥觞……每一个现实问题，几乎都能在第一次世界大战中找到最初的影子。透过第一次世界大战的历史，我们依稀可以感到，直到今天，那场战争的余震仍时时震撼着我们这个脆弱的星球。

在那场古老的战争中，人们第一次发现了空袭的"妙用"，呼啸飞过的机群，从此带来了人类文明史上最具野蛮摧毁力的战争形态；而战争中踏破晨曦让当面的敌人望风披靡的坦克、远程火炮等现代武器，则开启了一个钢铁与火焰共舞的全新时代。接下来的100年间，人类的武器装备突飞猛进，但战争的形态仍是第一次世界大战模式的延伸与升级。

作为最古老的现代战争，第一次世界大战的战场，不仅是总体战的舞台，更显示出了钢铁与金钱相融合之后的可怕力量。当伯莎巨炮重达数吨的弹头从天而降时，中外几千年积累下的计谋与韬略，不得不让位于赤裸裸的"钢铁肌肉"；当原始坦克轰鸣着突破索姆河的晨雾时，没有人会怀疑，一场以机器为主角的划时代变革已悄然上演，最终在1945年以广岛上空升起的蘑菇云为标志，宣告着有核时代的到来。

如果以比较论去看待第一次世界大战前的欧洲，我们会发现，今天的人们如果去掉高科技的包装，生活质量和生活方式与100年前的欧洲人相比，也相差无几。甚至可以说，第一次世界大战前的欧洲，正处在人类历史上最为美好的年代。

在科学技术的助力下，当时的欧洲四处歌舞升平，人们尽享着文化与科技进步所带来的诸多成果，也正因如此，欧洲所主导的文明方式，从此之后成了世界各地努力发展的共同方向，连当时刚刚实现了共和、实际上仍将在半殖民地半封建社会的黑暗里徘徊许久饱尝血与火考验的中国人也不例外。

但是，偏偏就在这样一个年代里：长久的和平、充分发展的物质文明，从宣传战到外交战，从颠覆到阴谋，让国与国之间充满了敌意与排斥，和平繁荣的假象下，德国在军备上的野心勃勃，刺激了英国内政外交的根本转变，两个原本属于甥舅之国的盟友，开始走上了军备竞赛之路。

在英、德两大强国的明争暗斗下，原本你中有我我中有你的欧洲各国纷纷面对重新排队的抉择。这也让各国间的新仇宿怨交织在一起，更让各国人民忽然发现，自己生活中的点滴不如意竟然可以从邻国那里找到根源，于是人们的血脉中霎时间充满了杀伐的因子。

蔓延四载的战事，3000万人的死伤，打折了无数列强的脊梁，一连串赫赫有名的强国灰飞烟灭：茜茜公主童话故事的发生地奥匈帝国立国1000多年，却被这场战争搞得四分五裂；在近代史上让中国丧失了上百万平方千米土地的沙皇俄国，立国700余年，竟然也因内部的纷争而土崩瓦解；奥斯曼土耳其帝国历史上以领土横跨亚欧非三大洲而著称，而大战之后，则丢掉了大部分领土，版图几乎重新缩回到了800年前其祖先刚刚起家时的故土；拥有当时全球最强陆军和次强海军的德国，近百年来从未输一战，直到战争结束时仍牢牢占领着别国的大片国土，却也只能任人鱼肉。

胜利者呢？他们品尝到的也并非是胜利的甜美。英国被旷日持久的战争折腾得元气大伤，深受战争所累的日不落帝国各地纷纷脱离帝国寻求独立的声音甚嚣尘上，横行300年的大英帝国受此战所累，从此一蹶不振；法国被彻底打折了脊梁，胆气尽丧；屡次偷袭得手的日本再次"吃顺了嘴"，从此竟养成"偷嘴"的习惯。

如果说无论胜利还是失败，都是参战国甘苦自知的事，那么置身战争之外的地区和民族，至今似乎也没逃出第一次世界大战的影响与干扰。

第一次世界大战结束已经快100年了，但第一次世界大战带给人们的启迪，中国人鲜有深知者。

从历史的角度看，第一次世界大战带给我们的经验教训更是弥足珍贵——无论是东西方的关系、国与国的隔阂、强权政治的依旧，还是历史与民族的冲突、古老文明的复苏，今天的社会投射着太多第一次世界大战的影响，透过历史的阴霾，我们依稀仍能看到第一次世界大战中那徘徊不去的战争之影。第一次世界大战的各个战场，囊括了目前几乎全部的世界热点地区、热点领域，这也从另一个侧面似乎预言了未来百年间人类历史的发展——无论是巴尔干半岛的烽烟，还是乌克兰问题上俄罗斯与西方的对立；无论是阿拉伯地区狂飙突进的颜色革命，还是东亚地区永远有吵架声的日本对外关系，一个不小心，人类似乎又要跌入另一场第一次世界大战的深渊之中……

凡此种种，人类的历史仿佛很难逃出第一次世界大战的诅咒，任何国际问题，追根溯源，总能在第一次世界大战的前因后果中寻找到关联点。而对中国人来说，研究第一次世界大战、读懂第一次世界大战，更有一层现实的考量在其中——第一次世界大战所预示的历史兴亡周期，中国人能否凭借特有的智慧从中得以摆脱？

本书旨在通过对第一次世界大战的速写及特定事件与人物的白描，力图让人们感受到百年之前那场战争的丝缕气息，感知那场战争中个人的渺小与伟大、人性的荒谬与脆弱，使读者能通过研读这段模糊的历史，找到一个与世界对话的清晰波段。

出版者的话

第一次世界大战（World War I，W W I，Great War，以下简称一战）是一场于1914年7月28日至1918年11月11日间主要发生在欧洲但波及全世界的世界大战。当时世界上很多国家都卷入了这场战争。在1939年第二次世界大战爆发前，这场战争被称为"世界大战"。由于主要战场在欧洲，故20世纪早期的中国人又常称之为"欧战"。

第一次世界大战主要是同盟国和协约国之间的战争。德国、奥匈帝国、奥斯曼土耳其、保加利亚属同盟国阵营，英国、法国、日本、俄国、意大利和中国则属协约国阵营。在战争期间，很多亚洲、欧洲和美洲的国家加入协约国。中国于1917年8月14日对德、奥宣战。

第一次世界大战自1870年普法战争时期就种下第一颗种子，又在1878年柏林会议生根发芽。经过期间数次小规模冲突酝酿，最终因为萨拉热窝事件爆发。

这场战争是欧洲历史上破坏性最强的战争之一。大约有6500万人参战，战争造成了严重的经济损失，据估计损失约1700亿美元（当时币值）。

在一战之前的100多年，欧洲虽然也发生各种战争，但是几乎都短暂。即使是大名鼎鼎的拿破仑一世发动的欧洲全面战争，真正交战时间，也只是几个月。参战双方打打停停是常态，往往中间都有好几年的和平。至于在欧洲历史上名气很大的第二次意大利独立战争、克里米亚战争、普奥战争与普法战争，其实都是局部战争，历时都不长，烈度也不大。这导致了一战前，参战的各国政府普遍认为战争规模有限，战争也不会延续太长时间，对于后来双方陷入4年多的消耗战严重缺乏准备。

一战之前的时代比起19世纪已经有了本质的变化。快速发展的工业化，带来的直接结果就是能够供养与调动更多的军队士兵。40年前的普法战争时普鲁士只能动员38万正规军，到1914年的时候，德国已经能够动员200万军队，这在人类历史上是前所未有的惊人数字。

虽然各国都不想发动一次全面战争，但当对手竟然动员了200万军队，自己也必须动员足够的部队来对抗200万敌人。为了取胜，参战双方都需要动员更多的士兵。于是，战争一旦偶然爆发之后，就像脱缰的野马那样不受控制、不断升级，最终演变成了一场世界多国卷入的全面战争。

同时，由于军队数量的增加和国家组织能力的变强，一场战役的胜负不再能决定整个战争的胜负。死伤的士兵，国家很快能够组织预备役补上；损失消耗的物质装备，也能靠大工业的生产线源源不断地生产补给。战争变成工业能力的比拼，变成了整体国力的抗衡，只有到一个国家的实力基本耗尽，才能分得出胜负。4年恶战，参战人数高达6500万人！而协约国士兵阵亡总数达5 497 600人；同盟国士兵阵亡总数为 3 382 500人，交战双方受伤人数2000万人左右。各国的平民死亡总数为6 493 000人。这在人类历史上无疑是一场前所未有的大浩劫。

一战之前的欧洲国际关系局势是一个动态均衡的格局，自从拿破仑一世之后，各国实力并没有非常大的差距，并没有非常大的差距，互相制衡。欧陆各强国与英国为了争夺欧洲霸权而相互博弈，分分合合，各有主张。今天有普奥战争，明天又有三皇同盟，后天又有俄奥敌对。在这种局面下，任何一个大国在局部取得绝对的霸权，都会引发周围国家的联合抵制，不会出现一边倒赢家通吃的好事情，一国再强大，其越界行为都会导致周围国家的联合反弹，其攫取利益的代价与难度都会很大。真正老谋深算的卑斯麦，在普鲁士统一过程之中，发动每场战争前都会精打细算，慎之又慎。他会对一场战争所有可能的结果都进行了规划布局，对本国的战争目标和政治利益做了精确的计算，使得普鲁士在每一场战争中都能尽量获得最佳的性价比，同时也不会触发周围国家的集体抵制。因此，他驾驭的每场战争都非常快准狠，最典型的就是普鲁士和奥地利的战争，即使是大胜之后也要克制。实现政治目的后，强悍霸道的卑斯麦也觉得见好就收，才是比较符合当时欧洲形势下的国家利益。

一战后，曾经雄踞欧洲的沙俄帝国、德意志帝国、奥匈帝国、奥斯曼土耳其帝国这四大帝国覆灭，而巴尔干半岛与中东地区的民族国家则随之而起，如捷克斯洛伐克、南斯拉夫、匈牙利和伊拉克等。

事实上，除了这些老大帝国的消失，整个世界格局也发生了剧变。原来为世界金融中心及世界霸主的英国，在战后虽然领土有所增加，但其对领土的控制力却因战争的巨大伤亡与物资损失而大大削减，而其经济亦因战争而大受影响，出现严重衰退，从此其世界金融中心的地位让给了美国。这场大战也削弱了法、意、德等国；美国成为世界第一经济强国，并且此后维持百年；世界金融中心也由伦敦转移到纽约；日本则由债务国变成债权国，并侵占了原属德国势力范围的中国胶州湾及山东半岛。

一战之后，科技进步、文化交流融合提速，妇女地位日渐提升，各种国际组织陆续出现，人类社会进入一个前所未有的加速国际化进程。仅仅是以一战为主题的电影，就有《红男爵》《西线无战事》《空战英豪》《勾魂谷》《圣诞快乐》《燃情岁月》《失落的战场》《阿拉伯的劳伦斯》《西线无战事》《加里波底》《战马》与《魂断蓝桥》等脍炙人口的名作。这些作品之中都能折射出一战的残酷、对人性的冲击与对世界的推动。

总而言之，这一场规模巨大的现代战争，在大半个欧洲燃点了烽火，摧毁了原来的国际秩序，加速了世界的现代化，对于人性也是一次巨大的冲击，也为日后的第二次世界大战埋下许多隐患，对于今日世界的形成，有着莫大的意义。

在一战百年之际，我们特邀了笔锋带着浓烈感情的石烽撰写这本通俗的一战纪实。作者花了多年时间准备，对于世界战争以及大国变迁有深刻认知，本书的第一稿就贡献了30多万字。经过精心编辑后的本书定稿写法生动，在大事不遗漏的前提下，作者不厌其烦地再现了这场残酷战争前后的各种有趣细节，配以详尽的大事年表，非常具有可读性，让百年后的读者能够身临其境，见证大时代的脉搏与体温。对于一战之中的各种历史人物，作者则寄以同情之理解，细腻之解读，撰写了多个小传，提供了一个与长期以来脸谱化单薄的形象截然不同的文本。对于今天的广大读者而言，只需要看这一本书，就能够获得对于一战足够的有用信息。这也是我们出版者莫大的安慰与满足。

1815年至第一次世界大战大事记

1815年，反法同盟打败拿破仑后，召开维也纳会议。会上，欧洲二流小国普鲁士由于在反法战争中的特殊贡献成为赢家，在英国、俄国等国的帮衬下，领土大大拓展，成为欧洲强国。

1854年，奥地利帝国年轻的皇帝佛朗茨迎娶巴伐利亚茜茜公主为皇后，俩人自由恋爱的完美童话给偌大的帝国带来了无尽的隐忧。

1855—1856年，俄国为获得黑海出海口，与奥斯曼土耳其开战。英国、法国为了遏制俄国挺进地中海的势头，出兵援助奥斯曼土耳其，打败了俄国。

1861年，普鲁士国王腓特烈四世病死，其弟威廉一世继位。1862年，威廉一世任用冯·俾斯麦为首相，开始走上帝国霸业。

1864年，普鲁士打败丹麦，获得北德意志地区两个小邦的控制权，走上铁血扩张的道路。

1866年，普鲁士又打败欧洲强国奥地利，获得全德意志地区的控制权。奥地利战败后被迫改名为奥匈帝国，成为罕见的二元制国家。

1870年，法国为遏制普鲁士的崛起，与普鲁士爆发普法战争，法国战败，普鲁士收复以前被法国吞并的两个德意志小邦，并不顾俾斯麦阻挠，执意对法国课以惩罚性战争赔款。

1871年，顺利完成王朝战争的威廉一世在众臣劝说下，成为德意志皇帝，在法国巴黎凡尔赛宫举行了登基大典，但帝国诞生之日，法德两国也从此结下了世仇。

1888年，威廉一世之孙威廉二世继位后因不满老首相俾斯麦的专断而将其辞退，开始逐渐抛弃俾斯麦一手策划的内政外交路线。

1889年，奥匈帝国皇储鲁道夫自杀，佛朗茨皇帝被迫改立侄子斐迪南大公为皇储。

1900年，德国派兵参加八国联军入侵中国。此战中，德军以凶狠、残忍成为八国联军中臭名昭著的部队之一。

1904年，德皇威廉二世任命费希尔为海军大臣，开始雄心勃勃的造舰计划。英国也不甘示弱，从此和德国开始了长达10年耗资巨万的军备竞赛。

1905年，威廉二世想将法国觊觎已久的摩洛哥据为己有，德法关系剑拔弩张。法国为对付德国的威胁，不得不接过另一殖民竞争对手英国伸来的橄榄枝，英国与法国交好共同对付德国。

1905年，俄国为争夺远东领土，与东亚新秀日本展开的日俄战争以俄国全面失败而告终，从而引发俄国国内声势浩大的不满与起义，罗曼诺夫王朝的统治基础遭到严重的动摇。同年，拉斯普京进入沙俄宫廷，罗曼诺夫王朝从此开始了荒诞不经的末代时期。

1908年，奥匈帝国将委托管理的巴尔干波黑地区收入版图，引起塞尔维亚的不满。

1910年，丘吉尔出任英国海军大臣，对德国的军备刺激做出强硬回应：德国每造一艘无畏舰，英国将开工生产两艘。英德矛盾不可调和，战争一触即发。

1911年，第二次摩洛哥危机爆发，法国吞并摩洛哥，德国要求分一杯羹，遭到拒绝后，派遣军舰"豹"号前往摩洛哥，法德战争一触即发。英国宣布支持法国，并不惜与德开战；法国卡约政府也同意在非洲法属刚果给予德国一定补偿。此事虽告一段落，但第一次世界大战阵营已大体形成，双方势同水火。

1912年，第一次巴尔干战争爆发，塞尔维亚、保加利亚、希腊等摆脱奥斯曼土耳其奴役而独立的巴尔干小国，在英法支持下联手向奥斯曼土耳其宣战，奥斯曼土耳其几乎丧失掉了全部欧洲领土。

1913年，因为分赃不均，保加利亚与塞尔维亚、希腊反目成仇，互相攻伐，奥斯曼土耳其和罗马尼亚也先后加入战争，共同对保加利亚作战，第二次巴尔干战争爆发。最终第二次巴尔干战争以保加利亚求和、割地而告终，巴尔干局势由此开始进一步恶化。第二次巴尔干战争后，保加利亚彻底倒向德国和奥匈帝国一方。

1914年6月28日，奥匈帝国皇储斐迪南夫妇在视察波黑首府萨拉热窝时遭到塞尔维亚民族主义分子的刺杀。

7月28日，在得到德皇威廉二世的许诺后，奥匈帝国向塞尔维亚宣战。

1914年7月，奥斯曼土耳其倾全国之力募捐3000万美元委托英国建造的两艘超无畏级战列舰先后建成下水。此时第一次世界大战烽烟在即，英国急需武器装备，英国时任海军大臣的丘吉尔以担心两舰遭到第三方侵袭为借口，下令将两舰据为己有，并拒不偿还土方的造舰款。

7月30日，俄国和奥匈帝国开始战争总动员。

7月31日，德国向法国和俄国发出不得干涉奥匈帝国对塞尔维亚战争的警告。

8月1日，法国和德国先后启动战争总动员。

8月3日，德国向法国宣战，英国开始进行战争总动员。当天，英国向奥斯曼土耳其宣布两舰归还无望的消息，当天下午，奥斯曼土耳其与德国签订盟约，作为德国和奥斯曼土耳其两国友谊的见证,德国宣布将游弋在地中海的德国战列巡洋舰戈本号、布雷斯特号两舰赠予土耳其,改名为"雅武士号"和"米迪利"号。

8月4日,德国向比利时宣战,开始拂袖海峡计划,但在防守严密的比利时列日要塞前被比军所阻,德国偷袭法国的计划开始落空。同一天,英国以保护比利时中立国地位为借口,向德国宣战。

8月5日,奥匈帝国向俄国宣战。

8月6日,塞尔维亚向德国宣战。

8月7日,法军攻入阿尔萨斯地区。

8月10日,奥匈军队攻入塞尔维亚境内。

8月12日,大伯莎巨炮运抵前线,用于攻击列日要塞的坚固堡垒。

8月16日,俄军入侵德国的东普鲁士地区。

8月23日,英国远征军在比利时蒙斯与德军遭遇。

8月25日,饱受比利时军民游击战袭扰的部分德军火烧历史名城卢万,因此饱受国际舆论抨击。

8月28日,在德国东普鲁士进行的坦能堡战役结束,俄国第二集团军遭到灭顶之灾。

9月5日,德军挺进法国,在马恩河一带与法军、英军展开激烈战斗,即马恩河战役。

9月9日,马恩河边的德军被迫撤退,此时德军的前锋距离巴黎仅剩20千米。

9月上旬,奥匈军队与俄军在喀尔巴阡山北部西里西亚地区展开激战,战争以奥匈军队战略性撤退而告终。

9月15日,俄军第一集团军在马祖里湖区遭到德军强力打击。

10月9日,德军攻陷安特卫普。

10月28日,为了促使奥斯曼土耳其彻底倒向同盟国一方,已加入土军舰队的原德舰戈本号、布雷斯特号在德国籍舰队司令祖雄的指挥下进入黑海,突然袭击了俄国塞瓦斯托波尔等重要港口,俄黑海舰队无力抵抗,依赖从黑海进口盟国援助物资的俄国顿时陷入困境。

10月29日,奥斯曼土耳其帝国加入德国和奥匈帝国一方向协约国宣战,俄国黑海沿岸良港被土军封锁。

12月14日，协约国在西线发动全面攻势，但进展甚微。

1915年
2月7日至22日，德军再次在马祖里湖区打败俄军攻势。

3月18日，加里波利战役正式开始，但英法联合舰队进入达达尼尔海峡的企图没有成功。

4月22日，西线第二次伊普尔战役开始，德军发动进攻，企图占领英国远征军退往海峡的通道。

4月25日，英、澳、新军队在加里波利半岛登陆，企图突袭奥斯曼土耳其咽喉命脉，逼降奥斯曼土耳其，打开封锁俄国的黑海封锁线，结果因指挥不力，深陷滩头，澳、新军队死伤惨重。

5月11日，梦幻巨轮"泰坦尼克号"的姊妹船"卢西塔尼亚号"在大西洋被德国潜艇击沉，船上载有约2000名乘客，约半数随船沉入海底，其中大部分是美国公民。事件发生后，在英国舆论的推波助澜下，美德关系降到冰点，德国被迫取消无限制潜艇战。但事实上，"卢西塔尼亚号"自第一次世界大战开始以后已被英国改造成武装运输船，并耐人寻味地专沿英美大西洋航线航行。

5月23日，意大利摆脱德国和奥匈帝国两个旧盟友，宣布加入协约国一方向德国和奥匈帝国宣战

6月23日，意大利偷袭奥匈帝国，爆发了第一次伊松佐河战役，结果损失惨重，而这条蜿蜒于阿尔卑斯山区的河流，在未来几年中还将经历十多次类似这样死伤惨重却建树全无的低智商战争。

8月6日，加里波利战线，英军改为在苏佛拉湾登陆，但登陆方式、指挥官素质和指挥体系却换汤不换药，结果再次失去突袭意义，被奥斯曼土耳其军队反击。

10月6日，德军联合奥匈军队侵入塞尔维亚。

10月14日，保加利亚投入德国和奥匈帝国一方，向塞尔维亚宣战。

12月17日，黑格取代佛伦奇成为英国远征军司令。

1916年
1月8日，英军胜利完成从加里波利前线的撤军任务，英国媒体赞叹撤军过程

中未死一人，将灰头土脸的大撤退、大悲剧描写成史诗般的壮举，这对英国来说不是最后一次，当然，对世界来说，未来也不止英国一个国家这么粉饰太平。

2月21日，德军发动凡尔登攻势，企图凭借凌厉攻势一举夺取通往巴黎的通道，结束战争。

3月18日，为缓和西线盟友压力，俄军在准备不充分的前提下发动了东线攻势，结果可想而知。

5月5日，阿拉伯人民在得到英国政府的各项许诺后，开始在英国特工劳伦斯的领导下掀起反抗奥斯曼土耳其统治的大起义。

5月31日，日德兰海战爆发。战后，双方均宣称自己取得了决定性胜利，而事实则是德国海军尽管筋骨未伤，却从此困守港内不敢再参与第一次世界大战。

7月1日，英国和法国为了减轻凡尔登前线的压力，在西线北段发动了索姆河战役。

8月27日，罗马尼亚向奥匈帝国宣战。

9月3日，德军和保加利亚军队侵入罗马尼亚。

10月24日，法国在凡尔登前线发动反攻。

11月24日，希腊向德国和保加利亚宣战。

12月5日，劳合·乔治取代阿斯奎斯成为英国首相。

12月12日，霞飞成为法国西线总指挥官。

1917年

1月31日，德国宣布恢复无限制潜艇战。

2月3日，美国宣布与德国断交。

2月23日，西线德军撤退至兴登堡防线。

3月1日，美国向世界披露了德国企图勾结墨西哥在美国后院发动战争的"齐默曼电报"的相关内容。

3月15日，俄国二月革命爆发，沙皇尼古拉二世下台，俄国临时政府决定继续在协约国阵营里坚持对德国和奥匈帝国作战。

4月6日，美国向德国和奥匈帝国宣战。

4月16日，法军统帅尼韦勒发动了臭名昭著的尼韦勒攻势，不顾前方士兵死活一味强调进攻。

4月17日，法军前线部队开始陆续爆发哗变，成连成营的士兵拒绝执行军官下达的各项进攻命令。

5月15日，法军全面瘫痪，西线局势岌岌可危，贝当取代尼韦勒成为法军总司令。

7月1日，应英国和法国的邀请，俄军发动克伦斯基攻势，企图减轻西线英国和法国两国的压力，结果遭到惨败，使得原本就动荡不堪的俄国政局更加雪上加霜。

7月31日，英军发动第三次伊普尔战役，即帕斯尚尔战役。

11月20日，英军在康布雷地区首次集中使用坦克突破敌人阵地，取得不俗战果。

1918年

1月8日，美国总统提出"十四点"和平建议。

3月3日，苏俄政府与德国在布列斯特签订停战协定，被迫接受德国提出的苛刻条件，但为集中精力解决国内战争奠定了基础，而德国也通过此条约得以将东线百万大军西调。

3月21日，德军在西线发动大反攻，势如破竹。

7月18日，英军和法军开始反攻，展开第二次马恩河战役，逼退德军。

8月8日，英军发动攻势，德军损失惨重。

9月15日，协约国军队在希腊登陆，攻击保加利亚。

9月30日，保加利亚投降。

10月26日，第一次世界大战后期德国的灵魂人物鲁登道夫在千夫所指声中被迫辞职。

10月29日，德国水兵在基尔港发动叛乱。

10月30日，土耳其新政府宣布停火。

11月4日，奥匈帝国宣布停火，末代皇帝卡尔发表退位声明，让帝国内各民族自行决定去留，然后黯然流亡国外。延续千余年的神圣罗马帝国正式彻底消失，在其领土上出现了奥地利、捷克斯洛伐克、匈牙利、南斯拉夫等一大批新型民族主义国家。

11月9日，德皇威廉二世退位，流亡荷兰。

11月11日，停战协定于上午11点正式生效，第一次世界大战正式结束。

列国人物谱

对于初次接触西方历史的中国读者来说,最为艰涩的就是那些拗牙晦涩、大同小异的外国人名,鉴于此,本书写作过程中,笔者尽最大限度对相关事件进行了压缩,只突出重点事件的脉络和对事件发生起到重要作用的关键性人物,同时在此对相关人物进行了梳理,以便读者阅读时使用。值得注意的是,第一次世界大战史料浩如烟海,本书只是对其过程中易阐发作者著述主题的战事、事件进行了描述而已,很多战史、故事、人物因篇幅所限并未涉及,或仅点到为止,敬请读者理解。

德国

1. 威廉一世:普鲁士国王、德国第一任皇帝,起用铁血宰相俾斯麦,开创德国近代霸业。

2. 威廉二世:威廉一世之孙,其任内颠覆了其祖父与俾斯麦一手缔造的世界秩序,与英国和俄国交恶,为第一次世界大战的爆发铺平了道路。

3. 俾斯麦:德国首相,辅佐威廉一世缔造了统一的德国,并通过交好英国和俄国的方式为欧洲大陆的持久和平奠定了基础。

4. 提尔比茨:1897—1916年间担任德国海军大臣,使德国海军实力大大跃升,仅次于英国,由此引发了与英国交恶。

5. 老毛奇:威廉一世时期战功显赫的一代名将,为德国的统一立下汗马功劳。

6. 施里芬:曾任德军总参谋长,德国未来战争的总设计师,一手制订了以强化右翼为特色的拂袖海峡计划。

7. 小毛奇:老毛奇之侄,第一次世界大战初期德军总参谋长,施里芬计划的实际执行者,第一次世界大战陷入僵局后被解职。

8. 佛兰肯海因：小毛奇的继任者，其在位日短，最大的贡献就是发现了鲁登道夫与兴登堡这两位武学双璧。

9. 兴登堡：早年官运蹭蹬，晚年才在第一次世界大战舞台上大放异彩的杰出统帅，第一次世界大战后成为德国魏玛共和国总统，并给德国纳粹党的崛起开放了绿色通道。

10. 鲁登道夫：第一次世界大战初期崛起的德国杰出军事指挥家，他在东线和西线指挥的战役几乎战无不胜，第一次世界大战后逃亡瑞典，后回国参与希特勒主导的纳粹政治运动，晚年写作了《总体战》一书。

11. 皇储威廉：德皇威廉二世之子，1914年第一次世界大战初期担任集团军指挥官，在凡尔登战役中表现出色。

12. 齐默曼：德国外交大臣，第一次世界大战开始后一直致力于阻挠美国参战的各项计划，其中之一就是串通墨西哥制衡美国，未料保密不当被英国侦知，导致美国彻底倒向协约国一方。

13. 鲁普雷希特：巴伐利亚王储，第一次世界大战时德国西线方面军司令，负责在阿尔萨斯与洛林一带吸引法军主力，但他自恃王家身份下令反攻，让法军逃脱了被围歼的命运。因此，尽管他以战功显赫而著称，但在战略上却让德国永久地告别了胜利。值得一提的是，第一次世界大战后，他流亡海外，矢志不渝地反对纳粹政权，后被抓入集中营，直到二战结束才重获自由。

14. 霍夫曼：第一次世界大战中东线跃升出来的战略天才之一，坦能堡大捷的实际指挥者，后一直服务于东线，任东线总参谋长。

15. 克鲁克：德国西线第一集团军司令，在马恩河前线一度扭转了局势，差点就能率军直插巴黎的德国将领。

16. 比洛：德国西线第二集团军司令，同时遥控指挥克鲁克的第一集团军，是拂袖海峡计划的实际执行者，但由于过于谨慎，导致计划最终没有成功。

奥匈帝国

1. 佛朗茨皇帝：奥匈帝国元首。

2. 卡尔大公：奥匈帝国末代元首。

3. 茜茜公主：佛朗茨皇帝的皇后，一个充满叛逆精神的悲剧女性。

4. 蒂萨：奥匈帝国匈牙利方面的首相。

5. 斐迪南大公：奥匈帝国原皇储，1914年被刺杀，由此引发第一次世界大战。

6. 康拉德：奥匈帝国总参谋长，帝国内部坚定的鹰派，战略思想超前、新锐，但却忘记了奥匈帝国一盘散沙的现实。

土耳其

1. 恩维尔帕夏：第一次世界大战时土耳其帝国实际上的元首，青年土耳其党的领袖，第一次世界大战后流亡高加索地区。

2. 凯末尔：加里波利战役中涌现出来的土耳其军事天才，现代土耳其之父。

英国

1. 阿斯奎斯：第一次世界大战时期英国首相。

2. 黑格：英国远征军高级将领，1915年担任英国远征军总司令。

3. 汉密尔顿：英国将领，指挥协约国军队参加了加里波利战役。

4. 杰利科：英国公海舰队司令，指挥了著名的日德兰海战。

5. 基钦纳：1914年至1916年6月任英国战争大臣，他使得第一次世界大战前不被人看好的英军迅速具备了强大的动员能力，同时也使得英法联军的联合军事行动不至于流产，1916年死于交通事故。

6. 劳伦斯：第一次世界大战前的一个历史爱好者，第一次世界大战中深入土耳其占领下的阿拉伯地区发动起义，客观上为英国染指阿拉伯地区做出了杰出贡献，他却深以为憾。第一次世界大战后不久，死于一场神秘的交通事故。

7. 劳合·乔治：接替基钦纳的英国战争大臣，后出任英国首相。

8. 佛伦奇：英国远征军首任总司令。

9. 格雷：英国外交大臣。

10. 丘吉尔：第一次世界大战时期最受德国人欢迎的英国政客。第一次世界大战前后曾任英国海军大臣，军需大臣等职，但第一次世界大战中始终起着添乱的作用。因他无理没收奥斯曼土耳其军舰，导致奥斯曼土耳其倒向德国和奥匈帝国一方，封锁了重要盟友俄国的出海口；为了打通俄国的出海口，他又一手策划了加里波利战役，结果此战导致数十万协约国将士死亡，奥斯曼土耳其威风大涨，协约国威望降到谷底，因此被迫引咎辞职，以营长身份前往法国。事实证明，在法国当营长的这三个月，是他对英国危害最小的三个月。二战开始后，丘吉尔作为首相登上历史舞台，这一次，他一手促成了世界反法西斯同盟的建立。客观来看，作为一个老牌殖民主义者，丘吉尔对中国等半殖民地和殖民地国家以及苏联等体制不同的国家一向抱有排斥与反感的态度，但长期耳濡目染的政坛纵横术，让丘吉尔后期终成大器。

11. 乔治五世：英国国王，德皇威廉二世的表弟。

12. 费希尔：英国海军大臣、海军上将。

13. 高夫：英国前线指挥官。

14. 富勒：英国前线参谋军官，康布雷之战的始作俑者，却并未因此受到嘉奖，第一次世界大战后潜心学术，著有《西洋世界军事史》三卷本。

法国

1. 普恩加莱：第一次世界大战时法国总统。

2. 维维尼：第一次世界大战时法国总理。

3. 福煦：法国将军，崇尚攻势的鼻祖之一，后被任命为协约国军队最高指挥官。

4. 霞飞：曾任法军总参谋长、总司令，崇尚攻势的另一鼻祖。

5. 加利埃尼：法国将军，第一次马恩河战役的功勋之臣，后担任法国战争部长。

6. 卡约：前法国总理，第一次世界大战前法国总理的热门候选人之一，法国反对党领袖，为数不多的鸽派人物，第一次世界大战前因桃色事件被迫与法国总理之位无缘。

7. 尼韦勒：臭名昭著的法国军方代表，曾任集团军司令、英法联军总司令等职，他所指挥的战役以不顾士兵死活而著称，最终酿成西线规模巨大的士兵哗变。

8. 贝当：第一次世界大战中涌现出的法国将星，在凡尔登战役中扭转乾坤，被誉为法国的军魂人物、民族英雄。1917年5月之后担任法军总司令。二战时因在德国卵翼下组建维希法国傀儡政权而名声扫地，二战后被法国政府终身监禁。

9. 朗勒扎克：第一次世界大战初期法军第五集团军司令，后被当做法国战局失利的替罪羊而被解职。

10. 曼京：崇尚攻势的法国高级将领中的代表人物。

俄国

1. 尼古拉二世：俄国末代沙皇，与德皇威廉二世、英王乔治五世均为表亲，为人懦弱、执政昏庸、能力低下，同时又好大喜功，这些弊端最终导致了20世纪人类社会的一连串浩劫和灾难。第一次世界大战末期，被苏联红军处死。

2. 亚历山德拉：来自德国的俄国末代皇后，为人跋扈专横，狂热迷信所谓的圣僧，疯狂干政，最终导致俄国高层在一连串重大问题上进退失据。

3. 拉斯普京：身世奇特的传奇人物，关于他的争论至今也没有定论。综合而言，他是一个有一定治愈能力的气功师，他应该待在充斥着伤病员的前线野战医院，却错误地出现在内忧外患、急于寻找一根救命稻草以拯救国家危机和家庭悲剧的沙俄皇宫之中，结果除了给整个国家带来了一连串悲剧外，他本人也以挫骨扬灰的方式而收场。

4. 萨姆索诺夫：俄国第二集团军指挥官，在坦能堡战役中因孤军犯难而全军覆没。

5. 莱宁坎普：俄国第一集团军司令，与萨姆索诺夫素来不睦，却阴差阳错分在了一个战区里，最终他也落得个全军覆没、自己身败名裂的结局。

6. 萨索诺夫：俄国外交大臣，极力煽动沙皇投入战争的好战分子。

7. 施迪默尔：第一次世界大战中期被拉斯普京扶上位的沙俄首相，同时兼任内务大臣、外交大臣。

8. 苏克霍姆利诺夫：1909—1915年任俄国战争大臣，出身骑兵的愚蠢贵族之一，拜他所赐，第一次世界大战开战前，俄国军事工业生产的重心一直在长矛、马刀这类冷兵器上。

9. 尤苏波夫：为人荒唐一生乏善可陈，唯一的壮举就是除掉了时人认为祸国殃民的拉斯普京。

10. 克伦斯基：二月革命后俄国新政府总理，致力弥合国内族群仇恨、协助西方盟友取得战争的最后胜利，但因缺乏民意支持，对外对内各条战线均告失败。

11. 列宁：无产阶级革命导师，俄国十月革命的灵魂人物。

12. 托洛茨基：列宁重要的战友，协助列宁组建红军、重塑军纪，为苏俄的崛起奠定了基础。同时，他也是后来饱受诟病的《德俄布列斯特条约》的俄方代表。

塞尔维亚

1. 帕希奇：塞尔维亚首相。

2. 普特尼克：塞尔维亚陆军元帅、总参谋长、陆军大臣，带领弱小的塞军取得了一连串胜利。

3. 普林西比：刺杀奥匈帝国皇储的民族主义分子。

美国

1. 威尔逊：美国总统，任内一直进行旨在对战争双方进行调停，后在各种力量促使下，终于站在了协约国一方。

2. 潘兴：美国远征军司令，美军作为一股重要力量登上世界历史舞台的领舞者，也是美国百年霸业的启幕人。

目　录

第一章　德英交恶记

有高人曾说，伟人降生，必有先兆。相传成吉思汗出生时手握形如苏鲁锭长枪的血块，小说中描写贾宝玉的出生则口含润玉。而一手挑起第一次世界大战的德国皇帝威廉二世更是个中翘楚，因为这个婴儿刚一呱呱坠地，就闹得英国和普鲁士两国差点大打出手。

1. 小王子 / 002
2. 暴发户 / 003
3. 铁血纵横 / 004
4. 帝国强谋 / 008
5. 甥舅斗法 / 011

附录：俾斯麦人物小传 / 014

第一章大事记 / 015

第二章　奥匈寻仙录

在长达近千年的历史中，哈布斯堡家族统治下的奥地利及其日后的奥匈帝国，都堪称欧洲的奇葩。当欧洲别的君主跃马横枪纵横疆场的时候，奥地利的君主却是这样定位自己的："让别人去发动战争吧，而你，幸福的奥地利，还是去安排联姻，战神马尔斯给予别人的东西，你是从爱神维纳斯那里得来的。"当然，由爱神那里便宜得来的东西，最终会在爱神手中以最愚蠢的方式丢掉。

1. 童话国度的另类传说之一 / 018
2. 首相的预言 / 022
3. 童话国度的另类传说之二 / 025
4. 萨拉热窝枪声 / 031

附录：英雄们的末路 / 036

第二章大事记 / 038

第三章　战前奏鸣曲

牙磨尖了，舰造齐了，舆论铺垫得差不多了，爱国主义教育也贯彻落实了，愤青们的眼睛也都红了，现在连盟友皇储都被对方给刺杀了，能开打了吧？一心想发动战争的德皇威廉二世满心的"我本将心向明月"，可他的满腔热情，一开始却在敌友双方那里落得个"奈何明月照沟渠"的无良回应。

1. 无人哀伤的葬礼 / 040

2. 诸神之怒的真相 / 044

3. 尼古拉的诅咒 / 049

附录：妖僧实录 / 056

第三章大事记 / 061

第四章　东欧剑火传

从奥匈帝国皇储遇刺到第一次世界大战全面爆发，将近两个月的时间，正好横跨了相当于一个暑假的长度。在这个暑假的最后几天，就像学生狂赶作业一样，有关各国的宣战照会纷至沓来，战争规模像滚雪球一样不断扩大着。但饶是如此，各个国家的元首都信誓旦旦地向本国民众和士兵担保："战争在树叶落下之前就会结束。"不管事实如何，反正大家都信了，在一派狂欢的气氛中，整个欧洲数百万大军、几千万人口就这样开始了规模空前的大集结。

1. 烽烟巴尔干 / 065

2. 加利西亚的"三岔口" / 069

3. 我们身后就是贝尔格莱德 / 073

附录：国家的性格 / 077

第四章大事记 / 079

第五章　拂袖海峡记

当奥匈帝国的炮舰轰击塞尔维亚首都的同时，德国的战争机器正以不可思议的精准效率启动着，9年前就已拟订的计划，将200万大军的闪击、1.2万列军用列车的运行、对两个国家的致命打击串联到了一起。有史以来，从没有任何一个计划像德国的施里芬计划那样，集瑞士钟表的精准、马克沁机枪的凶险、中国式春运的庞大规模于一体。

1. 法兰西亮剑 / 082

2. 德国的坎尼之战 / 085

3. 列日雄关 / 090

4. "贵妇"降临 / 096

5. 血与火 / 100

附录：英国的新闻舆论战 / 102

第五章大事记 / 105

第六章　马恩喋血录

长相和蔼可亲的霞飞元帅驱使着上百万法军深入德国境内去夺取法兰西逝去的荣耀，结果本次进攻倒成了霞飞扮演的圣诞老人给死敌德国人送礼物的圣诞之旅。要不是茜茜公主的另一位至亲的无心插柳，法军险些陷入危局。马恩河边，两方三国各自摆开阵势，一心灭此朝食，结果享用这顿早饭的双方都足足要等上三年之久。

1. 霞飞的礼物 / 108

2. 恐怖8月 / 112

3. 饮马巴黎 / 117

4. 重整河山 / 120

附录：军队、帝国和将领——日不落帝国衰落的另类表现 / 126

第六章大事记 / 129

第七章　坦能风云榜

如果说施里芬当年制订拂袖海峡计划时有何遗漏的话，那就是他低估了俄国的战争动员能力，同时又高估了俄国的强大。事实证明，当俄国这个巨人挥舞着拳头的身影以令人惊异的速度出现在地平线上时，其大脑却不超过一颗核桃的大小。

1. 哥萨克来了 / 132

2. 力挽狂澜 / 137

附录：兴登堡传奇 / 144

第七章大事记 / 146

第八章　海峡迷失录

从桂树飘香的仲夏，到落叶缤纷的深秋，再到雪凝弓刀的冬天，双方的1000万士兵、数以亿计的人口，全都陷入了这场旷日持久的僵持之中。面对着这个死结，一切战争艺术都哑口无言，偏偏在这个时候，英国的投机取巧作风又抬头了，海军大臣丘吉尔等人幻想着靠一招"天外飞仙"来打破僵持的局面，像围棋高手那样在看似不起眼的角落里深飞一步，带活全局。但是，一系列出人意料的变故，导致了第一次世界大战开战前后一连串的国际关系错位，更给丘吉尔的这个妙计埋下了失败的伏笔。

1. 老大帝国伤心事 / 149

2. "戈本号"风云 / 152

3. 丘郎妙计安天下 / 157

4. 达达尼尔 / 160

附录1：丘吉尔与希特勒 / 168

附录2：1914年开战之初列强海军实力一览 / 171

第八章大事记 / 172

第九章　浴血西线榜

法国凡尔登是一座群山环绕的优美小城。从这里往西笔直地走200多千米，就是巴黎，而向东再走58千米，就来到了法德边境重镇梅斯。可以说，凡尔登是东来之敌直捣巴黎前最后的一道障碍，反过来说，巴黎的安危全系于这座建立在丘陵中的城市。公元843年，基本统一欧洲大陆的法兰克福雄主查理曼大帝去世后，他的三个儿子在凡尔登签订了条约，将查理曼的家业均分成了三份，从此开启了法国、德意志诸国及意大利漫长的历史，凡尔登由此成为了法兰西人心目中的圣地、圣城。1000多年后的1916年，这里再次成为世界瞩目的焦点，因为法国的命运和世界的前途即将在这里揭晓。

1. 沉闷的僵局 / 174

2. 备战凡尔登 / 176

3. 步步为营 / 179

4. 金城纸脆 / 180

5. 中流砥柱 / 183

6. "绞肉机" / 188

7. 掩耳盗铃索姆河 / 190

8. 魔兽出笼 / 196

附录：贝当列传 / 200

第九章大事记 / 202

第十章　怒海征帆集

第一次世界大战最大的战场并不是血流漂杵的凡尔登或索姆河，而是巨浪滔天、能搁下几个欧洲的大西洋。大西洋位于欧洲、南北美洲和非洲之间形如S型，最宽处6800千米，最窄处也有2800千米，总面积约1亿平方千米。在这里进行的战争不仅一直左右着第一次世界大战的整个战局，直接导致了美国的出兵，甚至还为20年后二战在欧洲的爆发埋下了伏笔。正是在这片海域里，上演了第一次世界大战时期最为诡谲的战争。

1. 帝国软肋 / 206

2. 鲸虾之战 / 208

3. 风雨日德兰 / 211

4. 没有硝烟的战争 / 215

5. 德皇的愤怒 / 218

6. 最后的摊牌 / 221

附录：战地明星谱 / 223

第十章大事记 / 225

第十一章　长河落日图

1917年，战争进入第三个年头，战争胜负的天平仍旧摇摆不定。经过1916年的浴血搏杀，德国似乎在各大战场上站住了脚跟；相反，倒是人口最多、兵员最多、国家最多的协约国倒越来越撑不住劲儿了。海上，德国潜艇的威胁时刻存在着。陆地上，西线仍旧毫无希望，无论进攻还是防守，再多的炮灰、再先进的武器都无法摧毁双方坚固的防线；东线，塞尔维亚在德奥联军的联合打击下，军队主力撤退到了希腊萨洛尼卡，意大利军队仍在伊松佐河和奥地利边境部队进行着毫无前景可言的第N次伊松佐河战役……更悲剧的是，刚刚参加协约国的罗马尼亚被德奥联军的铁锤砸成了碎片，作为交换，俄罗斯帝国则连续爆发政变，亲爱的读者们非常熟悉的罗曼诺夫王朝倒台了……

而对英法来说，恰恰是最为风雨飘摇的这一年，胜利女神的光辉已开始笼罩他们。

1. 王朝末日 / 228

2. 总理的妙算 / 233

3. 帝国重生 / 235

第十一章大事记 / 237

第十二章 末世危言录

俄罗斯帝国爆发了内乱，退出了战争，英法军队在西线展开的一连串进攻都遭到了可耻的失败，贝当再次临危受命收拾起尼韦勒的烂摊子。恰在此时，德国又发起了针对英国的无限制潜艇战，不过这回，英国有了十足的把握，拉一个大家伙下水的把握。

1. 人性之战 / 240

2. 黑格的妙算 / 245

3. 铁血康布雷 / 248

4. 最后之战 / 251

附录：第一次世界大战影视导航 / 258

第十二章大事记 / 267

主要参考书目 / 268

后记 癫狂岁月 / 270

第一章　德英交恶记

有高人曾说，伟人降生，必有先兆。相传成吉思汗出生时手握形如苏鲁锭长枪的血块，小说中描写贾宝玉的出生则口含润玉，至于中国古代帝王，出生时大多也是声光电彩具备、飞禽走兽齐来，效果直逼央视的《动物世界》。

一手挑起第一次世界大战的德国皇帝威廉二世更是个中翘楚。因为这个婴儿刚一呱呱坠地，就闹得英国和普鲁士两国差点大打出手。

1. 小王子

《小王子》是法国作家安东尼·德·圣埃克苏佩里写的一本儿童读物，一经出版就大卖特卖，虽然买书的大多是深受法式优雅熏陶的小资读者。本书的开章也以小王子命名，当然，此小王子非彼《小王子》。含着金钥匙出生的肯定是王子，但王子长大之后会是什么？他又会做出什么来呢？

话说1859年1月间，普鲁士王子弗雷德里克与英国维多利亚女王的长女维克的爱情结晶即将诞生，两国睦邻友好的秦晋之亲即将诞下爱情的结晶，可一片喜庆气氛之中却逐渐有了不和谐的声音。

海峡那头的女王骨子里仍认定普鲁士是2000年前罗马恺撒时代的那个吃生肉、穿兽皮的野蛮地区，执意派出一个精干的医疗团队前往柏林照顾女儿生产，团队中包括女王的私人医生、英国王室的产婆以及深受女王陛下青睐的另一位大夫。维多利亚女王的爱女之心本无可厚非，但此举却激怒了普鲁士医学界的最高学术机构医学互助学会。

要知道，英国公主生的是未来普鲁士王位的继承人。让未来的君主在一群外国人的手中降生，普鲁士的杏林同仁将来还有法混吗？于是，他们用给差评、游说王室、集体罢工威胁等手段，将英国医疗队排斥在分娩核心班子之外，想用普鲁士医生的高超医术给王室延后、给自己正名。

但遗憾的是，英国公主的肚子和残酷的历史现实，显然不想给普鲁士医学界这个面子。英国公主生孩子时出现了问题，胎位不正，一天半了也没将孩子生下来。

眼看着母子难保，普鲁士医疗队这才傻了眼。于是，数千米之外的英国医生这时才获准得到消息，一路星火地从住所乘坐马车赶到现场。

好事多磨，关键时刻，神医驾到，一切该峰回路转了吧？此时已时过近两天，早早就守在皇宫里等待高呼万岁的各国使节、文武百官、王公大臣们都饿得打晃了。

万众瞩目之下，英国医生爱德华·马丁以舍我其谁的姿态，甩开膀子、推开众人挤上前来，用镊子夹住孩子，一拎胳膊，孩子出来了。

但是，没有人注意到小王子一出生就陷入巨大的痛苦之中，疼得哭不出声来。由于英国医生接生时用力过猛，小王子一生下来左臂就脱臼，从而导致终生左臂畸形。此事引发的外交风波倒是其次，关键是这位身残志坚的王子殿下从小就有了心灵的阴影。

小王子的英国妈妈希望通过后天的变态锻炼来改善小王子左臂的血液循环，结果改变了的只有小王子对英国变态般的仇恨。正是这种仇恨和身体残疾的双重作用，驱使着小王子在历史的进程中一步步把人类推向毁灭的边缘。

2. 暴发户

作为现代德国的前身，普鲁士的历史并不光彩，这并非虚言，因为历史上普鲁士被周边国家占领的时间几乎和普鲁士独立的时间差不多，但这并不妨碍普鲁士通过近代的一场场触目惊心的事件摇身一变为大国。当然，穷人乍富，祸亦随之。

其实，也难怪小王子的外祖母不待见自己亲家的老家，小王子出生时，德意志还是一个地理名词，而小王子所在的普鲁士只是这片土地上实力较强的王国之一而已。

在19世纪之前的漫长岁月里，作为古代日耳曼人守灶子孙的德意志人生活得非常不幸，周围强敌林立，他们所生活的环境，缺乏天然屏障，中欧平原及黑森林是四面八方劲敌来去自如的战场和通道。

匈奴人、波罗的海人、瑞典人、法兰西人、意大利人、丹麦人、西班牙人、英国人、东斯拉夫人、西斯拉夫人在这里横行无阻；天主教、新教、东正教、德鲁伊教、萨满教以这里为战场。外患之余，国内则是一群袖珍诸侯的猎场，各大领主间你争我夺，夺不来则召唤外敌帮着抢。就在中世纪后期，西班牙、英国、法国、俄罗斯等国纷纷变成了统一的民族国家之时，德意志基本上仍是一盘散沙、是任人宰割的"欧洲病夫"。

不是还有个神圣罗马帝国是德国人的吗？但这个国家到了后期基本上就成了欧洲的笑柄。说神圣，战场上任谁都能捏一捏它；说罗马，早被人抢走了；说帝国，则更是妄谈，放在当时欧洲政治舞台上，就一小不点而已。

通过上千年的结亲或战争，欧洲几乎各大列强都能在这片四分五裂的土地上找到自己的当地代理或是能够插手的空间，一旦他们在别的方向上的扩张受到了遏制，他们总能在这片土地上找到新的甜头。

其间不是没出现过神武之人，只是德意志四战之地的现状，任骁勇善战如独抗法、奥、俄三国的腓特烈大帝也徒唤奈何。

当时的西班牙国王卡洛斯一世退位时曾有一句名言，堪称一语中的："I speak Spanish to God, Italian to women, French to men, and German to my horse."这句话的中文意思为："我以西班牙语与上帝沟通，以意大利语和女人调情，用法语同绅士寒暄，而用德语来调教马匹。"

但是到了1815年，反法同盟彻底打败了拿破仑和他的法国，从而为普鲁士这个二流小国的发展打开了方便之门。通过战后的《维也纳协定》，出钱、出力、出兵，还拿出整个国土当战场的普鲁士获得了前所未有的巨大利益，除了波兹南、萨克森等地区的大片土地，普鲁士还取得了原属瑞典的波美拉尼亚，势力扩展到莱茵河两岸。除此之外，政治上，普鲁士还在列强支持下，成为德意志联邦中仅次于奥地利的副主席，一下从德意志的七大选帝侯之一跃升为老二。

但穷人乍富向来不是什么好事，国家也一样。小王子诞生的年代，正是德意志命运发生根本性转变的关键时刻，因为普鲁士出了一位雄才大略的首相。

3. 铁血纵横

冯·俾斯麦无论从哪个角度看都是政治领袖的楷模，他让一个二流国家平地崛起，给他的国家编织了一幅联通未来的宏伟蓝图。总之，俾斯麦预料到了一切，除了一件事——新主君的不靠谱程度。

奥托·冯·俾斯麦（1815—1898年）是一位西方式的姜子牙，在英国人主编的《剑桥战争史》中，他被描写为"欧洲历史上为数不多的真正理解了战争只是一种政策延伸的几位政治家之一"，而这种评价对于他的贡献来说，显然并不充分。

在小王子的少年时代，通过对丹麦、奥匈帝国和法国的三场铁血战争，俾斯麦使列强接受、认可了普鲁士统一德国全境的现实。1871年，小王子的祖父威廉一世在对法战争胜利后，在法国凡尔赛宫正式加冕为德意志皇帝。

对内，俾斯麦实行宽松、稳健的经济政策，鼓励普鲁士的容克地主贵族们把土地收益投资于工业，同时利用国内宽松的民族环境，不断吸引各国犹太人的资金涌入德国。

在小王子的青年时代，俾斯麦通过励精图治，使经济实力原本远逊于周围强敌甚至邻邦的普鲁士，率先完成了工业革命的各项进程，技术实力、经济实力后来居上，在俾斯麦主政后期，历史悠久的德国制造开始成为全世界认可的无形品牌。

俾斯麦不但亲手缔造了一个强大的帝国，而且为这个帝国甚至整个欧洲的未来安定绘制了一幅影响深远的政治蓝图。在尊重认可其他列强势力范围的基础上，俾斯麦用有意限制德国海权的方式获得了英国的信任，同时保持强大的陆军，威慑近在咫尺的传统陆军强国法国。在俾斯麦的外交斡旋下，德国第一次获得了强大的军事外交盟友，英国为德国的海上安全提供保障，而俄国则在遥远的东方为德国的陆地安全做出了承诺。此外，在俾斯麦的斡旋下，相互之间并不买账的俄罗斯、奥匈帝国、意大利王国，都相继与德国签订了单方面的安全条约。

于是，德国周边出现了前所未有的和平安定的大好环境。西边，俾斯麦让德国在英国人眼中扮演着欧洲大陆唯一能制衡法国的角色，

奥托·冯·俾斯麦

在法国人眼中，俾斯麦让德国保持着英国的嫡系姻亲加铁杆帮凶的身份；东边，无论俄罗斯和奥匈帝国相互之间的仇恨有多深，俾斯麦通过两个一对一的条约，让两国都认为看在德国面上不该太让对方下不来台。

就这样，俾斯麦像个长袖善舞的舞蹈演员，把和各国的关系处理得滴水不漏，不仅使德国成为19世纪末欧洲舞台上最为重要的绝对主角，也让欧洲人民享受到了上千年来难得的清闲与安定。

倘若俾斯麦的后继者能够遵循"萧规曹随"的原则，将这一政策延续下去，欧洲乃至世界的未来可能就是另一番景象。但遗憾的是，任俾斯麦再雄才大略，也有三个迈不过去的坎。

第一道坎，通过铁血战争，德国固然获得了对法国的胜利，但在高傲的法国人眼里，割地赔款的奇耻大辱势必需要另一场战争来雪洗。

关于法德之间的新仇旧怨由来已久。德意志地区曾是法国的后花园。太阳王路易十四时代（法兰西的第一个辉煌年代，路易十四颇具争议的一生，一方面为法国拓展了大片土地，另一方面又以私生活糜烂不堪、穷奢极欲而著称，给后世留下了诸多谈资的同时，更让法国人爱恨交加），法国出兵悍然占领了德意志小邦阿尔萨斯和洛林两地，并将其变成法国的两个行省。普鲁士强大后，法国恐怕自己的后花园有失，竭力遏制普鲁士的扩张，遂于1870年爆发了普法战争。这场战争以法国的失败而告终，一代雄主拿破仑的侄子拿破仑三世沦为阶下囚，法国也被迫吞咽下外交苦果，被迫割让阿尔萨斯和洛林两地给普鲁士。普鲁士之举，从理性角度看，是收复失地的正义行为，但从文化感召力而言，法国著名的小说《最后一课》和《羊脂球》等作品风行一时表明，世界人们眼中，法国反倒成了战争的受害者，而收复失地的普鲁士却成了侵略军。由此可见文化软实力的影响，不下百万之师。

据说，普法战争之后，专横的俾斯麦曾经苦劝一向对他言听计从的威廉一世，别太让法国难堪，但威廉一世只是普鲁士贵族阶层的代表而已，很多事他也无能为力，其中就包括国内呼声甚高的通过割地赔款让法国一蹶不振的强烈呼声。最终，德国人思前想后、憋红了脸提出的自以为是天文数字般的战争赔款，法国人不到三年就全部还清，既让德国人知道了什么叫"土豪"，也让法国人从此把德国恨到了骨子里。

当时法国著名的作家维克多·雨果在波尔多议会的讲话，可作为最早的关于第一次世界大战的预言:"总有一天,法国将重新站起来,不可战胜,它不仅将收回阿尔萨斯、洛林,还将收回莱茵兰,包括美因茨和科隆,它还将回敬德国一个共和国,使德国摆脱皇帝,就像德国人把拿破仑赶下帝位一样。"如此恶狠狠、凶巴巴,完全没有了以德服人的气度与胸襟,可见法国人对德国恨到了什么程度。

第二道坎,就像俾斯麦能引导德国取得普法战争的胜利,却无力阻止德皇和将领们对战败后的法国提出苛刻的割地赔款要求一样,无论他如何努力,发源于十字军时代条顿骑士团的普鲁士容克贵族阶层,他们视战功为生命的军国思想是无法短时间内消除掉的,而这个阶层对德国内政外交的影响,更是俾斯麦和信任他的威廉一世根本不敢触及的。这种对军功和战利品的渴望,就像传说中"杰克的魔豆",一旦有合适的土壤就会萌发。

第三道坎,是俾斯麦将德国推上了资本主义的历史列车,而在列车行进过程中,资本主义逐利的思想注定会将他的稳健政策和国家的发展人为地撕裂开来。

而恰恰是在这个世纪里,永久的和平似乎让各大列强都在血脉中积累了足够的血性和杀伐欲望,战争的魔鬼正躲在爱国主义和民族主义的大旗下蠢蠢欲动着,一旦脆弱的保证、人为的和平不复存在,战争就会如狂飙般席卷而来。

和俾斯麦君臣相得的皇帝威廉一世去世后,继位的皇太孙威廉二世看上去远比其祖父更具文韬武略的潜质。虽然威廉二世一只手有残疾,但从当时的报道来看,他拥有全欧洲堪称典范的君王仪态。但是偏偏威廉二世还天生了一副心比天高的帝王情怀,更具悲剧意味的是,威廉二世小时候过生日时,一个不开眼的长辈竟然送给了他一艘军舰模型,从此开启了威廉二世对德国海军噩梦般的狂热追求。

德国是个内陆国家,海岸偏狭,隔海相对的又是世界海军最强的英国,因此富有战略眼光的俾斯麦等开国重臣都把精力放在了陆军方面,使普鲁士军队成为名扬四海的陆军样板,同样他们以牺牲德国海上力量的方式,巧妙地把海军第一的桂冠让给了英国,借此来换取英国在陆权方面对德国的支持。

这本是一个双赢的局面,临海的德国其实是一个内陆国家,主要威胁来自大陆,而要和英国人拼海军,德国显然既没有必要去浪费宝贵的资源,又没必要去刺激以海权为底线的英国。当时的首相俾斯麦深谙这个道理,采取海上与英国结盟、陆地与俄国遥相呼应、共同遏制法国和奥匈帝国两个陆地老虎的做法,最是经济实惠。

这一切，直到威廉二世登基后才发生了变化。

4. 帝国强谋

新君雄姿英发，大力改革，对外强硬，对内煽情，自此之后，德国人尝到了许久没有尝到的大国子民的优越感和自豪感。可是，德国梦的紧锣密鼓，却让皇帝的舅舅如坐针毡。

威廉二世上台后干的第一件事就是亲自任命了海军部部长，改变了以往由陆军代管海军的传统。接着，他辞退了一直在身边碍手碍脚的俾斯麦，从而为把自己从小就钟爱的巨舰梦付诸实现铺平了道路。威廉二世干的第二件事是邀请《海权论》一书的作者——美国作家阿尔弗雷德·塞耶·马汉（1840—1914年）来德国访问。威廉二世干的第三件事是一手提拔起了和自己志同道合的海军将领提尔比茨，让这位精力充沛的海军帅才大造让人心生恐惧的巨舰。

给自己的玩具梦插上了翅膀，然后，威廉二世的海权时代到来了。德国历史上第一代战列舰"勃兰登堡"得以迅速开工。4艘新舰刚刚服役，威廉二世又下令建造火力更强大、动力更充沛的"皇帝弗里德里希三世"战列舰，而且一建就是5艘。

皇帝的热情、马汉的理论、德国的工艺、俾斯麦时期积攒下的家底和提尔比茨天才般的悟性，使得德国的

威廉二世

海军工业发展迅猛，让皇帝陛下的玩具梦也越做越神奇——除了前几年头两代战列舰设计上稍逊于英国之外，后来的德国战舰无论是大力提升了德国战舰生存能力的隔舱式设计，还是煤舱外置为舰体提供额外保护的精妙设计，在制造工艺上都把英国的海军抛在了后面。

不仅如此，提尔比茨还依据《海权论》的观点，大胆提出了这样一个观点："德国陆军的重要性相对次于海军，而海军则是德国未来世界政策的主要工具。"进而，提尔比茨为德国海军的建设绘制了一幅宏伟的蓝图——《舰队法》。在这部对德国未来充满忧虑的法案中，提尔比茨大肆宣扬英国、法国和俄国一旦用优势海军封锁德国海岸后所将产生的灾难性后果，在此前提下提尔比茨所提出的大规模造舰计划显得如此顺理成章。到1917年年末，德国将拥有38艘战列舰、20艘装甲巡洋舰、38艘轻巡洋舰。

目光短浅、情绪狂热却又缺乏知识和认识的人，向来都是全世界的祸害，偏偏德国的这类人居然有一个还当上了皇帝。

在德皇的怂恿下，海军协会等民间爱国组织和报刊无不狂热吹捧这一计划，加之该计划显然还顺应了德国军方、种植园主、工业巨头和银行家们的需求，因此迅速得到了自上而下的普遍支持。此法案于1900年最终获得通过后，不到10年时间，德国人居然就造出了15艘战列舰。

英国本土只是大西洋上的几个小岛，本身资源十分有限。20世纪初，英国本土所需95%的铜、99%的铅、88%的铁矿石、90%的谷类、85%的肉类、93%的食油全要靠海路运输进来，每年海运货物总量多达6800万吨。为此，英国拥有一支规模世界第一的商船队伍，总排水量超过2100万吨，占当时世界商船总吨位数的30%以上，海上交通线的总长度多达15万千米，它们既是大英帝国强大国力的动脉，同时也是最为敏感的神经。因此，英国对于邻国在海军建设上的任何动向都极为敏感。

1902年10月，英国海军部忽然注意到，德国新造舰队的巡航距离都非常短，这显然是专门设计用来对英作战的，德国对英国的威胁浮出了水面，英国舆论界连篇累牍地发表文章鼓吹，应趁德国海军处于襁褓阶段就对其给予毁灭性打击。同时，英国在人事和舰队的配置方面，开始着手进行针对德国的调整。

1904年，英王爱德华七世应邀访问德国基尔军港，威廉二世抱着儿童炫耀的心理，向他的舅舅展示了他全部的"玩具"，并在稍后的宴会上宣称："用德国舰队枪炮的威严来欢迎远道而来的英国陛下。"威廉二世这次并无恶意的耍宝，却在英国国王和军政要人面前留下了深刻的印象。

不过，他们并没有将其视为外甥的分外热情，而是把这种海军实力的展示看成是对英国的巨大威胁。从此，英国政府对德国海军的发展开始产生了戒心。随着德国一艘艘新舰的下水，不明就里的英国显然被德国的做法搞昏了头，德国到底是在干什么？

此时，德国的经济实力虽已超过英国，工业技术也遥遥领先，但英国不仅有靠兜售海权产品而攒下的殷厚家底，而且全球各地的物产资源几乎全是自家的买卖，更重要的是，英国不必像强敌环伺的德国那样随时要保持一支强大的陆军，可以全力投入到海军的竞赛中来。

1904年，英国新任的海军大臣约翰·费希尔开始了大刀阔斧的军事改革，在他的主导下，标志着海权时代最具威力的终极武器"无畏"级战舰将横空出世，列强争夺海权的斗争进入新的致命阶段。

1906年下水的首舰"无畏"号战列舰，集高航速、强火力、大吨位于一身，堪称史无前例，吨位是以往战列舰的两倍，其坚固的装甲带能防御任何国家装备的主炮打击，而巨大的主炮则会撕裂一切敢于挡在它面前的挑战者。

对此，德国迅速做出了反应。1906年，德国以接受财政大臣辞职、国家正常财政计划完全破产为代价，使无畏舰建造计划被国会批准，国家投入9.4亿金马克，以每年两艘的速度开始生产无畏舰。到1914年第一次世界大战爆发前，德国共生产了4个级别、16艘无畏舰，同时还有7艘火力不弱于无畏舰的战列巡洋舰及22艘旧式战列舰。

面对咄咄逼人的外甥，英国也做出了回应。1910年，年轻的温斯顿·丘吉尔刚担任海军大臣，就迫不及待地宣布，德国每生产一艘无畏舰，英国就要开工建造两艘，以此来保证大英帝国的海权优势。到1914年前，英国海军的武器库中包括了21艘无畏舰、9艘战列巡洋舰及40艘旧式战列舰，优势尚在，但已岌岌可危。

其实，当时的英国国王是威廉二世的亲舅舅，舅甥俩有点矛盾或误会，随便沟通一下即可，倘若舅舅知道外甥造舰纯为了好玩后，说不定一时高兴，还会转赠外甥一两条英国风格的巨舰做个纪念。但德国在海军军备竞赛上显然使出了全力，很快就成为继英国之后的第二大海军强国，从而也使得英德关系逐渐降到了冰点。

5. 甥舅斗法

在中国，秦晋之好是两家结亲时常说的吉利话，用以表达两家亲上加亲的美好用意，可稍微懂点历史的人都知道，春秋之际，秦晋两国是斗得最凶的国家。

无独有偶，百年前的欧洲也到处都有这类的舅甥之国，最著名的就是爱德华七世统治下的英国和威廉二世统治下的德国。

光是和舅舅军备竞赛还不打紧，威廉二世还有一个含蓄的外号"欧洲言论最自由的人"，即公认的"大嘴巴"。威廉二世即位后，利用自己的"大嘴巴"把前首相俾斯麦精心构建起的东结沙俄、西结英国的外交格局搞得一团糟。

威廉二世先是因支持土耳其而和俄罗斯交恶，在日俄战争中，威廉二世又抱着看拳击比赛的心态，在公开场合对以小搏大的日本予以明显的偏袒与赞扬；接着威廉二世又在英国对南非的荷兰裔布尔人展开的战争中公开支持注定要失败的布尔人，对英国的外交政策、战场暴行横加指责，更在外交聚会中对英国的战场失利抱以无情的嘲笑。而更糟糕的是，威廉二世嘲笑并试图与之为敌的对象，偏偏是他的亲舅舅、被尊称为"欧洲之父"的英国国王爱德华七世。

按照提尔比茨的设想，德国虽然在海军建设上仍稍逊英国一等，但由于英国的领地遍布全球，在地中海、黑海与太平洋地区与俄国、法国均存在着不可调和的矛盾，因此一旦战争爆发，德国反而能在家门口的北海地区集结优势的海军力量从而打破英国的海权。

但外甥的这点小心思，老奸巨猾的舅舅焉能不知？

于是，耄耋之年的爱德华七世在剩下的有生之年里，唯一感兴趣的工作就是和不同的新旧敌人或盟友谈判、订立条约，在维也纳、在巴黎、在里斯本、在马德里，这些条约针对的目标就是一个——他的外甥。

刚刚还和英国剑拔弩张的法国，在得到了英国地中海地区及北非的巨大让步后，与英国冰释前嫌；在巴尔干半岛，英国依靠牺牲掉50年来的重要盟友奥斯曼土耳其的利益，换来了俄国沙皇的友谊；而在远东，英国则和刚刚崛起的日本签订了针对不确定第三方的《英日同盟条约》，从而使自家在远东的利益也得到了安全保证。

当英、法、俄等几个原本在俾斯麦离间下互不买账的国家相逢一笑泯恩仇，坐在一起商量对付德国的时候，威廉二世等于已经把绞索的一半套在了自己的脖子上。用牺牲边缘地区的些许利益，为家门口迫在眉睫的危机换取转圈的余地和战略盟友，英国的这着棋一下子让提尔比茨雄心勃勃的海军战略成了废纸一张——在德国家门口的北海海域，英国集中了全部海军86%以上的战列舰力量，还增设了海军参谋部。

欧洲有句谚语："就像出生在马厩里不会让你像马一样，出生在皇室同样不会让你有国王一样的举止。"面对来自英国的空前压力，威廉二世所作所为虽然不愧名号中那个"二"字，但也并非毫无知觉的冷血动物，他也觉察到了英国的阴谋，但并不是改弦更张、悬崖勒马，而是凭借雄才大略般的自信及影帝般的另类姿态粉墨登场。

威廉二世在宿敌法国人的国旗前脱帽致敬并大唱法国国歌《马赛曲》，却被法国人嘲笑为黄鼠狼给鸡拜年。

在舅舅爱德华七世的葬礼上，威廉二世不惜自降身价，下马推开侍从亲自给新寡的舅妈开车门，没想到他那位一直对德国侵略自己娘家耿耿于怀的丹麦舅妈，偏偏从马车另一边自己开门下了车，闪下马车另一端走也不是、不走也不是的外甥皇帝扬长而去。

威廉二世温情脉脉地想和表妹夫俄国沙皇尼古拉二世套近乎，却在俄国最为关注的巴尔干问题上与其死敌奥匈帝国、奥斯曼土耳其眉来眼去。

好不容易和表妹夫见个面、联络下感情、消除下误解，威廉二世却和身为俄国皇后的表妹卿卿我我，结果俄皇的误解没减，反而还增加了几分醋意。

威廉二世感到了压力，他感到了隐藏在世界地图之外的敌意，他想通过直接和英国国民对话来打消对方的疑虑，但一开场周围的人就知道，完了，还不如不说呢："英国人，你们不该像养鸡场里发情的公鸡一样，老对着我尖叫……"也有史书认为威廉二世指代英国人的是兔子而不是公鸡，但无论是什么，他这句话算是把舅舅家的人彻底得罪光了。

倘若德国仍是那个名不见经传的二三流小国普鲁士，威廉二世的这些小动作，最多被后人写进史书里了事。但偏偏他的祖父威廉一世和俾斯麦在有生之年已把德国建设成了西方列强中几近完美的后起之秀，世界范围内无论是规模、装备还是素质都首屈一指的陆军，加上顶尖的经济规模、技术优势，让威廉二世的野心越来越大，智商却逐年萎缩，情商竟始终为零。

针对舅舅的咄咄逼人，威廉二世也结成了一个三国同盟，俩盟友一个是欧洲的笑柄意大利——当年列强舰炮外交时代唯一在中国家门口碰了钉子的西方国家，连紫禁城里的老佛爷都知道其斤两，对意大利提出割让三门湾的要求理都没理；另一个则是土地广阔、民族众多却要兵兵不成、要钱钱没有、论武器全是破烂货的"欧洲老人国"奥匈帝国。

在这哥儿仨里，威廉二世当大国盟主、世界领袖的梦想总算变成了现实，当然，随之而来的是守着这俩惹货秧子，德国与别国擦枪走火的几率也暗中大幅度上升。

但直到此时，和平的希望还是有的。一艘无畏舰的造价相当于今天的几亿美元，一来二去，经济实力稍逊的英国先吃不消了，开始和德国谈判裁军。英方希望德国放弃增建3艘战列舰或者至少把建造计划由6年延长到12年，以此作为缔结政治协定的前提；德方则希望同英国缔结中立协定作为放慢德国造舰速度的条件。最后，德皇提出先缔结一个德英互不侵犯协定，然后再放慢德国造舰速度的建议，但英国内阁觉得能够从中取得的实惠太少而表示反对。

德皇威廉二世大怒之下，于1912年提出了新的海军法案，根据该法案，德国海军规模要增加到41艘战列舰、20艘装甲巡洋舰、40艘轻巡洋舰、140艘驱逐舰和72艘潜艇。如此明目张胆的扩军计划，将德英和解的最后一次机会击得粉碎。以牙还牙，英国的军工部门也开足了马力。

投资巨大的海上军备竞赛，彻底使海军成了德英两国的无底洞，更成了全世界的火药桶。但在爱国的名义下，没有人把物价飞涨等生活中的不便归咎于本国的海军政策，甚至没人敢于怀疑这场角力的结果是否会有赢家，而是在集体无意识的情况下将战争的矛头纷纷指向敌国。德英两国为了军备竞技而缔结的同盟各国，也没有看到自身处于火山口的危险境地，反倒因有了强大盟友当靠山而纷纷变得好战起来。

下一个火花，会迸发在哪里呢？

附录：俾斯麦人物小传

冯·俾斯麦

出身于戎马世家的父亲希望俾斯麦将来能成为军官，而资产阶级小姐出身的母亲则希望俾斯麦成为长袖善舞的政治家。但遗憾的是，俾斯麦的人生道路却似乎背离了父母的期望。

中学时，论出身原本应该进军事学校就读的俾斯麦却成了普通学校的另类学生。俾斯麦一边忍受着周围来自城市市民阶层同学的冷嘲热讽，一边努力攻读，学会了多种外语。可上了大学，俾斯麦发现自己的一切努力并不能换来周围出身小资家庭同学的友谊，甚至哪怕一点点同情，从此他性情大变，飘红的成绩单、其貌不扬的外貌、难听的外地口音，加上27次与人决斗的经历，让俾斯麦成了学校里声名狼藉的土匪。

毕业后俾斯麦当上了一个一辈子都未必有出头之日的小公务员，为了能与出身贵族的心上人共结连理，俾斯麦欠下了一大笔赌债，可随后，心上人却不知所踪。穷困潦倒之中，总算有位姑娘带给了俾斯麦重新迎接生活的勇气，但是就在电光火石般的爱情童话即将诞生的瞬间，那姑娘又轻挽着一个富有的军官的胳膊飘然远去了。后来，俾斯麦回到了老家，继承了父母遗留给他和哥哥的万贯家财和大批地产，靠着金钱铺路，顺利进入了政界。

在这方天地里，容克贵族的出身和城市资产阶级的完备教育，争强好胜的性格加上长期的底层磨砺，让俾斯麦如鱼得水，从河堤监督官、地方议员一直干到驻布鲁塞尔的大使。接着，在一次镇压叛乱的斗争中，俾斯麦遇到了自己的真命天子——当时国王的弟弟。这个小地主出身的议员兼前外交官表现不俗，其过人的智谋和见识，给亲王殿下留下了深刻的印象。

不久，国王精神崩溃，王位由亲王继承，这个昔日让女子们一次次轻易抛弃了的"垃圾股"终于顺利上位，成为了王国的首相，而这一切，仅仅是俾斯麦征途的开始。俾斯麦通过自己的运筹帷幄，赢得了一场场胜利，帮助他的君王让国家成为了欧洲新锐的"蓝筹股"，俾斯麦自己也成了举世景仰的世界强人。

不仅如此，俾斯麦还打造了一个近乎完美、外力难以打破的欧洲平衡体系，带给了欧洲持久的和平。

在执政26年后，已是75岁高龄的俾斯麦因无法忍受新王的无视而被迫退出了政坛，退隐田园。随后，新王用最高的效率颠覆了他一生为之奋斗的几乎所有成果。

1898年，万念俱灰的俾斯麦在庄园里静静地去世了，他身后的世界，正与他的设想蓝图背道而驰着，直到16年后，第一次世界大战的炮声震撼了他的墓地。

俾斯麦的宦海沉浮，半是政治家，半是军事家，更是一位了解人性弱点与阴暗的心理大师，父亲和母亲对俾斯麦的不同期望，他以世界为舞台，全部得到了圆满的实现，同时也完成了一次有史以来绝无仅有的"逆袭"之旅。

第一章大事记

1. 1815年，反法同盟打败拿破仑后，召开维也纳会议。会上，欧洲二流小国普鲁士由于在反法战争中的特殊贡献成为赢家，在英国、俄国等国的帮衬下，领土大大拓展，成为欧洲强国。

2. 1861年，普鲁士国王腓特烈四世病死，其弟威廉一世继位。1862年，威廉二世任用冯·俾斯麦为首相，走上帝国霸业。

3. 1864年，普鲁士打败丹麦，获得北德意志地区两小邦的控制权。

1866年，普鲁士又打败欧洲强国奥地利，获得全德意志地区的控制权。

1870年，法国为遏制普鲁士的崛起，与普鲁士爆发普法战争，法国战败，普鲁士占领以前被法国吞并的两个德意志小邦，并不顾俾斯麦阻挠，执意对法国课以惩罚性战争赔款。

1871年，顺利完成王朝战争的威廉一世在众臣劝说下，成为德意志皇帝，在法国巴黎凡尔赛宫举行了登基大典，但帝国诞生之日，法德两国也从此结下了世仇。

4. 1888年，威廉一世之孙威廉二世继位。

1890年，威廉二世因不满老首相俾斯麦的专断而将其辞退，开始逐渐抛弃俾斯麦一手策划的内政外交路线。

5. 1900年，德国派兵参加八国联军入侵中国，德皇曾扬言"要像匈奴人在欧洲那样对付中国人"，令欧洲舆论哗然。此战中，德军以凶狠、残忍成为八国联军中臭名昭著的部队之一，而德皇的口不择言也给德国留下了"野蛮人"的国际形象。

6. 1904年，德皇威廉二世任命费希尔为海军大臣，开始雄心勃勃的造舰计划，英国也不甘示弱，从此和德国开始了长达10年耗资巨万的军备竞赛。

7. 1905年，威廉二世想将法国觊觎已久的摩洛哥据为己有，德法关系剑拔弩张，法国为对付德国的威胁，不得不接过另一殖民竞争对手英国伸来的橄榄枝，英国与法国交好共同对付德国。

8. 1910年，丘吉尔出任英国海军大臣，对德国的军备刺激做出强硬回应：德国每造一艘无畏舰，英国将开工生产两艘。英德矛盾不可调和，战争一触即发。

9. 1911年，第二次摩洛哥危机爆发，法国吞并摩洛哥，德国要求分一杯羹，遭到拒绝后，派遣军舰"豹"号前往摩洛哥，法德战争一触即发，英国宣布支持法国，并不惜与德开战，法国卡约政府也同意在非洲法属刚果给予德国一定补偿，此事遂告一段落。

第二章　奥匈寻仙录

　　德国和英国间举世瞩目的军备竞赛，德国与法国间剑拔弩张的前线对垒，都没点燃战争的星星之火，倒是德国的盟友、欧洲号称最爱好和平的"老人之国"奥匈帝国那里，最先擦枪走火了。

1. 童话国度的另类传说之一

在长达近千年的历史中，哈布斯堡家族统治下的奥地利及其日后的奥匈帝国，都堪称欧洲的奇葩。当欧洲别的君主跃马横枪纵横疆场的时候，奥地利的君主却是这样定位自己的："让别人去发动战争吧，而你，幸福的奥地利，还是去安排联姻，战神马尔斯给予别人的东西，你是从爱神维纳斯那里得来的。"

维也纳的森林，蓝色的多瑙河，无数的古迹城堡，阿尔卑斯山连绵的雪峰，茜茜公主的美丽传说，《拉德斯基进行曲》所折射出的赫赫武功，这些属于昔日奥匈帝国的独有风韵，时至今日，仍让后人对这个童话般的国家憧憬有加。

真实的奥匈帝国通过联姻，使帝国在距今100年前变成了一个超级庞大却又矛盾丛生的怪物。奥匈帝国奉行二元制的政治体系，皇帝既是奥地利的，又是匈牙利的，两国各有一套议会、军队、政府机关，且互不统属，却在皇权的领导下和其他民族的觊觎下形成了一个中央集权的奇怪国家。

有人曾用哲人尼采的一句诗"满嘴烂牙和一个好胃"来概括二战中墨索里尼统治下的意大利人的战场表现，其实在第一次世界大战前，这句诗用来形容奥匈帝国约瑟夫·佛朗茨皇帝的所作所为倒更为贴切。

对于佛朗茨所处的那个时代来说，当时的列强，如德国、法国、英国、俄国、美国，或是单一民族单一信仰的纯种国家，如英国、法国、德国，或是虽然民族众多，但主体民族占压倒优势的一元制国家，如俄国和美国。唯独奥匈帝国，就像一头史前时代的恐龙一样，远观让人望而生畏，近观则让人笑掉大牙。

奥匈帝国境内除了德意志人和匈牙利人，还包括捷克人（波希米亚人）、克罗地亚人、波兰人、意大利人、罗马尼亚人等几十个民族，这些民族语言不通、风俗各异，互不统属，相互之间历史积怨甚深——匈牙利人仇视罗马尼亚人，罗马尼亚人则对捷克人恨之入骨，捷克人是德意志人和波兰人的死对头，而意大利人则仇恨上述所有的民族。

在哈布斯堡家族的统治下，这些民族的自身诉求时时撞击着帝国脆弱的神经，而帝国这堆烂积木之所以屹立不倒的原因，并非哈布斯堡家族的铁腕强权，而是各有诉求的民族间刻骨的仇恨和互相拆台。换言之，如果不是哈布斯堡家族坐镇帝国为缓冲，这个七拼八凑起来的国家就会立刻成为几十个民族混战的战场。事实上，自第一次世界大战至今的历史已充分证明了这一点。

饶是如此，如果抛出个主义，炮制个信仰，假以时日慢慢融合，倒也不失为长远之计，但佛朗茨这皇帝却满脑子不合时宜地仍想不断扩大他的统治范围。

国事如此，家事如何呢？

哈布斯堡家族的一个优秀传统就是男人循规蹈矩，就算泰山崩于前、妻子死于后，也要永远为了家族的利益而努力奋斗。因此，几百年来无论是政治婚姻还是宫廷法规，一切都井井有条、按部就班。

以上诸条，佛朗茨皇帝99%都做到了，唯独有一次他没按牌理出牌，即自主择偶，结果给帝国埋下了一颗重磅炸弹。

那年，刚刚继承了皇位的年轻皇帝佛朗茨到了择偶的年龄，他那德意志小邦出身的太后老娘自然要从娘家女孩里张罗儿媳妇。于是，他的姨妈带着大表妹前来相亲，可一来二去，佛朗茨对神态举止酷似老娘和姨妈的大表妹并没产生火花，倒是对跟着来的小表妹茜茜公主表现出了浓厚的兴趣。

生于深宫、长于妇人之手的贵族男子从小见惯的是拿腔拿调或是装腔作势的宫廷女仪，唯独这16岁的小公主从小娇生惯养，天真烂漫、豪放不羁，于是乎两情相悦，一拍即合。

好在肥水没流外人田，皇太后见自己反对无效也就顺水推舟承认了这婚事。

奥匈帝国皇后茜茜公主

这绝对是一段童话般的完美爱情，英俊的皇帝，绝美的公主，曲折的爱情，完美的结局，加之仙境般的国度和宫殿，从此以后，无论皇帝和公主把这个国家和世界败成了什么样，都不缺拥趸来为他们善后。以至于后来茜茜公主还成了奥地利的旅游名片，其娘家巴伐利亚甚至也加入了争夺公主旅游资源的广告战里。

但无论是皇太后还是佛朗茨皇帝却都忽略了一个更重要也更致命的问题，天真无邪的茜茜公主能否承担起母仪天下的重任呢？

尽管后人对茜茜公主的感情遭遇同情有加，但客观事实却是，此女一边崇尚自由，一边又穷奢极欲；一边张扬个性，一边又不守皇后之德。她洗澡用的是成桶的上等葡萄酒，衣鞋从来只穿一次就扔；她借口身体不适出国疗养，说走就走，居然要让丈夫动用外交手段从英国借调来了女王的皇家游艇；海滨疗养，她一人在海中游得悠然自得，全然不顾船底舱随行人员晕船吐得天昏地暗……这些也就算了，反正人家皇室有的是钱。但随后，茜茜公主又整出了新的"夭蛾子"。

有段时间，茜茜公主疯狂迷上了世界各国的美女照片，为了满足妻子的这点小小嗜好，佛朗茨皇帝不顾国格体统，下令动用帝国的全部外交体系来博美人一笑。

1861年，一直饱受列强瓜分之苦的意大利爆发了声势浩大的统第一次世界大战争，热情高涨的意大利人为了赶走列强、建立独立统一的王国，在法国支持下与盘踞在意大利的奥匈帝国驻军发生了冲突。

数万奥军溃不成军，最后要不是法国的拿破仑三世不想让意大利坐大、故意放了水，奥军就险些被赶过阿尔卑斯山了。意大利军队接着又横扫盘踞意大利各地的封建诸侯，其中就包括茜茜公主姐姐当王后的那不勒斯王国。

此时，奥匈帝国新败之余，士气低落，哀鸿遍野，各地更是群情激愤。朝野上下都认为，强敌毋犯，意大利人在兴头上时最好不要去招惹他们，况且在法国的侧背有一个相对强大统一的国家，对奥匈帝国来说也不是一件坏事。但茜茜公主为了挽救千里之外姐姐家注定要完蛋的小国，竟然硬逼着丈夫出兵救援。

这一次，对娇妻的非分之想佛朗茨皇帝予以了坚定的拒绝——无他，实在是无兵可出了。

丈夫的拒绝，引发了茜茜公主歇斯底里的大发作，从此以后，她以不想再怀孕生产为由，与丈夫分了居，孩子的教育也不管了，自己更频繁地以出国休养为名在世界各地游山玩水。

事已至此，举国上下、皇室内外都看清了一件事，即茜茜公主虽美，但终非皇后之人选。

虽然和丈夫佛朗茨皇帝貌合神离，但两人毕竟都有共同的寄托，因为儿女是他们未来的一切希望。但残酷的命运却是，两人的长女在茜茜公主执意提出的举家访问匈牙利之行中不幸夭折。儿子鲁道夫由于从小缺乏父母的关爱，在一虐待狂老师的"关照"下，精神几近崩溃。

1889年，鲁道夫皇储和他的情妇在一所丛林木屋中自杀殉情。

尸检证明，鲁道夫死前已患上不易觉察的精神病，而这既是欧洲王室几百年来近亲结婚所造成的遗传性疾病之一，也与他母亲早年间的行为有着莫大的关系。总之，唯一一个能改变帝国命运的转折就这样丧失掉了。

少年丧女、中年丧子的茜茜公主彻底崩溃了，她想用四处旅游来打发时

茜茜公主与女儿及后来自杀的皇储

光，想用和情夫的花前月下来忘掉哀痛，但上天没有再给她时间。儿子死后没多久，1898年，茜茜公主被一个疯子用一把小刀刺杀，香消玉殒于烟花三月的北意大利风光之中。行刺者原本是想去罗马行刺另外一位政要，却因为买不起火车票所以才临时起意改杀皇后的。

自茜茜公主嫁入豪门到横死街头的40余年间，是佛朗茨皇帝在后宫与政府、母亲和妻子间焦头烂额、心智大乱的40余年，也是奥匈帝国内忧外患下国力急速衰退的40余年。

对外战争中，奥匈帝国先后败给了法国、意大利、德国，损军失地，脸面全无。国际影响上，奥匈帝国的国际地位大幅度下滑，先后丢失了意大利地区的话

语权、对俄罗斯的战略遏制权、对德意志地区的名义领导权和南德地区的实际控制权。

曾几何时，奥匈帝国是傲视群雄的欧洲四强之一。它曾南敌土耳其，遏制住了土军300年来势如破竹的攻势，收复了大片欧洲失地，替整个欧洲出了口恶气；它曾东抗俄罗斯，使其长期不敢南下黑海，不敢西向中欧；它曾西抗欧洲煞星拿破仑，让一代雄主疲于奔命、苦不堪言；19世纪中叶以前，奥匈帝国首都维也纳是整个欧洲的心脏，天才首相梅特涅一手策划的"三皇同盟"，是欧洲稳定的最大动力。

而现如今，在皇帝佛朗茨的领导下，奥匈帝国的状况又如何呢？

东边，一直由奥匈帝国负责欺负的奥斯曼土耳其人变成了俄罗斯人的盘中餐，为了阻止俄罗斯坐大，英国、法国干脆越过奥匈帝国的领土，直接和俄罗斯在克里米亚开了火。在这场人类历史上第一次现代化战争中，蒸汽动力铁甲舰、铁路运输、电报等高新技术纷纷亮相，而待在一边无所事事的奥匈帝国对这场奇幻表演般的战争，只有干瞪眼的份。

在遥远的墨西哥，哈布斯堡家族的美洲攻略遭到了彻底的腰斩，墨西哥皇帝、佛朗茨的弟弟马克西米连皇位还没坐暖，就被革命军拖出宫殿枪决掉了，这是法国大革命之后百年间第一位被起义者革了命的君主。革命军领袖甚至拒不归还马克西米连的遗体，佛朗茨对此却无能为力。

对帝国最致命的打击则来自于北方。在与昔日封臣普鲁士的争雄中，佛朗茨彻底丧失掉了奥匈帝国在德意志地区的传统领导地位，任由普鲁士统一了德意志，最后连自己也成了普鲁士庇护下的二流国家。

2. 首相的预言

古往今来，除了虚位君主的国家外，任何国家的君主都不是吃闲饭的，要么得带着臣民从胜利走向胜利，要么得带着大家从贫穷奔向小康、富裕。总之，君主得给大家个目标。可佛朗茨皇帝根本没空想这些，偌大的帝国，数不清的烦心事，还有时时需要关注的后宫。给臣民目标？谁给他目标呢？

1866年的普奥战争，可以说是未来40年后第一次世界大战的一次预演。战前，国际社会普遍看好国力强盛兵员众多的奥匈帝国。要知道，300年前的奥匈帝国军队是打败过奥斯曼土耳其、拯救过欧洲的明星军队，50年前的奥匈帝国军队则是欧洲大陆上唯一一支敢和拿破仑大军正面拉开阵势拼死一战且战绩不俗的虎狼之师。

在战争的赌桌旁边，甚至连普鲁士国王威廉一世都把宝押在了赌奥匈帝国一方。在是否兼并由奥匈帝国庇护着的德意志小邦荷尔施泰因和石勒苏益格两地时，威廉一世强烈反对首相俾斯麦做出任何刺激奥匈帝国的事来。可是，与国王吵架向来是常胜将军的首相俾斯麦并不买国王的账，他坚持要求普鲁士吞并这两个小邦，结果引发了以普鲁士和意大利撒丁王国为一方、以奥匈帝国及德意志众小兄弟为另一方的普奥战争。

但与匆忙上阵的奥匈帝国不同，磨刀霍霍的普鲁士早在10多年之前就已开始准备这场注定无法避免的战争了。1841年，一种从枪尾处上子弹的步枪开始大规模装备普鲁士的士兵；无数的绘图师、工程师开始出没在两国的交错地带，边境线附近的地图被反复测绘，每一口水井、每一条乡村小路都不放过；普鲁士人甚至还将刚刚出现的铁路技术和电报线路延伸向未来的战区。

而边境对面的奥地利人对此却无动于衷，他们不相信一段段铁轨、一根根电线杆能给霍亨索伦家族的实力带来什么样的转变。直到战争开始，普鲁士人两代人的良苦用心这才让所有人都大吃一惊。

风华正茂的普鲁士名将老毛奇

老毛奇

（第一次世界大战德国总参谋长小毛奇的叔父）利用四通八达的铁路线和电报线，把普军的战斗力发挥到了极致，或包抄堵截，或围城打援，或四下合围，或声东击西。

战斗中，奥匈帝国军装备的仍是自己祖父辈使用过的老旧前膛枪，必须站立着才能把子弹塞进枪口里，杵实了才能瞄准、射击；而普军装备的后膛装填步枪，能让士兵在卧倒姿态下从容装弹、瞄准，射速是奥军的3倍以上。

其实，这种步枪的优越性，佛朗茨早在1855年就发现了，他曾专门下令部队全面装备新枪。但6年后佛朗茨发现，自己当年的命令被效率低下的军需部门忘到了九霄云外，奥匈帝国的军队里仍是老掉牙的破烂前膛枪。

除了精良的枪械，普鲁士人还有5条专门的铁路、足够的机车和精密到分钟的军列时刻表用于调动军队运输补给，而奥匈帝国通往战区的铁路仅有一条，同时还要兼顾民用。当然，这也是因为没钱。

此外，普鲁士还拥有统一的意志以及包括茜茜公主的老家巴伐利亚在内几乎整个德意志地区人民的全力拥护。

而奥匈帝国的士兵呢？他们除了老掉牙的破枪、互相听不懂的语言、种族间挥之不去的仇恨，以及自家皇后娘娘的美貌之外，就没剩下什么了。

不出数周，奥匈帝国的几十万大军就被打成了半兵半匪的碎片状态，首都维也纳门户洞开。45万人的大军，千年帝国的尊严，只用了7周就败得精光。

可就在普鲁士大军决心直捣黄龙的关键时刻，俾斯麦却下令普军停止了进攻，随后在法国的斡旋下和奥匈帝国签订了极为宽厚的和约，白白放弃了送到嘴边的大片领土。

按俾斯麦的话说，普鲁士要善待自己的德意志兄弟。当然，这是官方层面唱给其他还举棋不定的同族小兄弟听的，俾斯麦的真正用意是不想让奥地利这个累赘拖累普鲁士的崛起。

俾斯麦认为，留着奥匈帝国，一来能起到防火墙的作用，不但可以阻止俄国势力的西进，还能阻挡巴尔干地区愈演愈烈的民族混战波及普鲁士。因为在俾斯麦看来，巴尔干地区就是欧洲的火药桶，迟早会惹出大事："迟早总会有一个巴尔干蠢货会挑起一场欧洲大战来。"因此，俾斯麦领航下的普鲁士自始至终都对巴尔干敬而远之。二来，一旦吞并了奥匈帝国，就会连带继承其境内庞大、复杂、混乱的民族纠纷的责任，这对展翅高飞的德意志雏鹰来说，肯定是个巨大的包袱，因为俾斯麦所勾勒的未来德国版图，将是一个以德意志人为单纯主体的单一民族国家。

因此，战后签订的这份《维也纳条约》看上去是一个没有输家的和平协定，俾斯麦大展骑士风度，送还俘虏、豁免赔款，除了要求获得德意志地区的领导权、帮助意大利获得了威尼斯外，奥地利只是把国名改成了奥匈帝国以示和德意志地区划清界限，此外，几乎没有受到实质性的削弱。

3. 童话国度的另类传说之二

送走了儿子，又埋葬了妻子，欧洲最著名的鳏夫佛朗茨皇帝此时已年届七旬。奥匈帝国在这位行将就木之人的引领下，犹如一具僵尸跌跌撞撞地走进了20世纪。

就像所有长期在位的首脑一样，佛朗茨皇帝具有两张截然不同的面孔。

作为奥匈帝国这个大家庭的家长，佛朗茨皇帝是帝国最勤奋的人。数十年如一日，他每天天不亮就要起床，做完晨祷后不到五点就要开始一天的繁忙工作，每天批阅过的文件数以千计。除此以外，他拥有着堪称帝国象征的皇家威仪和宽大胸怀，永远彬彬有礼，轻言细语，让人如沐春风。很多人都认为，正是因为有他的存在，帝国内的各族尽管个个怨声载道，却仍能大体上维持着大家庭的统一。

而作为一个政治怪胎般帝国的首脑，

奥匈帝国皇帝佛朗茨

活了86岁、执政了60余年的佛朗茨皇帝，一心想维持着帝国的现状，却无心去精细地经营帝国。据说，佛朗茨皇帝晚年曾和陆军元帅康拉德说过这么一段话："都死了，就是我不死。"在一个一心盼死却又不可得的领袖身上，还可能会有什么奇迹发生吗？

平心而论，奥匈帝国的人们在佛朗茨皇帝的统治下过着幸福的生活。帝国境内物产丰富，他们的生活水平在欧洲属于上乘，又享受着皇帝特意的轻徭薄役的优待（国家穷得连士兵的装备和动员都要精打细算），他们可以有大把的时间用来钻研文化、艺术和政治体制；而与此同时，与他们同族的外国人却在国境线另一端或过着苟延残喘的生活，或节衣缩食来满足着统治者的大国野心。

但是，奥匈帝国内部种族间却充斥着戾气，每一个人都认为其他民族的邻居过得比自己幸福，而幸福的根源是因为享受着自己享受不到的政治特权。于是，争吵、内斗充斥朝野，老皇帝佛朗茨对此唯一的办法就是拖一拖，直到双方都筋疲力尽为止。

亲儿子鲁道夫皇储死后，佛朗茨皇帝将侄子斐迪南大公立为皇储。作为家族年轻一代中的佼佼者，斐迪南风度翩翩，仪表堂堂，举手投足间军人风范俨然。尽管没有受过系统充分的皇储教育，但匆匆上位的他却自视甚高，甚至有点瞧不起自己那位打了一辈子败仗还紧紧抓住权杖不放手的老叔父。

佛朗茨前脚把侄子立为了皇储，后脚就把肠子悔青了。

身为皇帝的叔叔一心想要维系自己开创的奥地利和匈牙利的二元帝国体制——毕竟帝国的稳定需要这两大族群的同舟共济，而侄子却对帝国境内越来越多的斯拉夫民族产生了莫名的好感，想将他们提升到与德意志人和匈牙利人并肩的高度，将二元制帝国变为三元制。

皇储的想法从他的角度看也没错，当时帝国人口中包括克罗地亚人、斯洛文尼亚人、塞尔维亚人、波黑人、乌克兰人、波兰人在内的斯拉夫民族已占到了总人口的60%，而二元制帝国中的主导民族奥地利人和匈牙利人所占人口不到30%，让那60%的人口情何以堪呢？

但帝国政府显然不认同皇储的想法。

政治不是一加一等于二的算术题，而是要综合考虑各方面情况，帝国现在的二元制度就非常不灵光了，帝国政府说要向东，偏偏那个匈牙利政府要向西。有一次，当着皇帝的面，匈牙利首相和陆军大臣吵翻了，一个咬牙切齿宣称要独立,另一个握紧拳头叫嚣着要打内战,搞得老皇帝左右为难。

这还不算,斐迪南皇储在婚姻问题上和王朝利益越走越远。本来,佛朗茨满心希望像家族中所有的先辈那样,从侄子的跨国婚姻中兵不血刃再捞取几块地盘,但没想到侄子却似乎爱上了家族远房亲戚中的一位女大公,三天两头往女大公那里跑。

这也算了,毕竟两家也算门当户对,女大公家的各类亲戚非富即贵,一旦结了亲,对将来维系帝国的统治也是大有好处的事。

可令朝野上下大跌眼镜的是,令皇储春心大动经常跑去约会的并不是女大公本人。皇储的意中人竟然是女大公的侍女索菲·霍泰克,一个出身捷克没落贵族家庭的女儿。更令人气不过的是,这个帝国最幸运的女人不仅外表平平,而且气质一般,丝毫没有前代皇后的万种风情。

这回,老皇帝对半个世纪前自己那段并不美满婚姻的痛心疾首彻底发作了,他想都没想就充当起了半个世纪前自己老娘的角色。

一通棒打之下,"鸳鸯"不仅没散,反而靠得更近了。

但老皇帝还能怎么办呢?自己年事已高,亲生儿子多年前惨死山中,家族范围内放眼望去,无论是能力、年纪还是仪表,再没能与斐迪南比肩的合格人选。于是,1900年6月28日,经过一系列的冷战和争吵,叔叔最终妥协了。他让侄子写了份声明,斐迪南可以和女仆索菲结婚,但他们所生的孩子必须放弃帝国皇位的继承权,

皇储夫妇生前合影

斐迪南百年之后,皇位将由其他哈布斯堡家族的后代继承。

这些还不够,作为和皇储结婚的代价,索菲还必须忍受一切针对她本人的羞辱,比如在任何宴会上,她丈夫那些八竿子打不着的女亲戚都有资格先她入场,而她就算能获准入场,也只能安排在远离丈夫的边缘角落里。

一晃14年过去了,皇储这段从不被大家看好的婚姻却奇迹般地坚持了下来。

由于摆脱了欧洲王室近亲联姻所带来的遗传上的恶劣后果，皇储和索菲生的3个孩子出奇的健康、活泼、可爱，夫妻两个也是情投意合，尽管这个看似幸福无比的家庭，一直被宫廷的阴影所笼罩着。

同样坚挺下来的，还有老皇帝佛朗茨的奥匈帝国。尽管奥匈帝国相比10多年前更是衰老不堪，但承蒙蒸蒸日上的同族兄弟国家德国的帮衬，垂垂老矣的奥匈帝国还能啃得动最坚硬的骨头——20世纪初，奥匈帝国不顾俄罗斯的战争威胁，在德国的支持下，从俄罗斯和塞尔维亚等斯拉夫国家的眼皮底下火中取栗，明目张胆地吞并了巴尔干半岛上的波黑地区。

长期以来，奥匈帝国得以维持下来的重要手段，第一个法宝是前面提到的联姻，第二个法宝就是扩张，无论是什么样的民族，都能塞进帝国五颜六色的版图中，并能在争吵成一团的帝国议会内部迅速找到自己血缘相近的亲戚和同仇敌忾的宿敌，然后一同卷入新一轮的争吵之中……而这正是连雄才大略如俾斯麦之流都不敢染指帝国的美妙之处。同样，正因为有了这么一副好胃口，奥匈帝国才能在狂飙突进的近代苟延残喘那么长时间——无论怎么忍辱割地，帝国总能有幅员辽阔的土地充当后备。

话虽如此说，但这次吞下的土地虽然面积不大，却非常棘手。小小的波斯尼亚，加上相邻的黑塞哥维那，才区区几万平方千米，俄罗斯沙皇家专用的狩猎森林随便哪块都和它大小相当，但波斯尼亚特殊的地理位置和特色，使得它的归属自始至终都吸引着欧洲各大列强的视线。

整个巴尔干地区虽说是南斯拉夫人的传统地盘，但历史上长期处于奥斯曼土耳其的统治之下，近代以来虽说奥斯曼土耳其国力日衰，塞尔维亚、保加利亚等国在灭国数百年后纷纷获得了独立。

但新月狂潮退去后，巴尔干地区就成了奥斯曼土耳其的伊斯兰势力、俄罗斯的东正教势力及奥匈帝国的天主教势力犬牙交错、危机四伏的地区。其中，最棘手的波斯尼亚称得上是火药桶中的汽油罐。

从自然地理上看，波黑地区虽然是片并不起眼的穷乡僻壤，经济落后、物产贫乏，但从人文地理上看，这里却是信奉东正教塞尔维亚人、信奉伊斯兰教的土耳其人、波黑人和奥匈帝国所代表的天主教势力的中心点。

从民族分布上看，这里的独特性更为明显。波黑地区是巴尔干五颜六色的民族海洋中最斑斓的那块。波黑地区的西部与北部是奥地利统治下信奉天主教的斯洛文尼亚、克罗地亚；东部和南部是摆脱了异族统治正做着大南斯拉夫梦的信奉东正教的塞尔维亚；波斯尼亚当地的主要人口却是穆斯林。

而至于当地民族分布情况如何等问题，无论哪派人士，都能从波斯尼亚或巴尔干的其他什么地方找出有利于自己主张的人口调查数据。

1900年，塞尔维亚就在马其顿地区搞过这样的调查，结果显示，当地塞尔维亚人有204万，另有20万希腊人、20万土耳其人和5万多保加利亚人；1901年，保加利亚也来搞了次调查，结果却显示，当地保加利亚人多达118万，希腊人22万，土耳其人58万，至于塞尔维亚人，在保加利亚人的统计中只有700人。这下，希腊人不干了，因为他们做的统计显示，当地人口一共180万，其中三分之一都是希腊人……

这就是巴尔干，一个在强权环绕下永远让人摸不着头脑的谜一样的地区。

土耳其人想要北上、斯拉夫人想要西进、奥匈帝国想要东进或南下，都要首先在巴尔干地区站稳脚跟，而波黑都是上述三方出入巴尔干的重要通道。重要的战略地理地位，加之复杂多变的周边环境，剽悍狂野的民风，矛盾重重的民族纠纷等因素，也难怪连铁血宰相俾斯麦对这里都要望而生畏。

为了安抚当地的新附臣民，佛朗茨叔侄俩没少在波黑这小地方动心思。1914年初夏，斐迪南皇储打算借赴克罗地亚观摩军演之机，再度视察波黑首府萨拉热窝，当然他还藏了一副小算盘没告诉他叔叔。

作为温情脉脉的丈夫送给妻子的礼物，斐迪南皇储打算趁着老皇帝在阿尔卑斯山行宫中避暑的空当，在访问的最后一天，让妻子以太子妃的身份在帝国这个偏远地区扬眉吐气上一回，以出一家人14年来宫廷内外所受的气。

10多年来，皇储作为奥匈帝国内部最亲近斯拉夫人的高层人士，一直在为斯拉夫人能与德、匈两族三足鼎立而奔走呼号，因此皇储在帝国塞族人中人缘向来不错，当地人是不会像奥地利人那样排斥自己那位因为不是名门出身而饱受歧视的妻子的。更凑巧的是，皇储夫妇在波黑最后一天行程正好安排在6月28日，也就是两口子14年前被老皇帝逼着签下"屈辱条约"的日子。

可令斐迪南万万没想到的是，这个日子对于他即将拜访的巴尔干地区的人们而言，却有着特殊的含义。

在巴尔干地区、特别是塞尔维亚，人们至今仍在每年6月28日纪念着一个特殊的节日——圣维特日。

1389年6月，4万奥斯曼土耳其大军向塞尔维亚王国发动了排山倒海般的攻势。强敌压境，这一次塞尔维亚人没有继续妥协，而是联合克罗地亚人、波黑人、保加利亚人、匈牙利人，组成基督教联军，在科索沃平原地带与入侵者展开了会战。

塞军节节胜利之际，最有实力的领主布兰科维奇却带领麾下的1万大军不辞而别，撤离了战场，让塞军陷入了困境。人心浮动之际，又传来坏消息，塞尔维亚国王拉扎尔的女婿米洛什带着部分亲随投降了奥斯曼土耳其。

进了奥斯曼土耳其穆拉德苏丹的御帐，米洛什单膝跪地，纳首便拜。苏丹自然要连忙赶上前来俯身搀扶，此时米洛什掏出一把淬了毒的匕首，刺向毫无防备的苏丹。年迈的苏丹伤重不治，当天就咽了气。塞尔维亚版的"荆轲"米洛什则当场被土军卫士砍成了肉酱，却从此完成了由人到神的转变。

尽管斩首行动并没有挽回塞尔维亚的战略颓势，本就人少势孤的巴尔干联军很快土崩瓦解，塞尔维亚国王拉扎尔兵败被俘，遭到杀害，塞尔维亚的贵族精华也在这场战役中凋零殆尽。

据说，拉扎尔这位日后被封为东正教圣人的塞尔维亚末代君主，临死前发下了毒誓："那些生而为塞尔维亚人、流着塞尔维亚的血，却没有来科索沃作战的人，让他们永远没有后裔，无论他们播种什么，都将一无所获，无论是红酒还是白面包，让他们世世代代被诅咒，从永世到永世！"

从此，塞尔维亚作为独立国家的历史也被迫中断了。在长达500年的奥斯曼土耳其黑暗的统治下，人们一代一代地口耳相传着拉扎尔的诅咒和米洛什的传奇。

水深火热之中，塞尔维亚人私下悄悄悼念着末代君主拉扎尔和他的女婿米洛什，并将联军兵败的那一天定为"圣维特日"。其中，既有国难日、国耻日的含义，又有奋发砥砺、效仿先贤、杀身成仁的用心，具体日期就是每年的6月28日——对，没错，就是斐迪南皇储决定在波黑和妻子出双入对、公开亮相的那一天。

4. 萨拉热窝枪声

无论是古代还是当代，总有一个奇特的现象反复出现，一个以前备受四周强邻欺压的国度一旦获得了独立或半独立的位置，民族主义就会夹杂着自大与自卑的情绪大肆泛滥，犹如牛蛙般瞬间膨胀，当年的塞尔维亚也未能幸免。

作为南部斯拉夫人中"最有出息"的一脉，在东罗马拜占庭帝国的败亡过程中，塞尔维亚的第一个黄金时期悄然降临了，领土包括了几乎今天整个的巴尔干地区，东达黑海，西至亚德里亚海，北抵匈牙利大平原，南至希腊科林斯地峡，领土之广、国力之盛，直到现在也是当地人津津乐道的话题。

但过度的扩张肯定会引出问题，塞尔维亚的问题就是其领土大多是从旧宗主国拜占庭帝国那里明抢来的。一来二去，拜占庭帝国和这帮拜占庭帝国眼中的"斯拉夫蛮族"打仗不行，可搞起外交来倒颇有几张好牌，其中之一就是借师助剿——一次次引来海峡对岸的另一支强大力量奥斯曼土耳其来替自己收拾斯拉夫人。

1353年，土耳其人再次如约而至。但这次，他们解除了拜占庭的危机后却赖着不走了，反而在加里波利地区掘壕驻扎下来，然后他们就演变成了塞尔维亚人和拜占庭帝国共同的心腹之患。

在奥斯曼土耳其的连番攻势下，1389年，塞尔维亚亡国。1453年，拜占庭帝国的首都君士坦丁堡陷落。从此，整个巴尔干半岛除了黑山等个别凭借地利之优仍未屈服的地区外，均落入奥斯曼土耳其之手。

1664年，土耳其的扩张势头终于在哈布斯堡家族的强力打击下得到了遏制，在拉布河战役中，神圣罗马帝国的勇士用血与剑抵挡住了奥斯曼土耳其的攻势，10万土军横尸疆场。

接着，1683年，奥斯曼土耳其最后一次攻占维也纳的攻势也因雨雪路滑、大炮难以如期运到前线而功亏一篑。这是土耳其人的最后一次战略进攻，从此以后，俄罗斯、奥地利、英国、法国纷纷发力，群起而攻之，国力日衰的奥斯曼土耳其逐渐转为了战略防守。

在此阶段，塞尔维亚成了欧洲以俄罗斯和奥地利为首的基督教势力和奥斯曼土耳其的战略拉锯区，三方你方唱罢我登场，在长达几百年的战争中，昔日同根同源的塞尔维亚故土，变成了信仰繁杂、政见不一的混乱之地。

斯洛文尼亚、克罗地亚等早先被奥地利占领的地区成为自认为是巴尔干最具文化潜质的"开化之地"，他们心向维也纳，一心想团结更多的巴尔干斯拉夫人共同加入到哈布斯堡大家庭中。

波斯尼亚、黑塞哥维纳、阿尔巴尼亚、保加利亚等地则由于历史问题，保持了较浓厚的伊斯兰文化与突厥文化的色彩，共同成为了伊斯兰化的巴尔干地区，他们虽然同样摒弃奥斯曼土耳其的腐朽统治，但并不想让自己的信仰和生活习惯被新的征服者所改变。

塞尔维亚则是奥斯曼土耳其狂潮退去后最富鲜明历史色彩的地区，他们秉承了祖先东正教的信仰，以南部斯拉夫人的解放者而自居——尽管他们连自己都解放不了，如果不是哈布斯堡大军的一次次打击及沙俄南下策略的步步为营，靠着屠夫和小地主们自发性的起义与游击战，天知道什么时候能打退腐朽没落却有着正规军和优良武器的奥斯曼土耳其占领军。

但哈布斯堡王朝就像欧洲人有史以来干的所有勾当一样，从不做亏本的买卖，也从来没有亏本赚好评的生意经。

渐渐地，塞尔维亚人也逐渐看出了哈布斯堡王朝也不是省油的灯，仅仅用了不到半世纪的时间，奥地利大军就从人民担壶提浆来迎接的解放者变成了面目可憎、人人喊打的新的入侵者。

奥斯曼土耳其和奥地利力量此消彼长之际，塞尔维亚人也逐渐明白了"求神不如求自己"的天下至理，开始发动了接二连三的起义，几经反复，1817年，塞尔维亚终于迎来了久违400余年的独立。

但赢得了独立的塞尔维亚却由于长期以来无主之地的传统和独立之前环境艰苦卓绝、手段无所不用其极的影响，彻底沦为了又一奇葩般的国度。

在这里，王权没有丝毫的权威——因为最悠久的王权追溯到19世纪初也就到头了，起义领袖们早先不是小地主就是杀猪汉的家底，显然不如哈布斯堡皇室那般动人绚烂、引人入胜。

在这里，动荡是永恒不变的主题——塞尔维亚地处四战之地，群邻虎视眈眈，与唯一的天然盟友俄罗斯之间又是隔山跨海。缺乏安全感的最严重后果，就是想象力极大丰富，任何风吹草动对塞尔维亚人来说都会变成"圣维特日"那般充满鲜血与泪水的诅咒之日。

在这里，除了担惊受怕外，光复失地是另一个永恒的主题。尽管内部还有一大堆的问题还没理干净，但他们的眼光已超越了自身狭小的国土，走向了巴尔干，走向了更大的世界。

在这里，受拉扎尔和米洛什翁婿二人的砥砺，独立后的塞尔维亚成了爱国者和热血青年的沃土，特别是几次巴尔干战争打下来，昔日的入侵者奥斯曼土耳其被塞尔维亚带领的巴尔干诸小国打得遍地找牙。这极大地激发了塞尔维亚人的民族主义情绪，无论是王公大臣、贩夫走卒，最趋之若鹜的就是"黑手会"、"白手会"一类林林总总、雨后春笋般的爱国主义团体，最怕沾上的就是"卖国贼"这类标签，哪怕就是贵如国王，一旦碰上后者也是非死即废。

1905年，仅仅因为一个微不足道的谣言，数十名全副武装的卫戍部队青年军官就冲进了王宫，乱枪打死了时年仅26岁、还没来得及做任何坏事的国王和王后，然后将两人的尸体一丝不挂地扔到了王宫外的草坪上。

消息传出后，贝尔格莱德的居民竟然用全城彩旗飘扬、钟声齐鸣来庆祝他们的爱国将士们用实际行动粉碎了一场莫须有的叛国罪行。

1908年，奥匈帝国火中取栗，趁巴尔干战争之机偷偷窃取了波黑的主权。国际上，尽管塞尔维亚和俄罗斯因为奥匈帝国有德国撑腰，不得不忍气吞声，但塞尔维亚人义愤填膺，民间爱国组织"黑手会"的成员几番计划，竟于1910年行刺了奥匈帝国派驻波黑的总督。

此事险些酿成一场新的战争，好在塞尔维亚官方还保持着冷静客观的立场，他们知道，论实力，奥匈帝国瘦死的骆驼比马大；论战略地理，自家的首都贝尔格莱德就在人家奥匈帝国的内河炮舰大炮口下；论关系，自己和靠山俄罗斯之间隔山跨海，而奥匈帝国不仅背后有德国撑腰，还隔着塞尔维亚与奥斯曼土耳其眉来眼去。

因此，在官方层面上，塞尔维亚一直对奥匈帝国保持着谦卑谨慎的态度，甚至在遏制本国极端势力上两国情报机构还有着密切的合作，使得两国虽然私底下龃龉不断，但表面上还过得去。

此次奥匈帝国皇储在巴尔干地区的行程，再度引发了塞尔维亚朝野的关注。皇储殿下不明就里随机安排的这次访问，桩桩件件都捅在了塞尔维亚人脆弱的心灵上。

贵为一国皇储，在自家地盘上观摩军演，有错吗？但塞尔维亚人认为，奥匈帝国在克罗地亚的军事演习，明显是以塞尔维亚为假想敌的挑衅行为。

在自己的国家找个地方访问一下，招谁惹谁了？可波黑问题的敏感性，却让塞尔维亚人认为这是不折不扣的示威。

6月28日访问萨拉热窝，这又招惹谁了？对塞尔维亚人来说，这一天是东正教圣徒圣维图斯升天的纪念日，也是500年前塞尔维亚人兵败科索沃的历史纪念日，更是塞族英雄拉扎尔和米洛什翁婿二人杀身成仁的殉难日。

塞尔维亚半官方的爱国主义团体"黑手会"再次出手了。他们通过缜密的地下渠道，将一批武器弹药运到了萨拉热窝，然后在皇储的经行路线上布置下了7个伏击点。

6月28日，斐迪南皇储带着夫人从演习地出发，如期出现在萨拉热窝街头。人们争先想要目睹当年那位迷得皇储宁肯放弃皇位也要终身厮守的传奇女佣，将狭窄的街道挤得水泄不通。一心想让妻子露露脸的皇储也丝毫不想挫伤民众的八卦心理，下令座下的敞篷车控制车速，沿着高低崎岖的马路一路缓缓驶来。

好在业余的就是业余的，"黑手会"的前六次暗杀纷纷失手，不是杀手临时胆怯忘了拔枪，就是枪响后子弹不知飞向了哪里，要么就是杀手刚一拔枪就被愤怒的群众当场擒获。

只有一次，杀手直接对皇储构成了威胁，杀手加布里诺维奇居然能正确地拔掉手雷引信，然后又准确地将手雷向前抛出，最后那颗手雷竟然真的扔到了皇储的敞篷车上。军人出身的斐迪南皇储眼疾手快，立刻捡起冒烟的手雷扔出了车外（也有一说，认为是手雷扔到了敞篷车的遮阳棚上一

让欧洲陷入战争苦难的罪人普林西比

路滚到了车后才爆炸），仅仅炸伤了几个后车的随从和围观者。

可无论老天再怎么庇护奥匈帝国的皇储，也架不住人家一门心思往死路上走——眼看皇储的汽车就要驶离便于伏击的地段，一场空前危机就要化解了，皇储却临时起意，命令司机掉头开车去医院看望刚刚在爆炸中受伤的人们，结果司机走错了路，钻进了一条死胡同。就在司机刹车、换挡的短暂瞬间，第七个、也是事先最不受"黑手会"内部看好的杀手普林西比出手了。

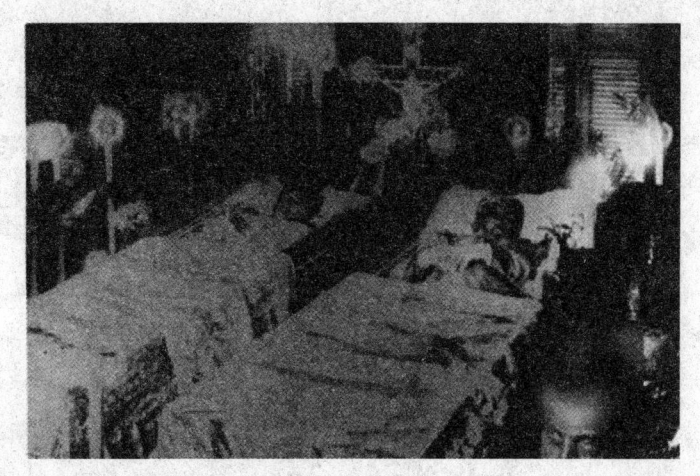

奥匈帝国皇储夫妇遗体

普林西比冲上前去，拔枪射向车中的皇储夫妇，两声枪响过后，皇储夫妇倒在了血泊之中……

普林西比得过肺结核，因为身体瘦弱，当年报名参军却被军队拒之门外，在参加这次行动前，他才刚刚学会了开枪。但就是这么一个单薄瘦弱的青年，这么一个未经训练的杀手居然能够得手。也许只能说这是造化弄人。

按照哈布斯堡家族的传统，皇储夫妇的灵柩禁止葬入哈布斯堡家族的传统墓地，只能匆匆下葬于皇室一处行宫的墓地里。葬礼现场冷冷清清，按照14年前斐迪南皇储与叔父签订的协议，他的妻子不得以皇室成员身份随葬。但实际上，就算是普通贵族的待遇，对可怜的索菲来说也是奢望——一口薄棺，两把素花之外，还特意加上了用以显示其女仆身份的一双白手套和一把黑色扇子——言外之意，她并非皇储的妻子，而只是一个随葬的女仆。

从一个卑微的女仆，华丽转身成帝国的皇储妃，索菲的人生像极了灰姑娘的童话故事，只是这个童话加进了太多现实的艰涩与屈辱。波黑之行，是有案可查的夫妇俩14年婚姻生活中唯一一次公开的出双入对，也是最后的一次。

附录：英雄们的末路

就像《战国策》里唐雎威胁秦王时所说的那样，"伏尸二人，流血五步，天下缟素"，自杀式袭击以小搏大、以弱克强、成本低廉、效果明显、影响深厚，这类行径一路走来，到如今俨然成了现今国际社会最头疼的顽疾之一。

而放眼到100年前，我们会发现，这种方式几乎是中外一切孤弱势力唯一能四两拨千斤的方法。

第一次世界大战之前，世界版图初定，在文化发展、经济繁荣、知识普及的前提下，爱国主义、民族主义纷纷找到了适合其生长繁衍的沃土，而一旦旧的制度不容其发芽，袭击就在所难免了。

在100年前那个激情燃烧的岁月中，这种杀身成仁、舍生取义的行为横跨中外遍地开花。

当时的朝鲜义士安重根刺杀日本首相伊藤博文的壮举，直到今天仍是日韩两国一提起来就火冒三丈的导火索。

一手捅破了世界和平天堂的那群刺客自然是无人善终，但他们的经历和后续故事却一波三折，耐人寻味。

萨拉热窝刺杀事件过后，普林西比和所有牵涉进来的杀手、运输武器者、提供食宿者均被波黑警方一网打尽。但奥匈帝国诡谲的宫廷内部矛盾，使此案的判决大大出人意料。

不知是老皇帝佛朗茨对侄子两口子的厌恶超过了对刺杀者的痛恨，还是人到晚年心向慈悲，众犯中仅有两名从犯被判绞刑，包括普林西比在内的其他人则在老皇帝的大赦令下或因证据不足或因年纪尚轻，仅获得了有期徒刑20年的优待。

1917年，奥匈帝国和流亡海外的塞尔维亚政府达成秘密协定，双方捐弃前嫌，奥匈帝国同意塞尔维亚恢复第一次世界大战前的领土，并放弃一切战争赔款条件，但前提条件是塞尔维亚必须铲除内部的极端势力。

急于摆脱战争的塞尔维亚立刻马不停蹄地行动起来，坚定的爱国者、"黑手会"领袖迪米特里耶维奇和他的8名亲信随即被捕，并先后被执行了死刑，迪米特里耶维奇的家属甚至在其临刑前还被迫缴纳了70第纳尔的子弹钱。作为流亡政府投桃报李的牺牲品，曾在巴尔干历史上频掀波浪的"黑手会"，就这样被自家人血腥地清洗掉了。

在民族死敌监押下的普林西比，反倒比他那些与同胞并肩奋战的战友活的长久些，1918年他因肺结核死于狱中。

更富讽刺意味的是，塞尔维亚人对自家人的屠杀并没有换来家园的恢复，反倒是奥匈帝国最后土崩瓦解，而被打得满地找牙的塞尔维亚王国第一次世界大战后奇迹般地成了胜利者，如愿以偿地建立起了梦寐以求的南斯拉夫王国。

第一次世界大战后，靠着列强的《凡尔赛和约》一夜暴富的南斯拉夫政府吃水不忘挖井人，给普林西比正了名，重建了他在波斯尼亚的故居，并改扩建为博物馆，以彰显义士之节。

但没多久，二战又爆发了，波黑落入亲德的克罗地亚人之手。深恨塞尔维亚人大族沙文主义的克罗地亚人想都没想，三下五除二将这个末流杀手的故居推成了废墟。

二战胜利后，新南斯拉夫政府成立后的第一件事就是给同样有反日耳曼倾向的普林西比正名，将其上升到南斯拉夫全民族英雄的高度，重建其故居，恢复其旧制。

1990年，蔓延10年之久的南斯拉夫战争爆发，波黑政府成立后的第一件事又是再次把普林西比的故居夷为平地，并宣布永不再建。

进入21世纪，波黑政府痛定思痛，终于又有了新想法，在普林西比刺杀皇储的地点立起一块木牌，上书四个大字：永不再战。

永不再战？但愿如此。

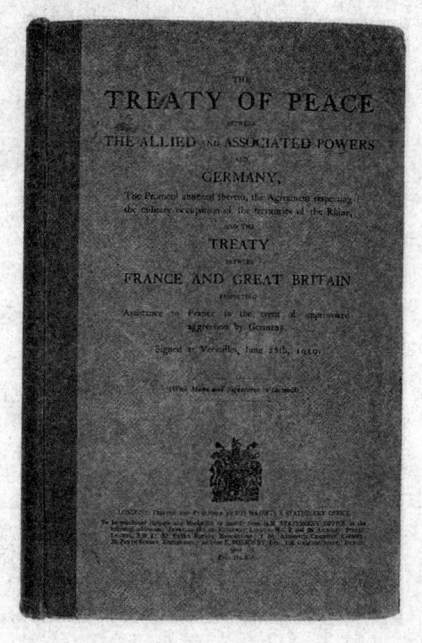

凡尔赛和约原始文本

第二章大事记

1. 1837年，茜茜公主诞生。

2. 1853年，茜茜公主和奥地利帝国皇帝佛朗茨一见钟情。

3. 1854年，茜茜公主和奥地利帝国皇帝佛朗茨完婚。

4. 1855—1856年，英国和法国越过奥地利干预俄罗斯对奥斯曼土耳其的侵略，爆发克里米亚战争，俄军战败，俄国扩张势头转向东南欧和远东地区，而一直置身事外的奥地利第一次丧失掉在欧洲重大事件中的话语权。

5. 1861年，意大利爆发统第一次世界大战争，奥地利丧失伦巴底等意大利领土。

6. 1866年，为争夺德意志南部诸邦的控制权，奥地利与普鲁士开战，不到3个月，奥军战败，被迫让出德意志地区名义上的统治权。

7. 1867年，佛朗茨进行改革，将一元制的奥地利帝国变成二元制的奥匈帝国，帝国内除了皇帝外，议会、内阁、军队各成一统。

8. 1889年，奥匈帝国皇储鲁道夫在度假小屋中与情妇自杀，享年30岁。不久，佛朗茨皇帝将侄子斐迪南立为皇储。

9. 1898年，茜茜公主在游历意大利时被一无政府主义恐怖分子刺杀，遗体归葬维也纳皇家墓地。

10. 1900年，斐迪南皇储与女佣之恋曝光，佛朗茨同意两人结婚，但拒绝其后代继承皇位。

11. 1908年，奥匈帝国正式吞并波斯尼亚黑塞哥维纳地区，引发塞尔维亚王国不满。

12. 1914年，斐迪南皇储借视察克罗地亚军演之机，带妻子巡游波黑，6月28日，两人遭到塞族恐怖分子刺杀。第一次世界大战由此爆发。

第三章　战前奏鸣曲

笔者并非宿命论者，但第一次世界大战的前因分明揭示着一条可怕的因果线：奥匈帝国娶了不该娶的皇后，公主美丽的童话故事背后，不仅是难与外人道来的宫廷纠葛，更隐藏着帝国衰败的致命因子，而奥匈帝国的江河日下，则不但让昔日列强均势下并不起眼的巴尔干问题浮出了水面，还让德国趁机崛起。

接着，原来受到掌控的事物逐渐一一脱离了合理的轨道，直到上述因素共同发力，使得整个世界成了一个可大肆杀戮的屠场……

可直到奥匈帝国皇储遇刺为止，战争并非如教科书所写的那样不可避免，潘多拉的盒子在打开之前，有无数的机会可以让灾难继续静静地放在那里。

1. 无人哀伤的葬礼

"奥匈帝国皇储遇刺！"

1914年6月28日、29日，世界各国报纸的头版头条几乎都是这样一条标题。但与大呼小叫的新闻界不同，与后世我们所知道的奥匈帝国皇储遇刺直接引发第一次世界大战的教科书口径截然相反的是，这么重量级的新闻在世界各地却变了样。

开始，听说敌国的皇储在边境那头被人开枪打死了，塞尔维亚首都贝尔格莱德大晚上的没人睡觉，市民全都起来搞篝火游行去了。

可乐着乐着塞尔维亚就觉得不对味了，从作案时间、作案地点、作案手段、作案的拙劣程度、所抓获的犯罪嫌疑人的病态程度等来分析，这事迟早得让人抓住把柄。

问题的关键是，在这场猫鼠游戏中被自己折腾了那么多年的奥匈帝国会彻底翻脸宣战吗？他们的盟友德国会支持这场战争吗？在前次巴尔干战争前后给予了塞尔维亚大量支援的法国又会怎么看？而与自己同宗同种的靠山俄国会怎么看？

英国是当时世界上的老大，英国的反应向来能说明很多问题，可英国报纸刊登了斐迪南夫妇遇难的消息后，全国读者都陷入一片沉寂之中，国会也是一派沉寂，因为英国人这会儿正为爱尔兰问题头疼。爱尔兰问题由来已久，1914年年初，英国决定让北爱尔兰部分地区自治，结果招致了当地驻军的强烈抗议，甚至铤而走险发动了兵变，几个兵营的军人拒不服从命令，甚至要明火执仗到伦敦和那些出卖祖国利益的混蛋们干一仗。

英国不开腔，也好理解，毕竟离得远，和两家也不熟。作为塞尔维亚名义上的背后靠山，俄国总该说两句吧？

这次，俄国也没想掺和进去，因为此时俄国沙皇尼古拉二世正为家里一件天大的祸事忙得晕头转向——尼古拉二世唯一的儿子血友病又犯了，血流不止，这下，皇后亚历山大德拉急得快疯了。一直为老婆马首是瞻、视儿子为命根子的尼古拉二世也手足无措，整个宫廷都乱成了一锅粥，大家都在盼望着一位活神仙的到来，因为只有他，才能挽救帝国的这场空前危机。

英国不吭声，俄国靠不住，法国是现实中对塞尔维亚支持最多的一个重要盟友，法国人在干什么呢？

法国人的这个周末，正因为一则带有桃色新闻的审判而奔走相告，人们的脸上洋溢着八卦的微笑，报纸上长篇累牍都是案件的细节描写。

原来，1912年才卸任的前总理约翰·卡约治国虽说能力一般，拈花惹草的手段却堪称一流。一个大腹便便、其貌不扬的50多岁老政客，居然能骗得妙龄女郎抛家舍业一根筋地跟定了他。

约翰·卡约于1914年再度当选新政府的财政部长一职，很快又要以左翼政党领袖的身份来竞选法国总理的职位，这使得他的绯闻成为大小报章争相渔猎的焦点。

约翰·卡约此前的两段婚姻都是靠横刀夺爱而来，出局的爱人自然怀恨在心，于是主动向媒体爆料，竞争对手所掌握的《费加罗报》连续发布卡约阁下的负面报道；甚至为了吸引眼球，连当年卡约所写的情书都原文刊登，连卡约横刀夺爱、勾引有夫之妇的旧事、艳闻也搬上了报纸。尽管在巴黎，这点东西无论真假根本算不上什么，但说者无心，听者有意。

一天，一位打扮入时的年轻贵妇找到了《费加罗报》报馆，口口声声要和负责此项新闻业务的主编会晤。正愁无米下锅的小报主编满心以为柳暗花明又有新料可爆了，可没想到，眼前的佳人竟然从昂贵的小皮包里掏出了一把精致的小手枪对准了他。

6声枪响过后，主编倒在了血泊之中，而他毕生追求的新闻爆炸性轰动效果终于以他的生命为代价变成了现实——行刺者居然是卡约财长的第二任妻子。据说，卡约夫人杀完人后态度从容冷静，警察赶来后她自报家门，然后坚持要乘坐自己的汽车前往警察局投案。

卡约夫人拔枪、瞄准、杀人收枪一连串动作一气呵成，且气定神闲，绝非等闲之辈，特别是警察到来后，她仍坚持乘坐私家车投案，尤不失贵族风范。

放着这么有可读性的新闻摆在那里供男女老少品头论足，谁还会关心万里之外一个外国王子的生死呢？

连续一个月的庭审，场场都牵动人心。

当然，卡约家族是法国富可敌国的财阀世家，自然拼尽力气来为夫人辩护。几番辩论之后，这场众目睽睽下的谋杀案终于还原了"真相"——卡约夫人临时起意想用枪就吓唬一下这个诋毁自己丈夫的主编，于是她买了把枪，找到了主编，掏出枪来想恫吓他。为了强化一下效果，她闭着眼睛往地上开了6枪，可没想到的是，这个主编居然一听见枪响就吓晕了，正好瘫倒在子弹的飞行路线上……

这套天方夜谭般的辩护词，不管大家信不信，反正法官信了，陪审团也信了。

最终，法庭裁决卡约夫人无罪释放。

消息一出，举国哗然，有为报社主编鸣不平的，有为卡约家的雄厚实力而啧啧称叹的，有高兴女权主义终于在现实中获得完胜的，也有暗自窃喜自己没从事新闻采编这个倒霉工作的……所有人都相信的一件事就是，卡约夫人赢了，但卡约完了，无论法国是多么崇尚自由、平等、博爱，可惹了这么大麻烦的卡约，他和他的政治主张、政治生命一同都完了。

更可惜的是，卡约夫人的拔枪，使得历史在关键的节点上与和平失之交臂了。

卡约是法国为数不多的

当时报纸所描述的卡约夫人杀人场面

鸽派领导人。1911年，德法因为争夺北非殖民地摩洛哥差点大打出手。关键时刻，正是时任总理的约翰·卡约审时度势，用谈判来消除了战争的危险，又巧妙地巩固了与英国的同盟关系。而此功德无量之举，在总统普恩加莱所代表的鹰派看来则是不可饶恕的，因为鹰派领导人认为，任何对德国的妥协都是卖国行为。

按理说，法国总统普恩加莱和前总理约翰·卡约间颇有共同之处，两人年龄相仿，经历相近，但是最后他们分道扬镳成为政治上的对手。

整整一个月的时间，整个法国的焦点都聚集在卡约案件上。只不过普通人关心的是桃色事件，政治家关注的是政坛走

法国总统普恩加莱

向。等到卡约夫人的案件终于宣判了，卡约不可能东山再起了，普恩加莱带领着法国人民从全民八卦娱乐的氛围中解脱出来了，大家这才想起他们的巴尔干盟友有了点麻烦。

岂止是麻烦？塞尔维亚简直要大祸临头了。

短短一个月的时间，苦主奥匈帝国经历了一连串包括震惊、麻木、狂喜、矛盾等心理变迁。最后，当塞尔维亚说得上话的盟友似乎都心有旁骛时，奥匈帝国一口气提出了一连串最苛刻的最后通牒条款，几乎桩桩件件都是塞尔维亚不能答应的。

奥匈帝国怎么了？

2. 诸神之怒的真相

既然无人问津，奥匈帝国皇储遇刺的事完全可以大事化小小事化了，大家继续过自己的日子。但是，野心家们从这起事件中发现了几乎能解决一切麻烦的途径，政治家们从中则发现了展示自己才华和影响的机会，而闲得发慌的将领们自然不肯放过这个建功立业扬名后世的机会。

想不打？可能吗？

依次送走了父皇、爱女、母亲、爱子、妻子，有生之年平均每隔十年就要经受一次人伦重创的奥匈帝国皇帝佛朗茨，如今又要以84岁的高龄陷入白发人送黑发人的哀凄之苦中。可当时的人们，从这位正寄情于避暑的老皇帝身上却看不到丝毫的悲痛，甚至能察觉到他还有些得意。

据说，佛朗茨听闻噩耗，只说了句："恐怖！恐怖！这是上帝的意志！"就没有然后了。不知佛朗茨是在幸灾乐祸侄子一意孤行、咎由自取，还是在谴责极端分子的罪恶滔天。倒是随后举行的皇家葬礼，一招一式无不体现了组织者缜密的刻薄之意，一点一滴地显露着老皇帝对侄子夫妇的厌恶。

在维也纳同时举行的追悼会更是宾客寥寥，不仅普通民众对皇储夫妇印象不佳，甚至皇帝本人也以健康为由拒不出席自己亲侄子的追悼会，主要国家也没有派

晚年的奥匈帝国佛朗茨皇帝

够分量的使节参加。就连与皇储私交甚密的德国皇帝威廉二世，虽然深感愤怒，却也在朝臣的劝说下，以腰疼为借口，仅以一纸唁电来回报他与皇储之间近20年的交情。

综上所述，列强对奥匈帝国皇储遇刺一事的态度总结如下：塞尔维亚忧心忡忡，奥匈帝国宫廷与政府的态度截然相反，德国想趁机发难，俄罗斯心不在焉，法国、英国也正忙于内斗无暇他顾。

与宫廷的薄情与冷漠相比，奥匈帝国的政府对斐迪南皇储遇刺的反应却是空前激烈。就在皇帝发表了主题为皇储遇刺事件不会影响奥匈帝国外交政策讲话的同时，奥匈帝国总参谋长康拉德在其日记中喋喋不休地畅谈帝国该如何以此事为契机，一劳永逸地解决塞尔维亚问题。

其他德意志族、斯拉夫族或捷克族的各族内阁同僚们，更是喜形于色，奔走相告奥匈帝国皇储被疑似塞尔维亚极端分子刺杀的各种爆炸性谣言。尽管当时刺杀事件的具体细节并未厘清，但匪夷所思的是，几乎所有的政客都无一例外地将事件矛头指向了塞尔维亚。

没有毫无来由的恨，奥匈帝国"惦记"着塞尔维亚不是一天两天了。

19世纪，塞尔维亚刚刚建立时也就中国古代几个县的地盘。按理说，当时塞尔维亚的独立还有奥地利的一份功劳，但塞尔维亚却仗着背后有俄罗斯撑腰，不仅不念奥地利的相助之恩，反而一面和俄罗斯眉来眼去，另一面频频勾起奥地利境内的塞尔维亚族人闹事。

除此之外，塞尔维亚这个小家伙在奥匈帝国和奥斯曼土耳其双双衰落的19世纪中后期在巴尔干地区迅速扩张，特别是1912年、1913年，由塞尔维亚主导了两场巴尔干战争。

第一次巴尔干战争，由塞尔维亚联合保加利亚、黑山、希腊等巴尔干诸国"群殴"奥斯曼土耳其。这些国家都是近几十年刚从奥斯曼土耳其独立出来的民族性国家，历史上饱受奥斯曼土耳其的压榨和凌辱，因此打起昔日的仇敌来格外勇猛。几个国家同时发力，连战连捷，险些打到伊斯坦布尔。

第一次巴尔干战争后，奥斯曼土耳其在巴尔干地区仅剩下了伊斯坦布尔及周围一小块领土，险些再度成为亚洲国家。而作为第一赢家的塞尔维亚，不但品尝到了胜利的甘甜，国际声望也大幅提高，版图几乎增长了一倍，更收复了素以塞尔维亚人发源地著称的科索沃等地，民族自信心大大增强。

但第一次巴尔干战争之后，在战后版图的划分上，几个盟友又产生了分歧，保加利亚出力甚多，所得却甚少，保加利亚所觊觎的出海口萨洛尼卡落在了希腊人的手里，对马其顿的领土主张也被塞尔维亚忽视了。既然谈判解决不了问题，保加利亚决定大打出手，同时向几个昔日的盟友开战。

1913年6月，第二次巴尔干战争爆发。保加利亚的20万大军分两路同时攻向塞尔维亚和希腊，一路直冲马其顿，另一路指向希腊控制下的萨洛尼卡。塞尔维亚一边组织反攻，一边又利用自己声誉日隆的优势开始紧锣密鼓的国际谈判，给保加利亚四处"埋雷"，把黑山、罗马尼亚甚至奥斯曼土耳其都纷纷拉下了水，从四面八方向保加利亚发起猛攻。这下，四面楚歌的保加利亚顶不住了，刚刚打了不到两个月，新的和平条约签订，塞尔维亚再次成为战争最大的赢家。

奥匈帝国眼见着睡榻之侧的小家伙日渐强大，本国境内的斯拉夫人更是因国境线另一侧民族同胞的胜利而扬眉吐气，帝国在巴尔干地区的准盟友保加利亚也被打得苟延残喘，奥匈帝国除了煽阴风点鬼火外，竟然束手无策。

军事打压？塞尔维亚背后的俄罗斯不说，现在又联合上了欧洲的大户法国，法国的教官、法国的武器、法国的军火工业纷纷在塞尔维亚落了户，塞尔维亚军队战斗力水涨船高，与过去不可同日而语，真要硬碰硬，谁输谁赢很难说。

经济制裁？奥匈帝国不是没想过，塞尔维亚此前90%的出口货物要么通过奥匈帝国的港口或道路来运输，要么就是直接卖到奥匈帝国各地，想掐住塞尔维亚的"脖子"简直太容易了。

奥匈帝国的政客们敢得罪塞尔维亚人，却不敢得罪在奥塞贸易中大发其财的各路贵族，于是这不能碰，那不敢碰，想来想去，奥匈帝国的官吏们果断出手，结果把塞尔维亚人的大牙都笑掉了——奥匈帝国高调宣布要禁止进口塞尔维亚的猪肉。

且不说猪肉并非奥匈帝国一家需要，就算想制裁塞尔维亚，也应找个更像样点的物品。塞尔维亚很快和土耳其、法国达成了协议，利用土耳其的港口向法国等西欧国家出口猪肉。

到头来，除了让主妇们怨声载道、给全欧洲留下个笑柄、给塞尔维亚留下个更恶劣的印象外，奥匈帝国的猪肉制裁无果而终。

眼下，死了个佛朗茨皇帝厌恶的皇储，换来个一劳永逸解决塞尔维亚乃至巴尔干问题的好机会，同时也是奥匈帝国重振雄风的有利时机，更是文臣武将人人有份建功立业、彪炳史册的时机，傻瓜才会放弃。

唯一对此表示反对的是帝国的另一半、匈牙利王国的首相蒂萨，他强烈反对帝国以此为由对塞尔维亚宣战。这并非是他有着俾斯麦那样高瞻远瞩的政治见解，也不是他有穿越历史的超能力，而是地方利益使然——作为奥匈帝国的老二，匈牙利一直遥领着克罗地亚、斯洛文尼亚这些斯拉夫人的地区，如果战后塞尔维亚人也挤进帝国里了，奥匈帝国很可能会成立一个以塞尔维亚人、克罗地亚人、斯洛文尼亚人为主体的王国，将帝国现在的二元体制变成三元体制，匈牙利的重要性当然就要下降了。

主和的是老皇帝佛朗茨和帝国的另一半匈牙利，主战的是奥地利那方的全体阁员，主和派明明占了上风，甚至连德国驻奥匈帝国的大使都告诫他们："打不得。"

听说皇储被害了，刺客很可能是塞尔维亚人，德国大使立刻告诫奥地利外交大臣贝西托尔德伯爵，千万别想用这种机会来挑起新的战争，眼下德国和英法两国分别在海上和陆地上剑拔弩张着，事态紧张得连眼皮都不敢眨，无暇顾及其他。

当然，老皇帝佛朗茨本来也没打算打，死了个处处和自己对着干的侄子，还有大把刚刚成年的亲孙子、亲侄子可用，只要保持稳定，假以时日，奥匈帝国的好日子还在后面。

要是老皇帝佛朗茨坚决不打，无论参谋总长或首相磨破嘴皮子都白搭，可事情坏就坏在奥匈帝国的盟友德国身上。

看过《水浒》的朋友都对鲁智深替林冲出头那场戏熟悉得不能再熟——明明是林冲的娘子被高衙内调戏了，可跳着脚大骂高俅父子、喊打喊杀的却是胖大和尚鲁智深，真正的苦主林冲倒是在旁边又拉又劝。

第一次世界大战前德国和奥匈帝国的戏份，唱的正是这一出。

德国驻奥大使给奥匈帝国这边上完了课，抱着表功的心态将自己的这番话传给了柏林。威廉二世虽然连好友斐迪南的葬礼都没参加，此时却"义薄云天"，对着驻奥大使发回的备忘录破口大骂："谁授权他干的？他简直就是蠢货！我们必须要解决塞尔维亚问题，而且要立刻！"

有了德皇的这个指示精神，外交大臣立刻马不停蹄地把这个180度大转弯的指示转告给了奥匈帝国那边，这下可把奥地利的文武百官乐坏了。

旁边众臣的一致喊打，铁杆盟友兼后台也指示了非打不可，老皇帝佛朗茨心里那叫个冤：死的是我的继承人，我没当回事，你们却上来劲了？一旦开打，你德国倒是做好战争准备了，可我奥匈帝国打赢了还好说，万一打输了我就得万劫不复！凭我们自己收拾塞尔维亚还行，一旦俄罗斯那"压路机"开过来了可怎么办呢？

德国的答复很简单，俄罗斯虽然看上去很可怕，但像前几次那样，这回能不能出兵很难说，就算能出兵，一来领土太大，二来运输系统太差，没几个月根本就别想把部队动员起来，有这时间，塞尔维亚弹丸之地早已被征服。

听盟友这么一说，奥匈帝国这边终于鼓起了勇气，7月23日，遇刺事件发生25天后，奥匈帝国向塞尔维亚发出了包括十项条款的最后通牒。其内容包括让塞尔维亚立即逮捕与刺客有着密切关系的部分军官，同时承认图谋分裂奥匈帝国的领土，还要限期取缔国内一切敌视奥匈帝国的出版物和组织，镇压一切让奥匈帝国不感兴趣的民族运动，此外还要在官员中展开清洗——凡是反对奥匈帝国的人，无论是贵族还是平民，都要一律开除出政府和军队。

最后，奥匈帝国还生怕塞尔维亚一口气全答应下来，又赶紧加了一条：奥匈帝国官员有权在塞尔维亚境内针对暗杀事件展开独立调查，同时要求塞方限期3天内答复。

塞尔维亚眼看着世界列强都对本国"愤青"捅出来的大娄子不闻不问，心也放下了，表示除了最后一条双方需要再商量外，其他条款全部都答应。

但落花有意流水无情，受到德国怂恿的奥匈帝国那边等的就是从塞尔维亚嘴里说出的这个"不"字。眼看一场战争在所难免，和平命悬一线，一旦拒绝通牒，塞尔维亚自身肯定挡不住奥匈帝国和德国的强力打击，只能靠其盟友法国和俄国。但此时法国正聚精会神地集体收看卡约夫人案的庭审现场的波澜起伏，只有前几次都没指望上的俄罗斯还能寄托点希望了。

瞬间，全世界的目光都聚焦在俄罗斯身上。这都过了好些天了，沙皇一家从混乱中摆脱出来了吗？他们梦寐以求的活神仙出现了吗？

3. 尼古拉的诅咒

20世纪初，俄罗斯已是地跨亚欧大陆、领土面积达2280万平方千米、人口达1.41亿人的超级大国。俄与塞尔维亚的特殊关系，以及在巴尔干地区的独特权益，使得所有有关巴尔干未来的决策都要考虑到俄罗斯的反应。

俄罗斯直到300年前彼得一世时代才从蛮荒中逐渐走向文明，刚刚过去的100年是其历史上的巅峰状态。他们靠着广袤无比的领土拖垮了拿破仑的无敌大军，又靠着严寒彻底战胜了强敌，然后一路踏着敌人的尸体冲进了欧洲——哥萨克骑兵在巴黎、布鲁塞尔、维也纳，都以解放者的姿态受到了热烈欢迎，俄罗斯也俨然成了全欧洲的解放者，风头一时无两。

沙皇尼古拉二世

可好景不长，地大物博并没有赋予俄罗斯和他们的沙皇足够的聪明才智，直到全欧洲工业革命都开启3.0版本了，沙皇俄国仍处在算盘阶段——全国90%的土地都掌握在大土地所有者手中，所谓的土地改革只是把大批原来在农庄里等着饿死的农奴驱赶到了城市里等着饿死而已。后世的沙皇们能稳定继承的良性基因里，偏偏没有彼得一世特有的励精图治，也没有叶卡捷琳娜的雄才大略，只有对土地偏执的爱好与追求。

追来追去就追出了事来。

沙皇俄国先是想趁火打劫孱弱的奥斯曼土耳其。

一来是因为当年被奥斯曼土耳其崛起时灭掉的东罗马拜占庭帝国一位破落公主后来嫁给了俄罗斯的大公，作为嫁妆，一穷二白的公主将拜占庭帝国的双头鹰（一头望向东方，一头望向西方，以示罗马帝国疆域横跨东西、威加海内之盛）徽记也带进了罗曼诺夫王朝。作为东罗马帝国的继承者，俄罗斯现在想当然地要跟当年自己老丈人的灭门仇人奥斯曼土耳其算算老账。

二来所谓"楚人无罪，怀璧其罪"。俄罗斯的一年四季能通航的港口不多，且都位于黑海沿岸，而黑海说白了就是一只啤酒瓶，充当"瓶口"的博斯普鲁斯海峡偏偏掌握在奥斯曼土耳其的手中，因此奥斯曼土耳其的衰落显然给了俄罗斯一个迈向海洋、大国崛起的机会。

可没想到的是，此举把英国、法国给激怒了——俄罗斯不老老实实在冰天雪地里待着，往地中海渗透干什么？不知道地中海是英国和法国连接欧洲与远东、印度、印支的交通线吗？

这边俄罗斯也不示弱，拼海军我拼不过你，拼陆军连拿破仑都成了我手下败将，你们能奈我何？

于是，1854年的黑海沿岸克里米亚战争上演了，双方四国乒乒乓乓一阵打，英国和法国将铁甲舰、电报线、机关枪、后膛枪等各种硬装备、新战法都亮出来了。

俄国人所绘克里米亚战争图景

一仗下来，向来欺弱凌小气势如虹的俄罗斯，被更厉害的角色打得满地找牙，当年靠着天时与地利打败拿破仑攒下的那点威望全抹去了不说，还得灰头土脸地向英法保证，自己从此再无南下之意。

往南不能走了，那就往西南——巴尔干地区，往东南——中国的外兴安岭地区。在巴尔干地区，沙俄仗着同宗同教的优势一度成了保加利亚人、塞尔维亚人眼中圣诞老人的代名词；在远东的中国，沙俄要么趁火打劫、巧取豪夺，要么则藏起老狼的尾巴装起国际正义代言人来。

按理说，俄罗斯帝国的重心都在西边，文化经济更以西边为重，可历届沙皇偏偏对开拓西伯利亚更往东的土地着了迷，几百年下来，终于和传说中的东方的神秘帝国中国成了邻居。

清朝强盛的时候，沙俄顶多在中国背后煽动一下中国的分裂势力搞搞分裂，从不主动站出来当主角，可等到清王朝衰败之际沙俄可来了劲，巧言令色、巧取豪夺，硬是生生从中国割占了上百万平方千米的领土。

当年甲午战争后清政府四面楚歌之际，就冷不丁跳出沙俄这个"贴心人"来，主动串通列强演了出"三国干涉还辽"的好戏，硬逼着日本将根据《马关条约》强占去的辽东半岛归还给中国。而其实呢？沙俄演的这出戏并非心疼清朝，而是心痛已被日本叼嘴里差点吞下肚子的那块肉——大连、旅顺。辽东沿岸这些明珠般的良港，可都是当年克里米亚战争里死了多少人都没能得手的天然不冻港啊，怎么能让日本给占了呢？

这边想着，那边就动起了手。沙俄直接出兵占领了中国东北各处要害，连日军血战才得手的旅顺也抢到了沙俄手里。

那边的日本可就不干了，因为强盗也有讲理的时候——我们流血流汗才夺得的"胜利果实"，你就给硬抢去了，还有天理吗？

于是乎，1904年，沙俄与日本之间的战争爆发，史称日俄战争。

这回，沙俄无耻了几百年的扩张行径终于结出了让列强大跌眼镜的"硕果"——并非人们预想中的俄罗斯巨熊如何野蛮凶残地撕扯、肢解东方的可怜小国日本，而是还没美国加利福尼亚州大的日本三拳两脚，就从陆地、海上两个方向把俄罗斯打得满地找牙。沙俄远东舰队、波罗的海舰队两大主力全部被歼，数万侥幸不死的俄军竟然沦为东方黄种人的阶下囚。

在此，笔者无意为日本人表功，也无心看沙俄的热闹。沙俄的惨败，是其过去300年杀戮扩张所种下的恶果，而日本此时的新近崛起，其恶果还需时日才能品尝到，但凭什么两个强盗打架，非在别国的地盘上进行？

尤其值得一提的是，当年日本人和俄国人一样，都在日俄战争中充分展示了各自残忍的本性，对待对方侨民、俘虏尚且礼貌周到，而对待战区与两家往日无冤近日无仇的普通中国民众，则杀伐随性，似乎根本没有把这些缺乏祖国保护的平民当成是同样的人类。

时人所记："自旅顺迤北，直至边墙内外，凡属俄日大军经过处，大都因粮于民。菽黍高粱，均被芟割，以作马料。纵横千里，几同赤地。""盖州海城各属被扰者有300村，计遭难者8400家，约共男女5万多名。"辽阳战场"难民之避入奉天省城者不下3万余人"。"烽燧所至，村舍为墟，小民转徙流离哭号于路者，以数十万计。"

甚至连日本人办的报纸（1906年10月18日）也不得不承认，中国东北人民"陷于枪林弹雨之中，死于炮林雷阵之上者数万生灵，血飞肉溅，产破家倾，父子兄弟哭于途，夫妇亲朋呼于路，痛心疾首，惨不忍闻。"

当时的国际舆论竟然抱着看斗狗游戏的态度，只对双方的战术战法品头论足，对两雄厮杀下损失最为惨重的中国人的浩劫却鲜置一词，他们的仗义呢？他们的人文关怀呢？他们的普世价值呢？

尽管侥幸得手的日本在日俄战争后的谈判中极尽"宽宏大量"，但接着，多米诺骨牌又倒下了第二块，战争失利、经济凋敝所带来的革命风潮几乎席卷了整个沙俄。

先是彼得堡的工人游行示威，遭到军队屠杀，死亡几千人，这一下引发了人们对沙皇政府的超级不满。

见沙皇军队被打得丢盔弃甲，几百年来一直屈服于哥萨克骑兵淫威之下的波兰人也开始了武装反抗。波兰某地的工人组织了准政府，与沙俄军警武力对抗，直到沙皇的步兵团杀开血路冲进城里，起义才算结束。

芬兰也发生了反对沙俄统治的政治事件，要求实现区域自治。

黑海边，一批海军中下级军官带领水兵武装劫狱，释放政治犯，结果引发了大规模的流血冲突。

除此之外，外高加索地区基督徒与穆斯林之间、日俄战争后丢盔弃甲正狼狈撤回欧洲的新败之军与沿途亲沙皇军队之间，全国各地无不兵戎相见、四处开打。

就这样,在一年之中,沙俄连续两次颜面扫地。第一次是因为被东方新崛起的小国打败,国际上丢尽了脸;第二次则是在平息国内各界百姓的愤怒和不满中昏招迭出,露了底。从此之后,人们对罗曼诺夫王朝的畏惧感开始消退了。

正是在1905年内忧外患的一片混乱中,沙俄皇宫里皇储亚利克西斯的血友病偏偏犯了。

说到小皇储,这可是尼古拉二世的心头肉,夫妇俩虽说是近亲结婚,但却琴瑟相和,可恩爱多年就生下这么一个男孩,还偏偏遗传了外祖母维多利亚才有的血友病,一旦发作就血流不止。眼看着小皇储因为摔了个跟头弄成了内出血,诸多御医却束手无策,沙皇夫妇二人心急如焚。

危急关头,皇后亚历山德拉的一个闺蜜凑上前来小声说道:"听说城里新来了一个神医,殿下要不要试试?"正是这个贵妇多的这句嘴,从此打开了罗曼诺夫王朝的毁灭之门。

半小时后,一个长胡子游僧

摄于1911年的尼古拉二世一家

坐在了皇储的卧榻边,微笑着对皇储说:"不要害怕,一切疼痛都会消失的。"第二天奇迹竟然真的发生了,小皇储头部的血肿彻底消失掉了,皇室一家重新恢复了往日的安详与温馨。

沙皇夫妇满怀欣喜地招待了上帝送给他们的神医拉斯普京。这是历史上拉斯普京的第一次正式亮相。在未来的10年中,他和他的总后台亚历山德拉皇后一道,通过一系列所谓的神迹和巧合,将古老的罗曼诺夫王朝搅得天翻地覆,进而跌入未知的深渊。

有意思的是,从此以后,小皇储的遗传病就像是俄罗斯内政外交的晴雨表,国际上一有风吹草动,他的血友病就会如期而至,于是宫廷一片大乱,皇帝无心政事,牵累得俄国的内政外交也陷入瘫痪,甚至白白错失掉各类送上门来的机会——1905年的日俄战争、1908年奥匈帝国对波黑的吞并、1914年的夏季风波,每个年份都像是俄罗斯帝国的重要节点，皇储病情恰好也如期发作，而每一个节点的背后，都有拉斯普京的身影。

1914年的多事之夏，小皇储又因血友病卧床不起了，关键时刻又是拉斯普京及时赶到，挽回了帝国"小心肝"的生命。

心头事了结了，沙皇尼古拉二世觉得应该考虑下盟友塞尔维亚的难题了，但此时显然已经错过了外交干预的最佳时机——虽然塞尔维亚已在最后一刻基本答应了奥匈帝国提出的最后通牒，但奥匈帝国仍对塞尔维亚宣战了，随后德国也向塞尔维亚宣战。留给沙俄的余地非常有限——要么彻底放弃巴尔干的盟友，任由奥匈帝国去分割，自己再背负上一顶新的背信弃义的帽子；要么不惜第一次世界大战，连本带利挽回帝国昔日的荣耀。

但在是战是和的问题上，沙俄朝堂之上却发生了严重的分歧。俄军的高级军官们一致认为，现在正是向德国和奥匈帝国开战的好时候。

自1908年开始，俄军每年都要将国民收入的三分之一用来武装军队，1913年还通过了一个旨在增加兵员的总体规划，计划每年新增部队58万人，仅每年新增部队的人数就相当于奥匈帝国现役军队人数的总和，或德法任意一国常备军实力的一半。在总参谋部向皇帝展示的军队建设清单上，俄军总兵力已近200万人，还不包括同样数量的预备役人员。除此之外，将军们还满怀信心地认为，以往影响俄军战斗力的运输、补给等问题都已得到有效缓解，法国的技术、英国的投资正让俄军战备能力发生奇迹般的变化。

军官们想以此向皇帝证明，战争之初，如果倾力一击，俄军完全可以在东普鲁士取得辉煌的战果。

内阁文官们也支持这一主张，半个多世纪以来连连战败失地的俄国太需要一场胜利以挽回民心士气了。况且这场战争俄国肯定不会是一个人在战斗，在遥远的法国，在巴尔干地区，到处都有俄国的盟友，俄军所需要的就是向西直捣柏林，重现帝国昔日的荣光。

但沙皇仍犹豫不决，他频频地与德国皇帝威廉二世通电报，极力想挽回一触即发的危机，作为表兄弟，两人在信中都极力拉拢对方给战争投下弃权票，却谁也无法阻止各自国家战争机器的开动，更无心劝阻自己一方的盟友停下战备的步伐。

在这关键的时候，拉斯普京又发出了惊人的预言：一旦参战，帝国大厦将倾。莫非拉斯普京真有预见未来的本事？非也，拉斯普京的理论一说出来，满朝的文武差点没气得背过气去。

拉斯普京的结论是基于自己早年间在伏尔加河流域日耳曼聚居区游历时的所见所闻而得出的。在当地，俄罗斯的农夫仍旧和牲口一起过着脏乱不堪的生活，而同样的环境下，日耳曼裔的侨民们却把生活过得有滋有味，甚至充满了只有西欧和德国才会有的浪漫气息和工业文化。因此，拉斯普京认为："如果德国人每天早上喝咖啡，那怎么能战胜呢？你们自己想想！"在他看来，喝咖啡真的是很了不起的事情，所以他断言，以吾民与彼民斗，安有胜算焉？

拉斯普京的奇谈怪论，不仅没有说服大家，反倒起到了反作用。本来就把他视为眼中钉的满朝文武一听这话，反而更加卖力地向沙皇兜售他们的战争计划，而拉斯普京的反战言论见诸报端后，甚至很大程度上刺激起了俄罗斯人以死捍卫民族尊严的好战情绪。

在长达一天的时间里，俄军的总参谋长萨索诺夫极力劝说沙皇签署总动员令，认为这是唯一能遏制战争的机会。因为一旦法国和俄国出兵，德国将被迫陷入两面作战的被动局面里，而只要德国按兵不动，奥匈帝国针对塞尔维亚的报复就可以避免。但尼古拉二世仍深陷在拉斯普京的"惊世预言"以及和德皇威廉二世的交情中，迟迟不予答复。这场会议一直持续到深夜，面对萨索诺夫的志在必得，尼古拉二世最后愤愤地说道："想一想你要我担的责任！想一想我要送成千上万的人去死！"然后在总动员令上签下了他的名字。

就这样，在奥匈帝国向塞尔维亚宣战后的48小时，俄国也向全国发布了动员令。尼古拉二世有所不知的是，当时由于技术条件使然，无论是德国或是俄国，一旦签署了动员令，成百上千万的大军就变成了杀人机器，必须要有足够的"血和铁"才能喂饱，根本不存在以总动员来遏制敌人的空间

就这样，1914年7月28日，奥匈帝国向塞尔维亚宣战。7月30日俄国开始战争总动员，出兵援助塞尔维亚。8月1日，德国向俄国宣战。8月3日，德国又向法国宣战。8月4日，德国为了在西线抢得先机，武装入侵保持中立的比利时，比利时对德国宣战。同日，英国考虑到海峡对岸的比利时对自己国土安全的重要性，于是向德国宣战。8月6日，奥匈帝国向俄国宣战，塞尔维亚对德国宣战，意大利宣布中立。8月12日，英国向奥匈帝国宣战。全世界主要的强国全都卷进了一场谁也说不清的战争中，第一次世界大战全面爆发了。

附录：妖僧实录

作为一个有着浓厚东方式色彩的欧洲国家，俄罗斯宫廷也与他们的东方近邻一样，有着不问苍生问鬼神的特殊习俗，或者说，乱世出妖孽的传统同样适用于这里。一旦国家陷入危难，统治者不是把焦点对准需要改革的社会层面进行大刀阔斧的改革，而是寄希望于有超强能力的神人出头来保佑自己的家族千秋万代一统天下，沙皇夫妇崇信拉斯普京的故事就是典型的例子。

拉斯普京，原名格里高利·埃菲莫维奇，出生于西西伯利亚一个普通的农民家庭，但这个格里高利从小就不是盏省油的灯。他的毛病不是一般的游手好闲，而是永远离不开女人，只要单独和年轻姑娘或上了年纪的大婶相处不到3分钟，他的手便不老实起来。为这事，四乡八里家有女眷的父亲、丈夫、兄弟们没少揍过他，并给他取了个难听的名字"拉斯普京"，意为放荡不堪的人。

走投无路、被打得鼻青脸肿的拉斯普京很快就在教门中找到了归宿，并如鱼得水，因为当地正好有一个宣扬性解放的教派，声称在性行为的过程中，人才是最接近上帝意志的，这倒和他的实践不谋而合。

在教会里，拉斯普京很快成了各种"亲近上帝"大聚会中女信徒的宠物。但他的欲望不仅于此，他宣称要去希腊朝圣，这一去就是两年，两年后，返乡的拉斯普京似乎变了一个人，成了一个开口上帝闭口主的传教士。

拉斯普京

说来奇怪的是，拉斯普京这次远行不知有了怎样的奇遇，回乡后他拥有了一项奇特的本领，掌握了一种类似于催眠术的医术，病人只要和他聊上一会儿天，甚至只要让他摸摸自己的头顶，再睡上一觉，身上的病痛就会烟消云散。

拉斯普京成了远近闻名的神医，甚至连住在遥远的彼得堡的贵族老爷们也开始要他上门治病。

关于他的种种神迹终于传到了沙皇夫妇的耳朵里，对拉斯普京的到来，尼古拉夫妇如获至宝，因为无论小王子犯病犯得多严重，只要拉斯普京赶到，就能人到病除。

这一切，尼古拉二世夫妇看在眼里，记在心里，作为夫妇二人慷慨的回报，拉斯普京一跃成了沙俄宫廷炙手可热的人物。尽管对这个江湖游僧的过去多少有些耳闻的尼古拉二世不愿自己的家眷太过亲近于他，但造化弄人，自己也身不由己。

一时间，神迹与谩骂齐飞，倾慕共嫉妒一色。

男人们所控制的各种聚会沙龙上，拉斯普京成了恶魔的代言人，尼古拉二世王朝的一切不幸似乎都能从他身上找到根源；而在女人集会的场所，拉斯普京则成了爱神与美神的化身，一切美好的词汇都不吝于其身。

在皇后公开的庇护下，拉斯普京招摇过市，横行无忌，甚至连官吏的任免也要经过他的认可才可以。不仅如此，拉斯普京在宫廷里的地位也有了显著的变化，他开始称呼沙皇尼古拉二世为爸爸，皇后亚历山德拉为妈妈，而尊贵的皇储殿下则成了他口中的"小可爱"。

在这关键的时候，拉斯普京又发出了惊人的预言：一旦参战，帝国大厦将倾。拉斯普京的预言是基于自己早年间在伏尔加河流域日耳曼人聚居区游历时的所见所闻而得出的。俄罗斯人住的地方和牲口棚没什么两样，可日耳曼人的住房整齐划一不说，他们竟然喝得起咖啡，房间里居然还有成套的发亮餐具和白桌布。拉斯普京由此断言，斯拉夫人打不过日耳曼人。

这番预言，加之以往的种种神迹，使拉斯普京一跃成为俄罗斯历史上最具争议的代表。苏联解体后，更是有很多人抱定为其翻案的目的，不断拔高、洗白拉斯普京的案底。

第一次世界大战一开局，西方翘首以盼的"东线压路机"没像预想的那样碾碎奥匈帝国和东普鲁士一路开向柏林，而是以一连串漂亮娴熟的失败，令协约国一片哗然。而在以后的日子里，沙皇夫妇对拉斯普京的偏爱，不仅葬送掉了俄军来之不易的短暂胜利，还把整个国家都拖进了深渊里。

随着俄军前线的不断失利，俄国在协约国心目中的地位和作用也大打折扣，俄国巨人的差评不胫而走，西方的盟友开始怀疑尼古拉二世能不能带领俄国控制住东边的局面，而俄国国内也有越来越多的人对沙皇统治产生了怀疑。关于尼古拉二世以往的种种不堪，又重新让人们翻了出来。

客观地说，尼古拉二世是历届沙皇中少有的奇葩。

奇葩之一，他是被手下士兵强行推上宝座的。

按理说，受人拥戴是好事，北宋太祖赵匡胤当年不就是黄袍加身才当的皇帝吗？欧洲历史上也有数不清的由士兵拥戴德高望重者当国王的先例，可尼古拉二世这皇帝当得却是稀里糊涂。

奇葩之二，他的登基盛典一开头就没给大家留下好印象。

先是镶满宝石、重达十斤的勋章在典礼上突然自行滑落到地上。接着戴皇冠时沙皇又莫名其妙地流泪了——原来，负责加冕的东正教大主教将同样分量和材质的大皇冠狠狠戳在了新沙皇脑袋上的旧伤口上，正全神贯注的沙皇突然挨这么一下子，能不哭吗？

这还没完，典礼最后一项重要任务也搞成了彻底的悲剧。按惯例，新任沙皇和皇后要与广大群众见面，同时赠送大家啤酒和礼物。这天，人们听说与虎背熊腰的老沙皇不同，新沙皇是个性格温柔的小个子，他的德国老婆则比他高一头，于是50万人早早就赶到了现场等着看沙皇的德国新娘、喝皇家不掺水的好啤酒。

结果不知是谁乱喊啤酒不够了，大家一听这话，后面的拼命往前挤，结果好端端的一个登基仪式变成了俄罗斯历史上血淋淋的惨祸。

官方统计，有2000人在那次踩踏事故中丧生。这场俄国历史上最严重的惨祸纪录要到9年后才被打破，而新纪录的创造者仍是尼古拉二世。

在1905年因日俄战争失败而引发的骚乱中，俄罗斯全国爆发了3000多起群体性事件，数百万人牵连其中，在随后进行的镇压行动中，死难者不计其数，死难人数之多超过了刚刚结束的日俄战争总阵亡人数，仅被判流放的就有5万人之多。尼古拉二世也由此成为俄罗斯历史上手中沾满子民鲜血最多的沙皇。

沙皇两口子20年如一日地保持了妇唱夫随的作风。不带偏见地说，如果妻子真是位"女中豪杰"也就罢了,可沙皇的妻子不仅跋扈专横,而且愚蠢迷信,天天泡在祈祷室中的时间比化妆时间都长,她最拿手的事就是给沙皇写信,要么是告状——哪个大臣又欺负她的圣僧了;要么就是请命——圣僧又想任命哪个酒鬼当要员;要么则是哭诉——陛下对圣僧的事如果不照此办理肯定就是不爱她了。而沙皇一旦不接受她的请求,她就以死相逼,因为她至死都相信的一件事就是,虽然上天没有给她一个完美的继承人,但却给了她一个完美的神——拉斯普京。

就是在这样的情况下,俄国跌跌撞撞地钻到了第一次世界大战的漩涡里。俄国在前线还有一连串的惨痛败绩没有品尝,俄国人民也没有对寒冷、饥饿、灾荒、战乱产生刻骨的仇恨,而拉斯普京的大戏也才刚刚开幕。

开战伊始,拉斯普京趁沙皇焦头烂额、无心他顾之机,与皇后亚历山德拉加紧勾结,开始把持朝政,特别是把持要害部门的官吏任免权,将反对自己的人一一排挤出宫廷。

拉斯普京的最大手笔,是假皇后之手,罢免了俄军总司令尼古拉大公。按辈分,这位尼古拉大公是沙皇的叔父,同时也是罗曼诺夫家族的族长,但由于他从来没看得起拉斯普京和德国来的那个皇后,于是也成了拉斯普京与皇后一派的攻击对象。当时,他刚指挥俄军在俄奥前线取得不俗的战绩,让百败之余的俄军士气大振,但尼古拉气吞山河之际,正是奉调回朝之日——拉斯普京认为他功高盖主,有不臣之心,为了沙皇陛下未来考虑,必须要罢免他。

事实证明,这是一个极为悲剧的错误。尼古拉二世从未受到过系统的军事教育。其父亚历山大二世因脑出血去世时正值春秋鼎盛,尼古拉二世作为皇储还没来得及完成正规系统的储君专业,就连滚带爬地登上了沙皇的宝座,其中就包括关键的军事指挥艺术这一环节,这也正好可以印证为什么尼古拉二世上台后俄军就走上了下坡路的原因。

受到皇家如此礼遇,拉斯普京在用打击异己的方式"拯救俄罗斯"之余,越发放浪形骸起来。后来,他还神奇地将自己的两项本事融会贯通起来,把他在各种下等酒馆认识的各色人等委以重任,比如内政部长这一重要人选,就是他在一家小酒馆喝酒打架时认识的一个流浪歌手。

在1915年到1916年的一年间,拉斯普京先后罢免了4任首相、5任内政部长、4个农业部长、3个战争部长,同时将大批鬼才知道从哪儿来的三教九流安置到了政府的各个要害部门。

在拉斯普京的恶意操盘下，俄罗斯前方战局恶化，后方怨声载道，内忧外患下，沙皇夫妇不仅丝毫没有质疑他的作用，反而认为前线失利是自己侍圣不虔招致的上天的惩罚，对拉斯普京的尊崇也达到了无与伦比的地步。

有道是，"不义不匿，厚将崩"。拉斯普京的末日在1916年沉闷的冬天姗姗来迟。沙皇富可敌国的侄女婿尤苏波夫亲王殿下、沙皇的表兄德米特里大公牵头组织了一批敢死之士，利用拉斯普京对尤苏波夫的妻子、沙皇亲侄女艾瑞娜女大公美色的垂涎，将其骗到尤苏波夫的官邸，先是让他吃了足够毒死5个成年人的蛋糕和毒酒，但拉斯普京对此却浑然无觉，酒足饭饱后仍听了半天音乐、跳了好几支舞，又兴致勃勃地劝说荒唐程度不在自己之下的几位皇室贵胄一起去妓院寻寻乐子。

尤苏波夫无可奈何，只好用左轮手枪向拉斯普京的背部和头部开了枪，一颗子弹打中心脏后留在了肝部。一般人受此致命之伤肯定就完了，可拉斯普京中枪倒地后，居然只昏迷了一小会儿就又一边咒骂着一边跳起来扑向尤苏波夫，吓得尤苏波夫逃上楼去房门紧锁，其他人也躲的躲、跑的跑。

逃过一劫，拉斯普京气呼呼地转身离去。眼看刺杀计划落了空，自己身家难保，众人再次举枪齐射，终于将拉斯普京撂倒在地，拳打脚踢之余，又在他头上补了几枪。这回拉斯普京总该死了吧？没有！浑身上下到处是枪眼的拉斯普京又睁开了可怕的眼睛。

尤苏波夫只好找来哑铃（一说为球棒），众人一通乱捶，几乎将拉斯普京砸成肉饼，这才找来绳索和窗帘，裹住尸体扔到了门前的涅瓦河运河里。

皇后听闻噩耗，如丧考妣，下令全彼得堡的驻军和警察都到河上去凿冰寻尸。经过一番折腾，总算找到了拉斯普京的尸体，可最后的尸检证明，直到扔进河里后很久，拉斯普京还在挣扎。他是在河中因为手脚被捆绑住无法挣脱才溺水而亡的，在此之前，其超强的心肺功能又使他在水下存活了8分钟之久。

拉斯普京的传奇故事并没有结束。

据说，拉斯普京在临死前几天曾秘密写了封给沙皇的信，信中预言了自己的死亡，同时还称："如果你听到为格里高利的死而撞响的钟声，你必须了解此情况，如果是你的亲戚杀死了我，那么在你的家人和亲戚中没有一个能活过两年，俄国人民将杀死他们。"

巧合的是，不到3个月，天怒人怨的罗曼诺夫王朝就在二月革命的呐喊声中彻底倒台了，拉斯普京的尸骨也被革命士兵拉到彼得堡游街示众。

此后，不到两年光景，沙皇夫妇和他们的4个女儿以及几乎用天下换来的宝贝皇储在远东流放中被红军集体处决并用硫酸和汽油挫骨扬灰，骨灰埋藏在叶卡捷琳娜堡附近的一处废弃洞穴中，直到1990年苏联解体前后才被重新找到。

丧心病狂的皇后、软弱昏庸的沙皇，加上倒行逆施罪恶滔天的拉斯普京，构成了20世纪初俄罗斯最为诡秘、最令人掩卷叹息的历史画卷。

第三章大事记

1. 1854年，俄国在克里米亚战争中惨败，被迫转向远东和东南欧巴尔干地区进行扩张，积极扶植属于南斯拉夫种族的塞尔维亚人扩军强国，并与周边国家产生一系列冲突。

2. 1904—1905年，俄国在日俄战争中战败，引发全国性骚乱，被迫在远东地区选择守势，同时加紧在东南欧巴尔干地区的扩张。

3. 1905年，拉斯普京进入俄国宫廷，并与皇后亚历山德拉沆瀣一气，沙皇统治的神圣性遭到质疑与动摇。

4. 1912年，第一次巴尔干战争爆发，塞尔维亚、保加利亚、黑山、罗马尼亚、希腊对奥斯曼土耳其宣战，并占领巴尔干大片领土。

5. 1913年，第二次巴尔干战争爆发，因分赃不均，保加利亚与昔日盟友反目成仇，塞尔维亚、黑山、罗马尼亚、希腊对保加利亚宣战，奥斯曼土耳其也加入战团，保加利亚丧失大部分战利品。受两次战争胜利的影响，塞尔维亚国内民族主义情绪高涨。奥斯曼土耳其和保加利亚受战败影响，开始接近德奥集团。

6. 1914年6月28日，奥匈帝国皇储在萨拉热窝遇刺身亡，案件很快被定性为是塞尔维亚民族主义分子所为。在德国怂恿下，7月23日，奥匈帝国向塞尔维亚提交最后通牒。

7. 7月28日，奥匈帝国向塞尔维亚宣战；7月30日，俄国宣布支持塞尔

061

维亚，全国进入动员状态；8月1日，德国向俄国宣战；8月3日，德国向法国宣战；8月4日，德国入侵比利时，英国向德国宣战；8月6日，奥匈帝国向俄国宣战；8月12日，奥匈帝国向英国宣战。至此，各主要国家纷纷卷入了战争，第一次世界大战正式爆发。

第四章　东欧剑火传

　　从奥匈帝国皇储遇刺到第一次世界大战全面爆发，将近两个月的时间，正好横跨了相当于一个暑假的长度。在这个暑假的最后几天，就像学生狂赶作业一样，有关各国的宣战照会纷至沓来，战争规模像滚雪球一样不断扩大着。

　　但饶是如此，各个国家的元首都信誓旦旦地向本国民众和士兵担保："战争在树叶落下之前就会结束。"(德皇威廉二世语)不管事实如何，反正大家都信了。在一派狂欢的气氛中，整个欧洲数百万大军、几千万人口就这样开始了规模空前的大集结。

　　德国就像战前反复预演的那样，在最短的时间里将军队从76万人扩充成200万人的庞大军队，拥有87个步兵师、11个骑兵师。其在东南欧的盟友奥匈帝国则动员了130万人，包括47个步兵师和11个骑兵师。与德国和奥匈帝国庞大军事机器对峙的则是法国、俄国和塞尔维亚三国，法国以不亚于德国的效率，在30天里完成了180万人的动员入伍工作，97个步兵师和10个骑兵师齐装满员地出现在德法边境上跃跃欲试；孤悬东南一隅的塞尔维亚，刚刚经历了两场巴尔干战争，能力极为有限，仅东拼西凑出一支25万人的军队。规模最为庞大的是俄罗斯，一下子拿出了350万人的军队，包括114个步兵师和36个骑兵师。他们还表示，如果战争需要，他们还能动员其更多的人投入战场。最袖珍的部队是英国派往法国的远征军，他们装备精良、训练有素，但唯一的缺点就是——只有5个师。但这对法国来说已经足够了，因为只要有一名英军出现在战场上，对于法国来说，就意味和有了一个足够广阔有力的坚强后方。

先撇开主战场不提，在战争的发源地奥匈帝国，战争以出人意料的喜剧色彩登上了舞台——奥匈帝国高超的指挥技巧和蠢笨若猪的战争能力相结合，会结出什么样的成果呢？

1. 烽烟巴尔干

第一次世界大战的序幕在多瑙河上展开，隆隆炮声中，磨刀霍霍的奥匈帝国大军杀向塞尔维亚，意图教训一下这个不知天高地厚的小东西，谁才是东南欧的霸主。但半年的战争打下来，不知道是谁教训了谁。

作为世界上流经国家最多的河流，发源于德意志黑森林山区的多瑙河全长2850千米，流域面积80万平方千米，河面波平浪静，河宽岸阔，是欧洲最为重要的国际航道。多瑙河北接德国，中联塞尔维亚和奥匈帝国腹地，下游经过塞尔维亚和罗马尼亚之间水流湍急的铁门峡谷，直通浩瀚的欧亚文明重要发祥地黑海。

第一次世界大战中，多瑙河作为一条天然的战线，无形中成了连接德国、奥匈帝国及奥斯曼土耳其帝国三个同盟国家的纽带，这里的战斗因此格外惊心动魄。

1914年7月28日，奥匈帝国向塞尔维亚宣战后刚刚几个小时，奥匈帝国多瑙河区舰队的3艘浅水炮舰便对多瑙河南岸塞尔维亚首都贝尔格莱德附近的战略要地发起了炮击。深夜里，巨大的爆炸声将贝尔格莱德的市民从睡梦中惊醒，面对这城郊的熊熊烈焰以及多瑙河上不时发

19世纪的讽刺画——俄国怂恿巴尔干国家收拾奥斯曼土耳其，英国则在一边予以警告

出的火光,所有人都明白了一个事实:战争爆发了。但事实上,多瑙河上舰队的炮击只是佯攻,真正的杀招在塞尔维亚王国的另一边。

塞尔维亚西部与奥匈帝国的波黑地区相邻,波黑总督奥斯卡将军兼任巴尔干集团军司令一职,手下拥有第五集团军、第六集团军,兵力高达27万人,此刻踌躇满志,志在必得,因为他面对的敌人太弱了。塞尔维亚兵力本来不算弱,但经过两次巴尔干战争后,兵员损失巨大,还来不及补充就赶上了新的战争,因此奥匈军团一旦大军压境,塞尔维亚处境极其不妙。

幸运的是,奥斯卡人如其名,演戏似乎更适合他的身份,真枪实弹的战争对他来说就显得太艰涩了。他不等兵力全部到位,就急急忙忙地发动了进攻。按照他的说法,他是想赶在8月18日老皇帝佛朗茨生日庆典之前用一场胜利给皇帝交一份厚礼。而后人对此的解读是,在萨拉热窝街头普林西比射向斐迪南王储夫人索菲的那颗子弹,原本是为他预备的,他因此既惭又恼,决心化悲痛为力量,以实际行动向奥匈帝国交一份满意的答卷。

对于奥斯卡的这份志在必得,奥军总参谋长康拉德完全赞成。为了给奥斯卡司令壮壮声色,他还下令把原本用在加利西亚一线对抗俄军的第二集团军12个师约16万人的兵力临时抽调给奥斯卡的巴尔干集团军,按照他的想法——用牛刀杀鸡焉有不胜之理?只要有10天的工夫,第二军就能配合奥斯卡的大军把塞尔维亚打趴下,然后全军主力通过铁路线运输北上抗击俄军。

集中优势兵力聚歼敌人一部,然后采用运动战包抄围堵另一部分敌军,这是我军指战员在解放战争、抗美援朝战争中屡试不爽的制胜法则,但其前提有二:一是部队要有跟得上的"铁脚板",否则指挥员立意再高远也白搭;二是要对敌人情况有明确的判断,容不得半点偏差。而恰恰就在这两样上,康拉德掉了链子。

英国著名史学家李德·哈特在其描写第一次世界大战的史学名著《大战真

挥舞着纸剑的谋略大师奥匈帝国总参谋长康拉德

相》中对康拉德有过如此评判:"在当时欧洲,没有人比奥匈帝国军事领袖康拉德·冯·赫岑道夫为战争付出更多心力,也没有人比他更盼望战争。在所有各国军事领袖中,他也许是最具才华的战略家……具有机动观念与果敢行动的天分。他的战略兼具艺术家的气质与杂技演员的技巧……当然它(康拉德的战略)也有最糟的一面,它无法辨识物质因素在现代战争中的价值。康拉德虽然欠缺战术现实感,手头的工具在本质上又不适于现代作战,但他仍企图展现战略绝技,当工具在现代战争压力下为之弯折之际,他却一味在工具上加压,直到工具毁于他手中为止。"

通俗点说,就是小姐的身子丫环的命。

康拉德就是战前死说活说非逼着老皇帝佛朗茨向塞尔维亚下最后通牒的那位,此公一辈子都想通过一场空前绝后的胜仗来使自己像拉德茨基等奥地利前辈那样建功立业、青史留名,职业生涯的末尾,好不容易盼到不开眼的塞尔维亚撞到枪口上,可不得使出吃奶的力气吗?

第一次世界大战前,康拉德非常了解德国先西后东的战略部署——如果俄法同时向德国宣战,那么德国将利用俄国幅员辽阔、兵力动员调动缓慢的劣势,在东普鲁士一带将只留少数牵制性部队,大部队要按照德国统帅

巴尔干战争中的奥斯曼土耳其军队

部早就拟定好的"拂袖海峡"战略,从德法边界的北段经过荷兰、比利时这一法国防守稀松的区域迂回包抄法军的后侧,直抵巴黎。等打赢法国后,再利用德国发达的铁路网络将百万大军回调到东线,给俄军迎头痛击。

在这个大战略的背景下,为德国提供侧翼掩护的奥匈军队其实只需要守住加利西亚一带就可以,因为这里山区连绵、沼泽密布,极不适合大兵团作战,俄军也不会蠢到没逮到德军主力前就主动分兵攻击奥军这一地区的程度。

乖乖等着敌人来进攻，这哪是天才将领的所为？康拉德没等盟友小毛奇确定下来德军东援的具体计划，就满口应承下在加利西亚攻击俄军的重任。现在，奥匈帝国必须要在东边和北边两线作战，眼下的态势，正好使他的大战略派上了用场。

在奥匈帝国的北线临近加利西亚一带，康拉德下令3个集团军一字排开，一边搜索一边向正在集结的俄军发起攻击。奥匈帝国的东线临近塞尔维亚一带，他不仅同意了奥斯卡两个集团军不必集结完毕就发动进攻的计划，甚至还抽调了北线的第二集团军来增强东线的优势。看上去，这和德国的拂袖海峡战略不仅有异曲同工之妙，甚至有青出于蓝之势——德国是先西线再东线，集中优势兵力打败较弱的敌人，再与强敌周旋，而奥匈帝国则是北线东线同时开打，中间则利用内线作战的优势调动部队大打运动战，百万雄师两线同时出击，这气势、这战略，比德国强多了。

战略虽如此，但康拉德在办公室里制订此计划时，显然没有考虑到奥匈帝国军队的现实情况，更没有对奥匈帝国境内千疮百孔的铁路运输体系进行过细致的考察，一旦实施，悲剧就降临了。

德国为了这场战争进行了几十年的预演，因此他们有精密到每一分钟的铁路运输时刻表、细致到士兵每件物品需要何地何时进行补给的计划，因此才有战术实施的可能，而奥匈帝国实现这一切全凭康拉德那个天才的大脑。

奥匈帝国的火车只有不到10千米的时速，仅比士兵徒步行军快一点点。

由于动力不足、车头老化，每列火车只能加挂50节车厢，而不是预想的100节。

由于制订计划时显然忘了军列上的那些士兵还要吃饭这件事，军列上既没有餐车，也没有准备便携式军用口粮，因此作为临时性的补救措施，列车每隔几小时就要找地方停靠，以便士兵们下车埋锅做饭。

更悲剧的是，奥匈帝国的铁路系统从没有进行过战时适应性演练，铁路工作人员此前只和游客、货物打过交道，哪见过运兵这阵势？手忙脚乱之际，差错频出，一位站长硬是打错了信号灯，导致8列军列耽误了好几个小时，这位站长自知罪责难逃，只好自杀谢罪，结果火车站群龙无首，又导致了更大规模的瘫痪……

在康拉德的不断催逼下，乱成一团的奥军终于开始了军事行动。第二集团军的一个师强渡萨瓦河，攻入塞尔维亚境内，10天后，第五集团军的两个师也磨磨蹭蹭到达预定位置，其他部队也陆续到达前线，康拉德终于可以一展身手了，可这时塞尔维亚军队早就做好了防御准备。

采尔山要塞控制着通向塞尔维亚腹地的道路，奥军要想长驱直入，必须拿下塞军依山采石建筑的这一连串防线。于是，20万奥匈大军向塞尔维亚守军发起了开战后最大规模的攻势。但康拉德有所不知的是，在奥军走走停停、磨磨蹭蹭的这段时间里，塞军前线已经集结了18万人，双方人数相差无几，塞军主场作战，以逸待劳，又掌握着居高临下的优势，主力还是全军装备最精良、历经了两次巴尔干战争后战斗经验最丰富的第二军。

整整4天时间，奥匈军队前赴后继，向山上的要塞发动了一次次徒劳无功的冲锋，结果损失了2.5万人之多，被迫停止了攻势。采尔山战役是协约国在第一次世界大战中取得的第一场胜利。

随后，塞军乘胜追击，发起了旨在将奥军赶过边境线的突击攻势，结果被奥军所阻，6000多人阵亡。双方在这一带陷入了胶着状态。而对康拉德来说，僵持就意味着死亡，因为他派过去的第二集团军是从北线借调过来的，如今伤亡惨重不说，还被塞军死死咬住，很长时间难以动弹。

就在双方筋疲力尽之时，奥匈帝国北边传来了康拉德担心了很久的战报——俄国人要打过来了。

2. 加利西亚的"三岔口"

战争之初，在康拉德看来，死守一条防线是愚不可及的犯罪行为，而用固定兵力来死守一条防线，则是要下地狱的渎神行为。可在强大的俄罗斯压路机面前，康拉德的信仰崩溃了……200万大军，一个月的衔尾互逐，让奥匈帝国和俄罗斯双双体验到了战争的苦味。

恰在此时，康拉德在北线的两个集团军也向俄军发起了攻势，10万骑兵在200千米宽的正面向俄罗斯草原的方向展开了游行式的侦察行动，结果被集结待命的俄国步兵当活靶子打得不亦乐乎。灰头土脸的奥军刚撤回来后，总算开始打算防御了，结果又和同样找不着敌人在哪里的俄国大军撞了个正着。

这是一场误判连着误判的战役，双方的指挥官都受制于己方拙劣的情报搜集工作，只好依托于偶尔获得的一鳞半爪的不可靠情报再加上自己大量的想象，结果可想而知。

俄军西南方面军总司令认为奥军主力在利沃夫，于是把手头的4个军团120万人以利沃夫为目标全部展开，扑了上去。实际上，奥军主力还再利沃夫以西200千米远。谁知，奥军一方也做着同样的大梦，他们通过一份错把几百俄国骑军算成是一个集团军的情报，认为俄军主力就在卢布林、海乌姆一带，也打起了全歼敌人的算盘。于是奥军的五六十万大军也应声而动，围绕着想象中的敌人主力，或主攻、或包抄。结果，双方都陷入了大规模的混战当中，令人惊恐万状的遭遇战层出不穷。

一开始，俄军最前沿的第四军团向南运动，想包抄幻想中的奥军后路，没想到却和奥军主力第一军团撞个正着。8月18日，俄第四军团和奥军第一军团首先遭遇。经过几天恶战，俄军第四军团被迫退守卢布林以南。

紧接着，奥军第四军团又撞上了俄军第五军团，俄军一番混战后不得不退守海乌姆西南一线。从南路向利沃夫挺进的俄第三军团和第八军团迎面也撞上了奥军第三军团，不过，相对于前两支部队，这支俄军实力最强，拥有约50万兵力，而其面对的奥军第三军团仅14个师、20多万人。嗷嗷叫着的俄军挫败敌人攻势后，强渡格尼拉亚利帕河，于9月3日占领加利西亚重镇利沃夫，至此该战役才露出点眉目。

整整一个月的时间，双方近200万大军、5000门火炮，在维斯瓦河与德涅斯特河之间宽达400千米的战场上互相追逐。

作为第一次世界大战爆发以来最大规模的战役，这是一场任谁也无法说清楚的乱仗。俄奥两国的统帅也好、部队也好、战略也好，情报的缺失情况、指挥的拙劣程度大致相仿，都是盲人骑瞎马式的乱撞乱摸，谁也摸不清对方的主力在哪、企图是啥，双方都想咬住对方的尾巴，却又频频把自己的尾巴亮出来让对方追赶。

1914年夏末初秋的加利西亚大原野上一片泥泞，到处是倒毙的牲口和发臭的尸体，穿灰色军装的俄国士兵与蓝色制服的奥匈帝国士兵就像是两群没头苍蝇一样，在这片烂泥中爬进钻出着。

整整一个月的时间，十几万平方千米的原野，200万晕头转向的大军，一场规模空前的"三岔口"战役，俄奥前线的军人就在这乱成一团的指挥下晕头转向地打着各种各样千奇百怪的遭遇战。最终，这场战役以俄军凭借人数的优势迫使奥军不得不撤出战区而告终。

是役，双方伤亡约70万人。其中奥军伤亡30万人，10万人被俘，损失大炮约400余门；俄军伤亡20万人，4万人被俘，损失大炮约100门。奥军主力虽然避免了被俄军优势兵力通吃的命运，但也基本被打残了，从此彻底丧失了单独向俄军发动进攻的能力；而俄军此战也损失惨重，其扑向东普鲁士的能量被奥军以血流成河的代价消磨殆尽。

这是一场乏善可陈的战役，但作为开战以来的首场大规模会战，加利西亚之战仍留下了许多值得我们回味的经典瞬间，甚至是划时代的首创。

在此之前的战争中，炮兵都作为一个特殊的兵种单独使用，而在这场战役后期，俄军开创了炮火支援步兵冲锋的先河。在戈罗多克战斗中，俄军根据以往的经验和教训，对炮兵火力进行了重新部署，火炮密度为每千米5~8门，步兵团第一次拥有了自己的专属火炮支援单位——炮兵连，步兵第一次在有火力掩护的情况下发起攻击，伤亡因此大幅度下降。这一现代作战方式从此一直沿用至今。

此战俄军虽然占有兵力优势，并最终获得了胜利，但俄军也因指挥拙劣、行动迟缓而饱受诟病。特别是战役末期，明明奥军已溃败，但俄军西南方面军统帅伊万诺夫仍认为敌人还在与其对峙，因此整整两天时间俄军按兵不动，眼睁睁看着丢盔弃甲的奥军撤退。最后，虽然伊万诺夫在尼古拉大公的强令下勉强出击，却畏首畏尾，在毫无阻拦的情况下3天时间仅推进了20余千米——这一距离只相当于惊弓之鸟般的奥军半天的行程。

纵观俄奥两军在第一次世界大战开始阶段的表现，可谓半斤对八两。俄军的主力是90%都是文盲、被西方轻蔑地称为"灰色牲口"的农奴大军，尽管骁勇善战、吃苦耐劳且人数众多，但低下腐朽的指挥体系、落后的装备和恶劣的补给，严重制约了这台战争机器威力的发挥。

奥匈帝国的相关情况比俄罗斯好不了多少，甚至要更糟。

俄罗斯军队早就装备了比较现代化的莫辛纳干步枪,该枪作为世界名枪,精度好、射程远、杀伤力惊人,在二战后进行的朝鲜战争、越南战争及热点地区冲突中屡屡现身,个别地区甚至一直使用到21世纪。最关键的是,这枪一次能装填5发子弹。而奥地利虽然早就扔了1866年普奥战争中让普鲁士人笑掉大牙、让佛朗茨皇帝恨得牙根发痒的前膛枪,但那时痛定思痛所装备的后膛步枪居然一直使用到了1914年——一次只能装一发子弹,且膛线打不了几枪就会磨平。

俄军再怎么腐败,毕竟全军上下都说一种语言。可由十几个民族组成的奥匈军队光语言就十几种,据说只有皇帝一个人能通晓所有这些语言,但让老皇帝一个人来指挥这么多军队也不靠谱啊?所以,战前的奥匈军队就采用了如下的分类方法,他们把从帝国非匈牙利地区征来的士兵统一划入奥地利团,由讲德语的军官来指挥,这部分士兵除了奥地利本土的日耳曼人外,还包括波西米亚的捷克人、斯洛伐克人、加利西亚的波兰人、塞尔维亚人及说意大利语的意大利人。而从广义的匈牙利地区征召来的士兵则统一划入匈牙利团,由讲匈牙利语的军官来指挥,这可不限于目前众所周知的匈牙利这一块地方的兵源,士兵中还包括罗马尼亚人、克罗地亚人、斯洛文尼亚人、希腊人、意大利人、乌克兰人等。这种情况在战争初期达到了巅峰状态,甚至连排长都无法搞清该怎么向自己手下那些鬼才知道从哪里搜罗来的士兵发布命令。

最搞笑的是,战前奥匈帝国拥有世界上最优秀的兵工厂——斯柯达兵工厂,能够生产几乎任何种类的大炮及炮弹,且产量极高。但战前雄心勃勃的康拉德显然忘了让兵工厂为即将爆发的战争做好准备。兵工厂根据总参谋部关于大炮在战时不易损坏因此应多生产炮弹的指示精神,狂造炮弹,限产大炮,结果巴尔干战争刚一爆发,奥匈军队不到一个月的时间仅在加利西亚前线就丢失了400门大炮。斯柯达兵工厂赶紧转产大炮,却由于协约国的封锁,各类物资不齐全,根本无法满足前线的需求,以至到了第一次世界大战后期,奥匈帝国连博物馆里的古董大炮都搜罗到了前线。

最致命的是,奥匈帝国缺乏一个正常国家所需要的大战略。与俄国一样,双方庞大的军队就像是两个目不能视、耳不能听、心智失常的老者,但俄国毕竟还有一个西进抗德以缓解西方盟友压力的大战略,而奥匈帝国呢?尽管老态龙钟,却还要学小伙子翻跟头、耍倒立,焉有不败之理?同样是援助盟友,奥匈帝国完全可以依托喀尔巴阡山的有利地形就地防御,形成东攻北守的战略格局。这样一来，西进的俄罗斯必然会有所顾忌，不敢使出全力去攻击东普鲁士，东线对塞尔维亚的战役也会顺利很多。而奥匈帝国所采用的方式却是以进攻对进攻，以运动战对运动战，这样一来优势丧失了不说，而且还白白消耗了大量的有生力量。

加利西亚战役对于奥匈帝国和康拉德来说，是一场令人痛心的战事。奥匈帝国永远失去了加利西亚这片丰饶的土地，同时失去的还有几十万最精锐的部队、在战争刚一开始时给塞尔维亚致命一击进而结束战争的机会，以及战前康拉德那第一次世界大战定乾坤、安社稷、立功名的雄心壮志。正如时评所言："康拉德用兵如耍把戏，同时抛耍几个瓶子，结果一个个全被他打破了。"

有人说，康拉德错生在了奥匈帝国这个民族众多、老大不堪的老人国家，如果他的智谋应用于德国，势必将创造经天纬地的奇迹。但历史是不容假设的，而影响历史的天才们，唯一的准则就是要因地制宜、因国制宜，而不是沉湎于不着实际的天马行空中——哪怕是天神降世，在横扫千军之前，他也要看看手中的武器是百炼的精钢之刃还是纸糊的长矛。

不过，康拉德的沉寂并没有持续多久，作为奥匈帝国主战派中的头面人物，他和他的老大帝国，在接下来的故事中，还将有"上佳"的表现。打开了通道，肃清了侧翼的俄军开始源源不断地向计划中的目标——德国的东普鲁士前进，浩浩荡荡的灰色大军在秋意已显的加利西亚原野上滚滚西去。

3. 我们身后就是贝尔格莱德

奥匈帝国的雷霆之怒，令整个东南欧都处在风雨飘摇之中，没有人知道奥匈帝国庞大的实力施展开来会造成什么样的后果。但唯一知道的是，奥匈帝国这个巨人，正被塞尔维亚小巧的军队阻击在离边境不远的山区里，动弹不得。

1914年的各个战场充满了各种忙乱和差错，就像史学家所说的那样，战争中的双方总会有一种身处迷雾的焦虑感，他们不知道对方在哪里，对方在想什么，而一旦走出迷雾迎接他们的又将是什么。无论是德国、法国还是俄国、英国、奥匈帝国，他们在1914年都犯下了程度不一的错误，也尝到了失败所能带来的各种苦辣酸甜，而唯一保持不败战绩的，却是战前丝毫不被人看好的塞尔维亚。为了维持这支只有20多万人的部队，整个塞尔维亚已经被彻底掏空了。

德里纳河防线被奥军突破后，塞军没有像其他战场的军队那样死守不退，而是聪明地选择了退守第二防线，在采尔一带的山区，继续依托有利地形和简陋的工事与敌周旋。在这里，为了抵御奥军的炮火，塞尔维亚军队率先使用了一种日后会臭名昭著、天下闻名的新式战法——堑壕战。

据说，一开始谈到这个话题时，这第一次世界大战法遭到塞军内部的强烈反对。他们认为在奥军的强大火力下，让一支正规军放下武器去捡起镐头和铁锹，对这些百战余生的军人来说，是一种极大地侮辱，况且在重炮轰炸下靠挖坑挖掩体是解救不了一整支军队的，军队会在炮火重创下消耗殆尽。但塞军统帅普特尼克元帅力排众议，下严令让各个部队投入到挖坑道的土方作业中去。

军官们的担忧不无道理，在堑壕战过程中，塞军的弱点暴露无遗。几乎每天都有100多人死于奥军的炮火轰炸之下。同时，随着秋季的到来，塞军传统的军鞋既不防潮又不保暖，在堑壕中根本无法保护士兵的双脚，很多士兵因此得了日后被称为堑壕足的疾病，非战斗减员大量增加。除此之外，塞军士兵和日后所有在堑壕中呆过3天以上的士兵一样，恨透了这种把活人放置在土里的工事，无论外面的天气如何，里面永远是阴暗、潮湿的，而且老鼠成群，到处肮脏不堪。

但所有人都无法忽视的事实却是，堑壕虽然让士兵们怨声载道，但却有效地保护了火力处于弱势一方的有生力量，特别是成千上万的士兵把自己的单兵掩体连接成四通八达、功能齐全的地下营地之后，与炮火纷飞、死亡无处不在的地表相比，这里简直就成了天堂。仅此一点，就足以让这种战法在日后的法兰西平原、东欧平原、阿尔卑斯山战线四处落地开花，甚至在战后也以各种形式延续下去——朝鲜战争后期的上甘岭战役，中国志愿军就是凭借优秀的坑道作战抵消了美军的空中和地面炮火优势。

在堑壕战过程中，聪明的塞尔维亚士兵还发明了许多特殊的战法，比如偷偷摸到奥军的前哨基地前埋下地雷，等奥军发起冲锋时再从容引爆，看着那些戴着标志各民族身份的帽子的奥军士兵飞上天空。

随着战局的发展，塞尔维亚薄弱的工业基础终于成了前线战事难以为继的短板。与雄心勃勃的民族自豪感相比，塞尔维亚的工业基础薄弱得可怜，全国仅有一家兵工厂能生产炮弹，且日产量不超过100发。法国以前援助的军火物资，在前两次巴尔干战争中消耗很大，而第一次世界大战的仓促爆发，使得塞尔维亚从上到下都没有做好打一场持久战争的准备。随着战事的拖延，连单兵武器都出现了短缺，士兵只能使用以前缴获自土耳其人和保加利亚人的破烂步枪，甚至农民农闲时打猎用的猎枪也派上了用场。

11月初，在加利西亚的惨败中缓过劲来的奥匈帝国军队，集结了45万大军，向塞尔维亚发起了第二次猛攻。弹尽援绝的塞军放弃原有阵地，退到科卢巴拉河一线，他们身后就是首都贝尔格莱德。但此时，塞军已经在前线连续作战了3个月，战斗减员加上如期而至的伤寒、痢疾等疾病，部队减员非常严重。

为了避敌锋芒，保存有生力量，让士兵获得宝贵的休整时间，塞军总参谋部断然下令，放弃贝尔格莱德。

国家无论大小，首都往往都只有一个，丢掉首都，意味着决策集团要承受巨大的痛苦和压力。因此，为了保存有生力量，未经一战便放弃首都，这在古今中外对任何国家来说都是难以承受的灾难。

俄罗斯在1812年的那个冬天面对法国拿破仑的优势兵力也曾做出过撤离首都莫斯科的决定，如果不是如期而至的严寒和大火让拿破仑大军土崩瓦解的话，放弃了首都的沙皇政权将会在最快的时间里逐渐瓦解。

因此，能够做出弃都决定，既需要远超常人的勇气，也需要非凡的智慧与自信，更需要军民的高度团结。

在隆隆炮声中，塞尔维亚开始了艰苦卓绝的弃城之战。

为了给后方撤退争取时间，前线塞军紧紧咬住杀气腾腾、志在必得的奥军前锋，使得奥军眼看着贝尔格莱德就在眼前，却整整一个星期不能前进一步。离前线不到10千米的首都，一辆辆汽车、马车组成的长龙将贝尔格莱德的一间间工厂、医院、银行、议会和学校搬迁到东南部的山区里，留下的则是一个小国的铮铮铁骨。

12月2日，奥匈帝国的军队终于如愿以偿地进入了贝尔格莱德，尽管这里离奥匈帝国最近的边境线不过区区一条河的宽度，但他们却为了这几千米的距离，付出了10多万人的伤亡、3次大规模的败仗、4个月的时间以及一个老大帝国的威风扫地。

搏击中，缩回拳头，是为了下一拳能打得更狠。

经过短暂的休整，塞尔维亚很快调整了前线的兵力，于12月3日从南北两个方向发起了绝地反攻。塞尔维亚第一军于12月5日攻克了奥第六军大本营所在地苏沃博尔山；12月12日，塞尔维亚第二军也开始发动了反攻，一举从奥军手中收复了贝尔格莱德。

这场由奥军发起的、以塞军反攻得胜告终的战役史称科卢巴拉战役，至今仍是塞尔维亚人的重要纪念日。尽管在世界战争史上名不见经传，但此仗却是以小博大、以弱胜强的典范，更是第一次世界大战开始以来协约国在各个战线上所取得的最辉煌的胜利。塞军以区区25万人对抗奥军50万大军，以损失20万人的代价，取得了歼灭敌人30万人、收复了几乎所有失地的大胜。

北线损失40万人，东线损失30万人，开战以来两线出击、两线大败的奥匈帝国终于掂量出了自己的斤两，不敢再进攻了，撤换了心比天高命比纸薄的前线司令奥斯卡，换上了老成持重的欧根·斐迪南大公。此公一上任，就乖乖地学塞尔维亚人的样子也开始掘壕固守。

战线的另一侧，塞尔维亚虽然取得了巨大的胜利，但此时也是损失惨重。开战仅不到半年，该国已经将几乎所有的男性派上了战场，并付出了伤亡及被俘20万人的巨大损失，这对于一个人口不过300万的小国而言，早已超过了他们的承受能力。加之军火物资消耗殆尽，当年冬天斑疹伤寒的大规模流行，塞尔维亚也无力再战。

1915年，当德、奥、保等国60万大军第三次兵临城下时，塞尔维亚已无力再战，但他们没有选择投降，而是在协约国帮助下，将所有能作战的青年男性转移到了协约国位于萨洛尼卡的防线上，协助希腊人抵御敌人从自家国土上发动的攻势。作为协约国中最小、最弱的一员，塞尔维亚人毁家纾难的气势与决心也得到了各国由衷的尊重。

1914年的冬天，奥匈帝国和塞尔维亚就像是两个体量悬殊却打成平局的拳击手，眼下都是精疲力竭，只好停下来鼻青脸肿地喘着粗气死盯着对方，谁也奈何不了谁。有趣的是，就在同一时期，第一次世界大战的各个战场都做如是状，东线的德国人和俄国人，西线的法国人、英国人和德国人，以及东南欧的奥匈人和塞尔维亚人，大家都大眼瞪小眼地枯坐在滴水成冰的各种堑壕里，回想着自己领袖说过的那类话："等到树叶落下的时候，这场战争就要结束了。"眼看树叶都掉光了，这场战争还能结束吗？

附录：国家的性格

卷帙浩繁的世界史上林林总总的民族和国家犹如过江之鲫，而真正能给我们留下印象的却只是少数，或是拓地万里、扬名立万的大国，或是小而弥坚、愈挫愈勇的钢铁小国。历史证明，山不在高有仙则名，水不在深有龙则灵，国家不在大小，有性格才能得到当代及后世人们的由衷尊重。这就是笔者面对浩如烟海的第一次世界大战史料，却偏偏把塞尔维亚的故事先放在前面的原因。

谈到国与国之间的关系时，我们以前经常爱说的一句话就是："尊严来自于实力。"

其实，回顾历史，奥匈帝国和塞尔维亚各自的兴衰，从两个方面给我们提供了借鉴和参考。

奥匈帝国无论人口还是面积，都是欧洲第二的大国，而塞尔维亚仅仅和奥匈帝国的一个省（波黑）差不多大小。说到文化和经济发展，两国更不是一个重量级的。经济总量上，奥匈帝国虽然比不过德国和法国，可那只是国家层面的标准，论人民的生活水平、文化素养，奥匈帝国在全欧洲都是首屈一指的，而塞尔维亚刚刚从奥斯曼土耳其蒙昧残酷的统治下获得独立不过百年而已，民生凋敝、三面皆敌，只能靠着国际救济维持。

悠久的文化历史？奥匈帝国的历史往前追述，不算他们祖上的罗马帝国时代，单从独立建国算起，起码也有1000年的历史，而塞尔维亚中间断档了500年不说，就算500年前自己当家做主时也不过就是部落联盟首领的水平，500年后重开局时更是欧洲一穷二白的破落户。

但奇怪的是，奥匈帝国这样一个久负盛名的国家，这样一个创造了无数辉煌与奇迹的国家，却在第一次世界大战后的审判席上被彻底肢解成了一堆再难以拼凑起来的碎片，而偏偏塞尔维亚这样一个昔日的小国、穷国、弱国却格外受西方列强的青睐。

第一次世界大战后的凡尔赛条约签订现场,各国代表纷纷为自己国家争功抢地,操纵会议的英、法、美等列强却对塞尔维亚情有独钟。虽然从整个战争来看,除了牵制了奥匈帝国外,塞尔维亚对第一次世界大战的贡献甚微,战争后期甚至一路败退到了希腊境内,最终也并不是凭借自己的力量收复的国土,但凡尔赛会议反而在各方面对塞尔维亚进行了慷慨的支持——昔日小小的塞尔维亚凭借开战以来艰苦卓绝、屡建奇勋的表现,不仅从解体后的奥匈帝国废墟上得到了波黑、克罗地亚、斯洛文尼亚等大片领土,面积增加了两倍有余,跻身于欧洲二流列强之首,而且还实现了塞尔维亚几代人梦寐以求的建立大南斯拉夫王国的梦想。

无独有偶,二战结束后,铁托领导的南斯拉夫更成了苏联与美国这两大集团争相拉拢的香饽饽,这个给援助,那个就给资金,这个给技术,那个就给武器。一言以蔽之,左右逢源,东西通吃,南斯拉夫是二战后直到20世纪90年代唯一一个尽得冷战之实惠而无冷战之忧虑的国家。这又是为什么呢?

其实,与其说世界看重塞尔维亚,不如说是人们欣赏塞尔维亚或南斯拉夫小而弥坚、百折不挠的国家性格。人是有性格的,国家也是如此,一个国家或一个民族如果有一个好的性格,就像是那些人缘奇佳、情商甚高的人那样,尽管再家贫人丑也会得到强者的尊重与认同。

如果把第一次世界大战的列国比喻为一个班级的成员,塞尔维亚俨然是成绩不好、出身更差却活得更有尊严、更不容冒犯的那个小矮个,面对这么一张倔强的面孔,任何"高富帅"和"白富美"都不得不动容。

塞尔维亚人于1914年丢了首都,但不到10天他们就靠自己的努力重新收复了首都;1940年,塞尔维亚的首都再次沦陷,4年后他们又靠着自己的力量重新收复了首都。1914年的冬天,几乎所有的列强都在战场上尝到了失败的苦味,区别只在味道的浓淡而已,而唯独兵力最小、工业最弱、家底最薄的塞尔维亚却在战场上保持着不败的纪录。而这个国家历史上所面对的敌人,土耳其人、奥匈帝国人、德国人,无论多么强大,无论能做出怎样的暴行,都无法征服这个民族。对于这样一个有性格的民族来说,任谁不会敬仰三分呢?

国家就像人一样是有性格的,这并不意味着就不需要国家层面的谋略了,你可以韬光养晦,你可以老奸巨猾,你可以醉翁之意,你可以李代桃僵,谋略凭的是国家能力、智商和需求，但性格的养成却不是一朝一夕的事。国家的性格需要无数个国家观察分析你的一言一行、一举一动，从历史到未来，从过去到现在，如此才会形成你在国际社会眼中的真实性格。

第四章大事记

1. 1914年7月28日，奥匈帝国的炮船炮轰塞尔维亚首都贝尔格莱德。
2. 1914年8月12日，20万奥匈帝国的军队侵入塞尔维亚。
3. 1914年8月29日，塞尔维亚一举将奥匈军团赶出国境。
4. 1914年9月8日，奥军开始第二次入侵塞尔维亚，并于11月底占领塞尔维亚首都贝尔格莱德。
5. 1914年12月3日，塞军发动反击，收复首都，并再次将奥军赶出国境。
6. 1914年8月，奥匈在入侵塞尔维亚的同时，又在加利西亚开辟第二战场，与俄军西向部队交锋，双方共投入200万大军、5000门火炮，规模惊人，但双方高级将领极端低劣的指挥使这场开战以来最大规模的会战死伤惨重，双方损失达70万人之多。经过此战，奥匈帝国元气大伤，日后在没有德国支持的情况下，几乎无力独自组织大规模战役。
7. 1915年，得到德国支援的德奥军队在保加利亚配合下，以60万大军第三次入侵塞尔维亚，战至1915年年底，塞军被迫放弃绝大部分国土，转战希腊萨洛尼卡防线。
8. 1915年5月，一直保持中立的意大利终于投入协约国一方参与对奥匈帝国的战争，奥匈帝国三面受敌，唯独对意大利的战事颇为顺利，双方先后爆发了12次毫无想象力的伊松佐河战役，意大利损失了100万人。

第五章　拂袖海峡记

　　当奥匈帝国的炮舰轰击塞尔维亚首都的同时，德国的战争机器正以不可思议的精准效率启动着，9年前就已拟订的计划，将200万大军的闪击、1.2万列军用列车的运行、对两个国家的致命打击串联到了一起。有史以来，从没有任何一个计划像德国的施里芬计划那样，集瑞士钟表的精准、马克沁机枪的凶险、中国式春运的庞大规模于一体。

1. 法兰西亮剑

被誉为法国象征之一的是巴黎协和广场。19世纪初的巴黎人在广场四周分别矗立起了8座代表当时法国八大城市的雕像，西北是鲁昂、布雷斯特，东北是里尔、斯特拉斯堡，西南是波尔多、南特，东南是马赛和里昂。自1870年普法战争失败后，象征阿尔萨斯和洛林的斯特拉斯堡雕像，就一直被人用黑纱裹束了起来，43年间，每一个经过这里的法国人都要驻足张望良久。

1914年的那个夏日，斯特拉斯堡雕塑的丧装终于被人摘下了。

1914年8月1日下午，法国总统普恩加莱亲自签署的动员令通过陆军部长梅西米，到了法军总司令霞飞的手中："我们四个人都意识到，这张小小的纸片将产生何等巨大、何等不可估量的后果，因此我们的心都绷得紧紧的。"

1914年8月1日16：00，第一张布告出现在协和广场的布告栏中。

巴黎各处酒馆、酒店，几乎在同一时间都发生了这样一幕：音乐舞曲突然停了下来，刚刚还正热议前总理夫人庭审纪实的人们忽然发现，气氛不对了。就在人们的错愕中，饭店的领班或经理已大步走到台前，向大家宣布："动员令已经颁布，午夜开始动员，现在开始奏《马赛曲》！"几乎半秒钟不到，酒馆中就充满了欢呼声，一连串的干杯之后，不知是谁会大喊一声："致我们的洛林！"另一个声音会跟着喊道："还有阿尔萨斯！"再然后，人们会用醉酒前最高亢的音调齐声唱响《马赛曲》。

与此同时，巴黎市内的大街上，一队队预备役军人正带着包裹赶往车站——按照普恩加莱等人这两年一手推行的法国预备役人员动员法令，他们要在第二天傍晚前赶到各自的指定部队报到。火车站前几乎一瞬间就变成了人群与鲜花的海洋。

两天后，法国人期盼已久的一天终于到来——8月2日，一队德国骑兵突袭了卢森堡，意图占领当地的铁路系统，这成了战争正式开始的信号。

8月3日，德国正式对法国宣战。

参众两院里，法国总统普恩加莱和新总理维维尼面对这期待已久的一天，分别向两院联席会议发表了演讲。普恩加莱的演讲稿，热情豪迈："此时此刻，不再有党派，只有一个永恒的法兰西，一个爱好和平与充满决心的法兰西！"

前天还在酒馆里高唱着《马赛曲》的巴黎人，如今已穿上上蓝下红的特色军装，骑兵则还要束上澄明瓦亮的胸甲，冠上精砂打磨的古希腊科林斯式头盔，蹬上光可鉴人的长筒马靴，跨上高大长嘶的阿拉伯骏马，一路高唱着收复阿尔萨斯的嘹亮战歌，穿行过鲜花与彩带的长河，一批批向前线开拔。

未曾开战，巴黎已沉浸在凯旋的狂欢中了。

法国的总司令霞飞元帅，正胸有成竹地缓辔而行在队伍中间。

对于这场期待已久的战争，霞飞元帅和所有法国人一样，有着感同身受的体会，甚至还更刻骨铭心——因为他亲身经历了1870年的普法战争。

当年，在工程系就读的霞飞应征入伍，以工兵少尉的身份参加了普法战争。战后，他晋升中尉，舍弃了原本可以当一位工程师或包工头的职业身份，开始了漫长而艰辛的军旅生涯。

作为一个理科男，霞飞在数学和科学方面极具才能，但同时，想象力、发散式思维却极度匮乏，好在法国军队自拿破仑时代之后就成了这种人的天下——墨守成规，谨慎小心，仅有的疯狂都蕴藏在对命令不折不扣的执行过程中。19世纪末，和普鲁士交锋中吃了亏的法国没两年就缓过劲来，想堤内损失堤外补，开始大规模对外扩张，这给了没啥军方背景的霞飞提供了一个出人头地的机会。

在法国和西班牙边境，霞飞修筑的工事被法国当局视为模板。1884年中法战争爆发，这个会挖土的年轻中尉成了

法军统帅霞飞元帅

083

孤拔的参谋，在越南和中国台湾专门修筑防御工事。后来，他的防御工事还挖到了非洲、欧洲很多地方。别人是以战成名，霞飞则靠挖土晋升。1908年时，霞飞已晋升为法国第三军军长，1911年德法关系最为紧张时，霞飞又被陆军部长梅西米破格提拔成总参谋长。

霞飞上任之后的第一件事，就是负责牵头制订对德军事计划。

霞飞靠土木作业才爬上高位，在将星云集、人才辈出的法国军界，霞飞既非陆军院校出身，也非海军院校出身，本就孤家寡人，而且嘴不能说、口不能喝、舞不会跳，就连吹牛也吹不过那些和敌人面对面干过仗的同僚——因为这几十年来他只会在几大洲各种土壤中闷头挖工事。按理说，由他制定的对德战略，必定也会尘土四溢、木石横飞才是。

可出乎意料的是，由他负责牵头制订的第十七号计划，连一立方米的土方作业都没有——全部是进攻！

无论德国采取什么样的进攻战略，按照霞飞及其团队的设想，180万法军的军事计划就是一条：直接对德法边境中部和东部地区发起进攻，目标直指阿尔萨斯和洛林。

其实，也难怪霞飞舍弃所长而制订这个计划，在那个年代里，无论是法国老百姓还是军界巨头，无不把进攻或防御视为爱国与卖国的分野。

在法国陆军大学，法国军事理论界的明灯、校长福熙将军有两句箴言，一是"克敌制胜的意志是胜利的首要条件"；二是"一场胜仗就是一次不服输的战斗"。

在军事理论家和业余爱国者的渲染下，这两条法则变成了法国老少皆知的军事战略思想——只要胸怀理想，就意味着利剑在握，法兰西的制胜之道就在于殊死进攻，粉碎一切抵抗，唯有进攻才能得到梦寐以求的决战机会，才能在最后一击中凭借超人的意志夺取最终的胜利。

1913年与第十七号作战计划同时制定的《军事野战条例》中，8条旨在匡正战时法军士兵战场行为的条令写得慷慨激昂、文辞考究、语气豪迈——8条说的其实都是一个事儿：进攻。

甚至霞飞辞行前，法国总统普恩加莱还在喋喋不休地大谈法兰西大战略的魅力："唯有进攻才与法国将士的气质相称，我们决心已定，要勇往直前，迎战敌军，毫不犹豫！"

在一片盲目的乐观情绪中,似乎没有人注意到法德之间已经存在的巨大差距,或者说,法国人认为,所有的鸿沟都能被进攻的意志所填平。

德国的经济实力是法国的两倍以上,但没事,法国人有进攻的意志;

德国的工业全球闻名,克虏伯军火名扬天下,但没事,法国人有进攻的意志;

德国士兵训练严格,装备精良,法国士兵训练相对来说稀松儿戏得多,但没事,法国人有进攻的意志;

德国针对未来的战争进行了大量的准备和调研,拟订了详细复杂到无以复加的战争计划,但没事,法国人有进攻的意志……

这边法国人志在必得了,德国那边呢?

2. 德国的坎尼之战

同时和两个以上的世界列强开战,并且能利用自身优势一一将对方打败,这就是令20世纪德国领导人孜孜以求了整整半个世纪的战略命题。二战中,纳粹德国左右开弓分别教训了法国和俄罗斯两个强邻,其战略范本其实就是第一次世界大战前德国的这套拂袖海峡计划,其灵感据说借鉴了2000年前古罗马时代坎尼之战的精髓。但再好的计划也赶不上变化,拂袖计划如果真的完美无缺,德国还至于20年后提兵再战吗?而真正让几近完美的"拂袖海峡计划"变成"擦鼻涕计划"的,还属德国当朝的诸公。

中国的武圣是著有《孙子兵法》的孙子,而说起西方国家的武圣,则当属古罗马时代的迦太基名将汉尼拔。此君一生从无著述,却凭借天生的将才,以一小小殖民地之力几乎鲸吞下了整个罗马共和国。

公元前218年,汉尼拔挥军翻越时人认为不可能翻越的阿尔卑斯山,率领4万大军出现在罗马一侧的波河谷地上,到处攻城略地,兵锋所至无不披靡。而罗马人一开始还敢跟汉尼拔玩"亮剑"——面对面地冲锋，结果发现自己根本不是精通各种战法的汉尼拔的对手，于是便改弦更张，由速战变为持久战，四处坚壁清野，让汉尼拔大军无处筹粮。

眼看罗马人的计策就要成功了，公元前216年，汉尼拔意外地打劫了囤有大量存粮的坎尼城。得知此信，深恐前功尽弃的罗马人派出了两位执政官率领的10万大军——包括8万步兵、6000骑兵以及数量可观的同盟军，企图凭借数量优势一举荡平迦太基祸害。

战斗开始后，迦太基军队的中央似乎扛不住罗马的强力打击，逐渐开始后退，两翼则牢牢坚守着防线，罗马军队在中央步步紧逼，两翼却逐渐被压缩。直到最后，迦太基军队人数虽少，却犹如一个薄薄的口袋，几乎将罗马军队全部包了起来，而罗马一方虽然人数占优，但大部分人都困在包围圈里无法动弹。

恰在此时，汉尼拔的杀手锏出来了，他一声令下，两翼的迦太基军队发起了冲锋，原先投降罗马的500名迦太基俘虏也从怀中抽出短剑，在罗马军队中央开了花，瞬间，兵强马壮的罗马大军溃不成军。战至天黑，罗马军队在坎尼一带伏尸7万，而汉尼拔仅损失了6000人。

从此，坎尼之战成了西方无数将领梦寐以求的终极理想——在有生之年，指挥本国的军队通过同样的迂回包抄等手段，创造一场堪与汉尼拔坎尼之战相媲美的围歼战。

第一次世界大战前的德国，两代人制订的作战计划正是坎尼之战的翻版，唯一的不同点，就是这个计划将以整个欧洲为战场，其意图全歼的敌人也不仅是几万人那么简单，除了当面的所有法国军队外，还包括2000千米外的另一个大国——俄罗斯的1亿人口、500万大军。

阿尔萨斯和洛林，原本就是德意志地区的传统地盘，怎奈19世纪之前，德意志地区长期分裂，境内小邦林立，互相杀伐，有增无减。而此时的法国完成了四海归一，正意气风发，路易十四一不留神就把这两个小邦吞并了，从此法国又有了一块讲德语的地区。

普鲁士崛起后，法国一开始还想着利用普鲁士一根筋的特点给自己捞点好处，后来发现不对了，普鲁士迅速壮大，法国都快不是其对手了，于是法国就主动跳出来威胁普鲁士不得染指德意志西南部的事务。与法国交恶，普鲁士本来也没这胆量，但新仇旧怨加之法国的咄咄逼人，普法战争终于在1870年爆发了，结果法国连皇帝带10万大军，成建制地走进了普鲁士的战俘营，200年前被法国强抢去的阿尔萨斯和洛林两块富含煤铁资源的"肥肉"也被普鲁士重新夺了回去。这还不算，普鲁士国王还在法国的凡尔赛宫里正式加冕登基，成了德国皇帝，如前文所述，这仇、这丑可就大了去了。

好在法国打仗不成了，笔头子还着实了得，大文豪雨果在其著作中将阿尔萨斯、洛林两地描写成法国天然领土的观念，通过各种文体深入人心。此外，还有都德的《最后一课》，将两地人民"此地暂胡马，终生只法民"的精神渲染得感人泪下。更还有小说家莫泊桑的那《羊脂球》，将普鲁士军官写得如畜生般不堪入目，反倒是法国的妓女羊脂球高风亮节卖身不移志的精神，令须眉汗颜。凡此种种，将法德之战的道义属性完全颠覆，以至流毒至今，由此可见文化软实力的威力。

德国只是收复了自己的地盘，起码得让人知道合理性吧？普法战争后，俾斯麦等有识之士强烈要求普鲁士不要逼人太甚，只要法国对普鲁士的崛起不加干涉就算达到战略目的了，可德国的一干军官不干，拼死拼活好不容易压住了法国这只老虎，绝不能轻易放过法国。

于是在割地之外，终于蹦出一个自以为天文数字般的赔款数额来——50亿法郎。以当时的购买力，50亿法郎还是很值钱的，1法郎起码能买两只鸡，普鲁士希望能通过此举一举削弱法国的战争实力。结果，他们下定决心要的这笔赔款，法国不到3年就全部还清了，剩下的时间和精力，法国人全部用来培养漫长的仇恨。

对于法国的这种刻骨仇恨，德国当然心知肚明，俾斯麦当年的预言一语成谶，对法压制战略失败的德国，不得不吞下强邻仇视的苦果，而面对德法边境密如蛛网的防御工事，再搞一次类似于1870年那样的色当大捷显然也是不可能的，唯一的方式，就是在法国大军集结起来之前，像汉尼拔那样以德法边境为战场搞一次大规模的坎尼会战。

施里芬，德国继统第一次世界大战争英雄老毛奇之后的第二位总参谋长，其生前唯一的工作就是为德国将来的战争制订一份详细的战争计划。施里芬上任之后，果断推翻了前任总参谋长老毛奇制定的先俄后法战略，认为俄国凭借其蠢笨的动员体制，很难迅速集结大部队，就算打过来，也只是打碎德国农业产区东普鲁士的一些瓶瓶罐罐而已，而以一墙之隔的法国无论是动员能力还是破坏性都要大得多。于是，施里芬以坎尼之战为范本，精心编制了一份同时兼顾德国东西两线作战的天才计划，后世将其命名为"施里芬计划"。

和法国计划一上来就直奔主题、强调进攻不同，施里芬计划虽然同样是强调进攻，却反对一线平推，而是要求有所取舍。

在大战略上，施里芬计划指出，战端一开，在东线的少量德军要对俄军保持守势，步步为营，必要时可以放弃东普鲁士地区，以此为西线胜利赢得时间。在西线，施里芬计划投入全部兵力的90%用于进攻，而这90%、约150万人的兵力，法德边境地区却只维持少数兵力，甚至阿尔萨斯和洛林在必要时也可以让法国占领，大部队要几乎全部都投入到德国西部与荷兰、比利时的边境上，通过武力占领荷兰、比利时所处的佛兰德斯平原地区，成功绕开法军正面防御工事，从侧后打击法军有生力量，然后兵锋直指巴黎。

按照施里芬的设想，德军应在40天内结束对法之战，然后将依靠细致完备的铁路运行图，通过1.1万列火车，将百万大军快速从西线运到东线，与正深入德国领土的俄国军队进行决战，一举歼灭俄军。

所谓青出于蓝而胜于蓝，汉尼拔若有幸看到这个脱胎于自己坎尼战役的战争蓝图，也会赞不绝口的。

施里芬计划的第一要素就是要成功地占领荷兰、比利时。正如施里芬本人所言："法兰西王朝的心窝在巴黎和布鲁塞尔之间。"法德边境地区大多群山环绕，不利于大部队展开，更缺乏铁路等必要的运输手段，而且法国在19世纪沿法德边境修筑了大量的防御工事，从正面进攻得不偿失。相反，比利时的佛兰德斯平原却拥有德国采取大兵力作战的一切要素——平坦的地形、稠密的人口、富庶的城市、密集的铁路网，还有出其不意的侧击。

施里芬计划唯一的缺陷就是要破坏比利时的中立，因为这个国家于1839年在英、法、普、奥、俄等国的见证下成为了永久中立国，当时的普鲁士还是个二流国家，自然要顺水推舟乐成其事。可此一时彼一时，现在连德皇威廉二世都敢公开地说："谁要是在欧洲战争中不站在我这边，谁就是反对我，如果比利时不站到这边来，我只好唯战略考虑是从了。"一席话，吓得周围的文武官员差点给皇帝跪下——皇帝的一时嘴快，国家最高等级的机密计划差点让皇帝泄露出去！

施里芬计划的第二要素则是给法国人设下的一个陷阱。施里芬故意在法国通往阿尔萨斯和洛林的梅斯与孚日山脉地区部署了较弱的兵力，战端一开，法国人会忍心眼看着"自己的失地"不去"解放"吗？

施里芬计划的第三个要素则是看透了俄国泥足巨人的本质。俄国糟糕的交通设施、广袤的国土，如果想进行战争动员的话，没有两个月的时间是凑不齐军队的，因此完全可以放心将大部队抽调到西线去打击法国，然后再掉头回来迎面收拾侵入德国东部的俄军。

施里芬于1906年退休，有生之年里，他一边继续研究坎尼之战，一边继续完善着他的计划。作为一个军人，生平未指挥过重大的战役，固然是个人的遗憾，但施里芬却将以自己名字命名的计划看成是亲生的儿子一样宠爱有加，甚至退休之后仍孜孜不倦地推敲这计划的每一个细节。1913年，施里芬因病去世，享年80岁，临终时他仍念念不忘自己的计划，并不断叮嘱周围的人："必有第一次世界大战，务必加强右翼！"

施里芬的继任者是他的前任老毛奇的侄子小毛奇。说起老毛奇，那可是德国家喻户晓的大英雄，当年正是他和俾斯麦一武一文，共同辅佐威廉一世登上德国帝位的宝座。当年，也正是老毛奇一手策划了以少胜多的色当战役，一举将包括法国皇帝拿破仑三世在内的10万法国大军赶进了集中营。因此，施里芬退休后，德皇想都没想就让老毛奇的侄子小毛奇接过了总参谋长的衣钵。

与雄才大略的叔父和学者型的前任施里芬相比，时年66岁的小毛奇是个偏文艺范儿的思考者，与总参谋长的职业相比，他干得更出色或者说更在行的职业分别是大提琴师、瑜伽教练和哲学家。但没办法，谁让老毛奇身后无人，谁又让他偏偏当了闻名遐迩的老毛奇的侄子呢？

在接过总参谋部接力棒的几年时光里，小毛奇最大的爱好就是根据大提琴谱的旋律不断修改前任的"拂袖海峡"计划。

施里芬要保证90%的兵力在西线北段，小毛奇最终把这个比例降低为40%。

施里芬要把西线的兵力全部展开，像铁拳一样砸扁比利时、荷兰，一直到海峡为止，然后分几路挺进，大胆迂回。德皇或为了降低外交风险，或为了不想打扰亲戚荷兰威廉明娜女王的幸福生活，决定放过荷兰，专门借道比利时。但是德皇却没考虑到，绕着荷兰去拂袖海峡的右翼兵力会全挤压在最窄不到20千米宽的地域里，也丝毫不考虑由此所带来的交通拥挤和行动迟缓。

战争即将来临，小毛奇一看各国的情况，吓了一大跳，他做梦也没想到，朝思暮想的战争会是如此恐怖。为了这场战争，德国动员武装了87个步兵师和11

个骑兵师，军队数量达到了200万人，混编为8个集团军；盟友奥匈帝国的兵力为130万人，共有47个步兵师和11个骑兵师。与德奥同盟相抗衡的，则是法国的180万人，97个步兵师和10个骑兵师；俄国则有350万人，分为114个步兵师和36个骑兵师；塞尔维亚则有12个半师，26万人。

为了一个说大不大的突发事件，一场蓄谋已久的恩怨，双方一共动员起了886万人，这还不包括后续动员起来的力量以及未来几年陆续将卷入战端的国家。

1914年8月2日，施里芬计划正式上演，近千万人的大会战的主战场终于开打了。当天，德国向比利时发出最后通牒，德军右翼的34个师要借道比利时前往法国，要求比利时放弃抵抗，乖乖让德军通过。要知道，尽管缩了水，但德国的右翼也有34个师之多，比利时军队仅有6个师12万人，如何对抗5倍于己的虎狼之师呢？但比利时年仅39岁的国王阿尔贝对德国最后通牒的回答是："不！"

3. 列日雄关

这是一场本能避免的战争，德国要绕道比利时去攻击法国，这要求虽然有些野蛮霸道，但德国皇帝却非常诚恳地征求过比利时国王阿尔贝的意见，并满口答应，一到战争结束，将赔偿比国的损失云云。但阿尔贝在心理上却显然早已投向了英法一方。及至开战，德国大军压境，德皇又旧事重提，且软硬兼施，但一心以为英法雄兵不日即可从天而降的阿尔贝哪肯放行？一场轰轰烈烈的要塞保卫战就此上演。

1914年8月3日，比利时召开御前会议，部署贯彻有关抗德工作的若干规定，随后德比边境的部队开始奉令炸毁通向比利时腹地的铁路和桥梁。当时，所有人都认为阿尔贝疯了——德国并不想伤害这个还有一位德国王后的小国，只是嫌它碍事，让它让让路而已。

第一次世界大战的历史证明，越是强国大国、他们的皇帝或继承人就越不靠谱，往往在个人的野心与巨大的国家能量面前或进退失据，或丧心病狂，甚至身死国灭仍遗患无穷。

阿尔贝也是如此，尽管看上去他充满了以弱抗强、保家卫国的正义色彩，西方的史书上把他描写得义薄云天，但观其行为与谋略，似乎也没跳出"皇家多傻帽"的定律。

本来，比利时国王轮不到阿尔贝来当，先王利奥波德二世是阿尔贝的伯父，天生就看不起他这个略显文弱和木讷的侄子，但由于亲生儿子早夭、亲弟弟、大侄子先后或夭折或去世，这才心

比利时国王阿尔贝

不甘情不愿地将这个被自己称为"封了口的信封"的二侄子立为王储。

1909年之前，阿尔贝这个王室丑小鸭，唯一的爱好就是四处求学，广泛周游。期间，他通过自由恋爱，娶了茜茜公主的侄女、巴伐利亚的女公爵为妻，夫妇俩琴瑟相合，很是恩爱。

阿尔贝的叔父是欧洲出了名的荒唐国王，私生活一团糜烂不说，还在非洲等地大肆推行其残暴统治。为了追求经济利益，利奥波德二世在比属刚果屠杀了1000多万非洲黑人，连西方其他杀人不眨眼的屠夫们都感到震惊不已，当时的比利时在舆论圈里几乎和现在东亚某小国的名声一样臭。

阿尔贝继位后，没人看好这个三流小国的小国王和他的国家。叔父利奥彼德二世对他的评价、他的内向、他的寡言、他爱看书的习惯，都难免让人对阿尔贝和他的国家产生文弱之感。在一个崇尚钢铁与力量的时代里，国君的如此习惯可不是什么好兆头。威廉二世甚至曾轻蔑地用一个易如反掌的手势来形容在未来的德法之战中征服比利时的难度。

但世人都想错了。

1914年8月3日，阿尔贝自任为比利时军队总司令，下令全国动员，准备抵抗

德国即将开始的入侵。

几乎就在阿尔贝的动员令下达后没几个小时，8月4日凌晨，第一批有6个步兵旅和3个骑兵师的德军部队踏上了比利时的国土，一路如入无人之境，于当天傍晚抵达比利时境内最大的河流马斯河北岸，对岸则是比利时境内最大的筑垒要塞列日要塞。

列日要塞雄踞马斯河两岸，马斯河此段河道宽达200米，长达150米的河岸更是陡峭得令人生畏，构成了要塞的第一道屏障。这些天然屏障之后，就是赫赫有名的列日要塞堡垒群，共有12座子堡，每座堡垒由1个连至1个营约100~500人的兵力驻守，各子堡与主堡之间相距约6~8千米，子堡之间相距3~5千米，这分别是主堡210毫米口径远程大炮和子堡400余门中小口径大炮及机枪的射程范围，密如蛛网的交叉火力构成了列日要塞的第二道防线。

作为19世纪八九十年代军事建筑史上的杰作，列日要塞的工事几乎全部埋在地下，可上下升降的炮塔有钢制装甲保护，堡垒内部四通八达、设施齐备，堡垒前都挖有9米宽的壕沟，堡垒炮位四周更是设下了无数暗堡，内设机枪、小炮。战争爆发后，比利时步兵第三师和第四师一部又填充了堡垒间的无人地带，并简单构筑了工事。当堡垒遭到敌人正面强攻时，这些暗堡和步兵们将用来自四面八方的火网埋葬一切敢于进犯的敌人。

此外，列日要塞还有"第四道"防御体系。在这片庞大的地下世界里，能工巧匠们精心设计了休息区、储藏区、作战室、弹药堆放室等设施，甚至还有医院和蓄水池。按照设计师的设想，列日要塞更适合长期围困作战，一旦敌人一击不克、改攻为困的话，里面的日子照样舒服，外面的敌人能不能吃得消就难说了。

如此难攻，难道不能绕道吗？一方面，德国作战计划的周密性几乎精确到每一分钟，对于一个命中注定要两线作战的国家来说，还有什么比时间更宝贵的呢？另一方面，列日要塞还是一把关键的钥匙——不仅控制着马斯河上最主要的5座桥梁，而且还有4条连接德国与法国北部的铁路交会于此。

而按照施里芬计划，右翼光第一集团军就有10万人，2万匹马每天所需军马草料就近1000吨，加上士兵的补给、弹药的供应，全都要靠后方通过铁路系统往前线送。整个西线六七个集团军，光草料每天就得上千车皮，因此控制这类交通枢纽，对于德军来说是至关重要的。

想要绕道，可能吗？

比利时的应战一开始吓了德国人一跳——别说比利时以6个师对德国34个师，就是德国先头部队的6万德军就够横扫整个比利时的了，阿尔贝疯了吗？但转念一想，兴许人家阿尔贝就是想保全下面子呢？这么想着，源源不断的德国大兵们唱着歌、迈着整齐的步伐就轻轻松松地开进了比利时境内。

滚滚的灰色人流，裹挟着数以千计的机枪、野战炮、辎重车，一路开赴过来，满心以为比利时军队只会冲天开两枪，然后就会让出大道，任由德军自由通行了。德军先锋到了马斯河边，见桥梁尽毁，就边欣赏着风景，边搭设着浮桥，边等着河对岸的比军挂出白旗来。

可德国兵等来的却是比利时军队的突然打击。比利时的狙击手在农舍、树林中不断用冷枪冷炮招呼着视野范围内的德军。接着，列日要塞各堡垒的大炮也开了火，身着笔挺军装本来准备搞场武装大游行的德国士兵始料未及，顿时死伤惨重。

原来，阿尔贝铁了心要和德国打那么一下。笔者推测，这并非史书所渲染的铮铮铁骨使然，而是阿尔贝作为一个赌徒的心理在作怪。作为一个赌徒，阿尔贝当然知道自己依托英、法、俄这些大户，肯定会赢得战争的最后胜利，如果押宝得中，自然一本万利，而他也确实有下注的本钱。

本钱之一，阿尔贝自恃有英国和法国的安全保护承诺。1913年，阿尔贝和威廉二世聊天时小毛奇也在场，双方曾就借道比利时打击法国的问题交换过意见，阿尔贝当场予以了回绝，回来后就把消息透露给了英法两国。要知道，90年前就是英国人拍的板，串通几大国，共同把比利时立为永久中立国。英国和法国自然也不含糊，拍着胸脯保证给比利时提供安全保护。

本钱之二，比利时虽小，却是一个袖珍的军事强国，十几万军队训练有素，装备不亚于英德这些列强，此外，比利时还拥有马斯河上最关键部位的列日要塞和那慕尔要塞这两把钥匙。

如果能在这场战争最显眼的战场上打上一场漂亮仗，比利时是否能摆脱命中注定的小国命运，踏上大国崛起的路程呢？

笔者认为，身为一国之君，首先要想到的就是本国人民的幸福与安定，除此无二。阿尔贝为了所谓的国际道义或大国崛起的宏图强谋，就将本国国民置于水火刀兵之中，显然谈不上什么铁骨铮铮。

作为"大国崛起"的第一步，列日要塞东部的4座堡垒首当其冲受到德军的围攻，但德军随军携带的76毫米野战炮打到堡垒上跟挠痒痒似的，210毫米臼炮也不管用。时间紧迫，无可奈何之下，德军只好发起了刺刀冲锋，整排整连德军士兵在督战队的机枪威逼下，向面前坚不可摧的堡垒发起徒劳无功的冲锋，再成片地倒在比军密集的火力网下。

一位比利时军官事后回忆说："他们并不试图展开队形，而是一排排地并且肩并肩地冲过来，直到中弹倒地。倒下去的人堆成一堵可怕的街垒，快要挡住我们的枪口了，我们实在不知道究竟是隔着它射击好还是走出去用双手清理下射击视野好……"

面对凶猛的火力，德军士兵前赴后继，攀爬着战友的尸体，一次次企图接近碉堡，可就在这时，设置在附近的暗堡开火了，成功在望的德军士兵像被割倒的麦子一样一茬茬填满了堡垒前的壕沟……

1914年8月6日，比军在列日要塞成功击退德军进攻的消息不胫而走，比利时首都布鲁塞尔所有人都沉浸在胜利之中了，人们争相传阅这前线的战报，添油加醋地描绘着前线德军的惨相。盟国们见小小的比利时替他们挡了刀，更是喜出望外，巴黎的政客们大方地将一级荣誉军团勋章颁发给列日要塞守军集体，还不忘给自愿挡刀的阿尔贝国王送上一枚；英国的《泰晤士报》则宣称比利时人打破了德军不可战胜的神话（不知此前一直拿普鲁士军队练兵玩的拿破仑有何感想）；法国的新闻也不甘落后，将"捍卫欧洲自由"的荣誉称号戴在了比利时人的头上。

但列日要塞军民的日子可没有后方这些说大话使小钱儿的国家和大脑进水的司令部人员们想得那么轻松。德军久攻不克，使得德国在国际上脸面无光，恼羞成怒下发动了大规模的炮击，每天将多达上万发各种口径的炮弹扔进列日要塞的各个角落。没来得及撤离的市民只好藏在地下室里忍受着地狱般的煎熬，巴黎的勋章和伦敦的鲜花，能挡炮弹吗？

施里芬计划如此周密，比利时的重要性如此突出，可武装到牙齿的德军居然没有强攻列日要塞的专门武器，这是怎么回事呢？

其实，为了能顺利拿下列日要塞，德国方面处心积虑了很久，做出了种种方案，甚至专门定制了轰炸要塞的特种大炮，但临开战前，皇帝威廉二世大手一挥，认定比利时是不敢妄动的，轻装前进，早日打到巴黎。由此可见，德国真心没想和比利时过招。

就这么着，34个师的德军刚进入比利时就砸在了铁板上，整整一个星期的时间，武装到牙齿的德国军队在小小的列日要塞下顿足不前。

就是在这个时候，一位传奇般的德国军官出场了，此人此时名为埃里希·鲁登道夫，一个平民出身却凭借出众的胆识和见识而跻身德国世袭军事贵族阵营里的政治新星。

鲁登道夫出生于东普鲁士的一个小商人家庭，长大后志愿从军，但在出身决定前途的德国军界，他的未来很不乐观。好在他有幸成为小毛奇版"拂袖海峡计划"智囊团的一分子，并使自己也成为计划的一部分，而他的终极使命，就是帮助德军拿下列日要塞。

在漫长的职业生涯里，攻克列日要塞成了鲁登道夫的终极梦想。及至

施里芬计划制订者施里芬伯爵正装照

梦想忽然降临，鲁登道夫已是49岁。在他这个年纪，容克贵族出身的军官大多都已是师长、集团军司令一类叱咤风云的角色了，而鲁登道夫却仍只是集团军的一个参谋而已。

不过，面对坚不可摧的列日要塞，德国恐怕找不出第二个对列日要塞的情况如此烂熟于心的人了，鲁登道夫不仅亲身参与了第一次世界大战前有关列日要塞一切方案的制订，甚至还利用休假之机前往比利时实地进行过考察。鲁登道夫此时的身份只是德国两个集团军的少将级协调员，但面对列日要塞喷射出的炮火，恐怕全德军中只有他一个人是在偷着乐的。

在最终解决列日要塞前，德军在前线所有有亮点的军事行动几乎都是出自鲁登道夫的手笔。开战不久，鲁登道夫巧妙地派遣一支骑兵在要塞北部出现，迫使要塞指挥官认为德军企图包抄比军后路，匆忙将大部队调往南部，从而为德军迫

近要塞提供了便利条件。接着，鲁登道夫又顺势接过了一个旅的指挥权，并指挥这个旅"虎口夺粮"——从比军严密的防御中抢占了一块制高点，由此刻俯瞰城区和比军的大本营。

1914年8月7日，当鲁登道夫发现比军列日要塞大本营里没有高级军官这一离奇状况后，他马上抓住这个漏洞，自己一个人单枪匹马跑到比军大本营前，用一柄剑狠狠敲击着大门，然后连蒙带诈，兵不血刃地解除了大本营中守军的武装。尽管他敲开大门的那座大本营，只是列日要塞系列堡垒中最不具军事价值的那座，但毕竟这是开战初期德军灰暗时期里唯一的一抹亮色。不过，剩下的堡垒肯定鲁登道夫是敲不开了，他只得马不停蹄地返回了德国，好去迎接一群尊贵的"客人"。

4. "贵妇"降临

1914年8月12日，是德奥两个同盟国同时发飙的日子。在这一天，奥军在东线发动了开战以来最大的攻势，45万奥军向塞军发起了总攻。西线，德国用来对付列日要塞的"终极神器"终于运抵了前线，这是由驰名世界的克虏伯公司和鲁登道夫精心为列日要塞和设防严密的巴黎准备的"礼物"——口径达420毫米的超级重炮"大伯莎"。

作为钢铁时代最出名的武器，"大伯莎"闻名遐迩的大名，来自克虏伯掌门人古斯塔夫的夫人伯莎女士。不过，笔者估计伯莎女士从没见过这炮的模样，否则古斯塔夫的好日子就到头了——此炮外观奇丑无比，时人形容为"钢铁制造的巨型鼻涕虫"。

而古斯塔夫用妻子的名字来命名此炮，显然也颇具深意——作为史上口径最大的重炮，"大伯莎"难"伺候"极了：其全重达到了史无前例的75吨（一说为98吨），用铁路运输时必须分拆成5个部分才能确保铁轨和路基的安全，使用公路运输，仅炮身部分就要使用36匹马来拖曳；发射前，必须先要由工兵在炮位上专门铺设好水泥，否则开炮时巨大的后坐力会将炮架整体砸进地里；开炮时，为了能将重达1吨的炮弹塞进它又粗又短的炮管里，需要200个受过专门训练的士兵为忙活大半天……

"大伯莎"重炮

这么一个难伺候的主儿，难怪古斯塔夫要以自己妻子的名字来命名。"大伯莎"所能做的事只有一件："包治一切不服！""大伯莎"以1小时7发的速度，将重达1吨的炮弹打到1200米高的高空，然后落在15千米远的地方，其装备的延时引信能确保炮弹穿透目标外壳后再爆炸，从而摧毁目标范围内一切建筑和里面任何活着的生命。"大伯莎"的惊人威力，以至于全副安全装备的炮兵们要趴在几百米外遥控发射才能躲过后坐力的伤害。

"大伯莎"的亲吻就像是死神的镰刀，不到片刻，就将比利时人用20年时间构筑的不朽防线撕成了破碎的渔网。

当晚18：30，第一发炮弹飞向了列日要塞前线的蓬迪斯堡垒。在炮弹划过天际的1分钟里，10千米外要塞里的人们都坚称自己听到了魔鬼的笑声。1分钟后，要塞上升腾起了一朵夹杂着土木碎片、人体残肢的巨大烟云，高达300余米，甚至上百千米外都能感受到它巨大的威力。随着弹着点的不断校正，列日要塞系列堡垒的末日终于到来了。

首当其冲的蓬迪斯堡垒被"大伯莎"打成了一片瓦砾，于第二天被德国步兵占领；接着，圣德方丹堡垒在领教了"大伯莎"的脾气后宣布投降，400余名守军仅活下来76人……

在8月2日战争开始前，莱曼将军的麾下有8000要塞守军和多达3.3万人的增援部队，在8月12日炮击开始前，列日要塞诸多堡垒中仅有一座被德军攻陷，而在"大伯莎"到来后的3天里，12座堡垒中已经有11座或成为废墟，或被守军拱手送给了德军。

要塞西边的隆森堡垒是列日要塞系列子堡中最后陷落的，8月15日的一轮炮击已将它轰成了瓦砾堆，但顽强的守军仍然坚守着这个最后的据点。8月16日，在拒绝了德军的最后通牒后，"大伯莎"又"发话"了，一发炮弹命中了隆森堡垒的弹药库，引发了一连串爆炸。亲眼见证了这一幕的鲁登道夫在回忆录里描写到："一批头昏脑花、被熏得黑乎乎的比利时士兵爬出了废墟，一起出来的还有8月5日至6日晚上被俘虏的德国人。所有的人都是血糊糊的，他们举着双手朝我们走来，结结巴巴地喊着别杀我，别杀我……"

德军在废墟中抢救出了奄奄一息的比军列日要塞的总指挥官杰勒德·莱曼将军。莱曼苏醒过来后的第一句话就是要求德军指挥官给他写下一纸证明："我请你们作证，你们发现我时我正处于昏迷状态。务必请你们在战报中说明这一点。"

前几天还被世界各国视为神话的列日要塞保卫战以德比两军各伤亡2.5万人而告结束。停滞了将近10天的德国灰色洪流继续向前推进。损失惨重的比利时军队残部匆匆放弃了难以固守的首都布鲁塞尔后，后撤到靠近海滨的安特卫普，继续坚持抗战。

这时，前两天还自我感觉良好的阿尔贝，估计连肠子都悔青了，由于英法说大话使小钱式的"忽悠"，小小的比利时以举国之力挡住了德国砸向法国的那记重锤，自己却落下个半身瘫痪——大半个国土惨遭蹂躏，无数居民由于响应国王的号召反抗德军而遭到屠杀，英国和法国却除了道义上的谴责外，丝毫没有帮助比利时收复国土的意思。

20多年后二战爆发后，德国再度如法炮制，要借道比利时打击法国侧翼。第一次世界大战时年仅12岁、亲眼目睹过国家被英法的忽悠所葬送的比利时新国王利奥波德三世，没有去学父亲的精神去给英法当垫背的，而是毅然做出了不抵抗的决定——既然自己无力阻止敌人的入侵，哪怕自己会身败名裂，也要尽最大可能给自己的国家和人民争取到最大限度的安宁。比利时沦陷后，由于利奥波德三世的斡旋，这个小小的国家受到德军最大程度的优待，是西欧各国中受害程度最轻、死伤最少的。二战后，尽管面对朝野上下一片的指责，利奥波德三世黯然下野，但比利时人民近年来也慢慢开始理解了这位为了人民的福祉不惜损失个人名节的好国王。

笔者认为，对一个小国而言，相对于父亲阿尔贝的"争"，儿子利奥波德三世的"不争"更值得后人尊敬。

通道总算打开了，德皇无意把比利时的残兵败将彻底赶下大海，而是派了两个军前去监视，大部队继续挺进法国。上千位工程师对比利时境内遭到破坏的桥梁和公路铁路设施进行了修复，几乎不到一天的工夫，各地设施就又恢复到战前的水平，每天有500列火车通过这些桥梁跨越莱茵河。

按照施里芬计划的日程安排，德军最迟应于15日完成在比利时的"旅行"，而这套德国最优秀的参谋们考虑到各种因素后制订的精确到分钟的周密计划刚一开始执行，就被小小的比利时给拖慢了节奏。显然，比利时人用自己特有的方式颠覆了举世闻名的德国式严谨与细密，更以本国军民巨大的牺牲，为英国和法国换取了宝贵的时间。

作为列日要塞之战里唯一的受益者，恐怕就是此前名不见经传的鲁登道夫。有道是"风云帐下奇儿在，鼓角灯前老泪多"，在等级森严的军事贵族体系里，像鲁登道夫这样才华出众却出身低微的小角色，通常只能以参谋或幕僚的方式介入历史，而列日要塞的危局成就了鲁登道夫的赫赫功名。不过，这一切只是一个开始，他的征途在遥远的东线，他的使命则在更为遥远的战后。

德国士兵穿过浓烟滚滚的比利时挺进法国

5. 血与火

德国借道比利时受挫，只是这场战争的一个序曲而已，在接下来的行动中，比利时人的倔强与顽强，让德国式的残忍得到了发扬光大的机会。本来这是一场列强相争的战争，比利时完全属于"楚人无罪，怀璧其罪"。但相对于战场上的杀戮，占领军与平民之间的冲突，使得一切都失去了秩序，一场新的风波正在酝酿、成型。

本想着教训一下芝麻粒大的小国知道天高地厚，结果反被芝麻粒教训了一顿，受此奇耻大辱，德国上下自然恼羞成怒。这还不算，从300年前就有和外国占领军打游击战传统的比利时人，受到列日要塞保卫战的影响，又将祖先们对付西班牙军队的手段全使在了德国人身上，放冷枪、打冷炮、袭击落单的德国兵、破坏铁路和电报线，顺带手再把德军的草料堆上放把火，让德军每前进一步都要付出惨重的代价。

按理说，威廉二世虽然超级混蛋，但在对待比利时的问题上算是仁至义尽了——先是1913年冒着被容克军官团弹劾的风险私下向阿尔贝透露了高度保密的施里芬计划，想和平借道；接着，开战后又不顾脸面地三番四次找阿尔贝借道，甚至在"大伯莎"运到前线进行安装的前一刻，德国大使还在喋喋不休地劝说比利时国王放弃抵抗；后来，比军大败后，德军并没有赶尽杀绝，而是围而不攻，任由阿尔贝保住了半壁河山。

威廉二世和德国如此作为，并非宅心仁厚。20年前德国人跑中国来抢占胶州湾时可是杀人如麻的混世魔王，哪怕他们死了一个人，也要杀得附近几个村子鸡犬不留。十几年前他们参加八国联军进北京时，威廉二世曾给远征军放话，要学"野蛮人匈奴人那样对付中国人"，德军因此更给世人留下了军纪最差、杀人最狠的野蛮人印象。

1914年8月25日，比利时残军在与法国交界的卢万袭击了德国第一集团军的后卫部队，部分市民也自行参加了战斗。事后，德国军队对卢万展开了血腥的报复，整整6天时间，整座小城都淹没在枪声与烈火噼啪作响声中。

这些手段，比起德国人在中国干的勾当，或是日本人在中国干的勾当，连个小拇指都算不上，但在英国人看来，有这些就足够了，英国的宣传机器开足马力，开始把这些道听途说的消息添油加醋进行深加工。

关于英国与德国这甥舅之国的恩怨，前文已述，傻子都知道双方互相恨成了什么样，可英国在战争开始之初，却选择了比利时的道义问题作为对德作战的借口。

德国一开始也丝毫不以为意。德国人所遵循的战争宝典、克劳塞维茨所著的《战争论》中，曾把恐怖也作为缩短战争时间的正当手段。他认为，让平民百姓远离战火影响是根本不可能的，因此长痛不如短痛——一定要让他们感受到战争的压力，这样才能迫使他们的领导人媾和。战争的目的既然是解除敌人的武装，那么，"我们就必须置敌人于继续打下去要比投降更难以忍受的境地"。

理论是个好理论，但首先得看由谁来做，其次得看对手是谁。一来二去，英国和法国的故意抹黑，让德国人不得不背负上更沉重的道义负担。不仅如此，德国人自己还不忘给自己的脸上再添上一抹黑。

在世界范围内，第一次世界大战被英国人和德国人的舆论引导刻意扭曲成了英德之间的正邪较量，英国和法国所代表的是文明世界，他们是在为捍卫文明而战，而罪行令人发指的德国则代表着野蛮与残忍。在继"大嘴皇帝"的绰号之后，威廉二世又光荣地得到了另一个绰号——"HUNS"，意为"野蛮人"或"匈奴王"。

有趣的是，100年后，英德之争的旧事再度成为国际上的热门话题，原因就是自己"屁股不干净"的日本竟然也想靠偷换这个概念，在中日关于中国东海争端中给自己加分，结果却引得嘘声一片自讨其辱。

卢万的烈火，最终使得英、法、俄三国于1914年9月4日在伦敦缔结了一个死战条约，规定鉴于德国在比利时和法国犯下的滔天罪行，三国在作战中都不得单独与敌人媾和，必须与敌人死战到底。

乍看上去，三国无不正义凛然、义薄云天，中外的第一次世界大战史著作中每写到此处，笔端墨痕处更是充满了浓浓的正能量。但究其实质，三国的案底没比德国干净多少，论起替比利时出头这事，英法两国更逃不过以邻为壑的干系。但谁让历史都是胜利者书写的呢？认了吧，至少这回英国人又给自己的勾当找到了一件冠冕堂皇的外衣。

附录：英国的新闻舆论战

2014年3月1日，一小撮恐怖分子手持长刀在昆明火车站向无辜群众大开杀戒，造成29人死亡、130人受伤的惨剧。就是这么清楚的新闻事实，就是这么令人发指的滔天罪行，一贯自诩为客观公正以新闻真实为准绳的英国广播公司（BBC）、美国有线电视新闻网（CNN）等西方媒体竟然罔顾事实，用耐人寻味的笔法将这起事实清楚无疑的惨案又描述成了某少数民族寻求独立而未果的可理解行为。

实际上，对他们这么做，我们实在没有什么大惊小怪的，英国与美国的新闻发展史大致经历了三个阶段。

第一个阶段是胡说八道阶段，马克·吐温的《竞选州长》里面有详细表述，这一阶段基本上以20世纪初为标志。

第二个阶段则是自己利益至上阶段，凡是符合自身利益的就说好话、说真话，不符合自身利益的就说假话甚至编织神话，集中表现在第一次世界大战和二战阶段。这也是他们的新闻舆论引导手段日臻完善的时期，从大众煽情到小处做局，从国家战略欺骗到恶意攻击对手，无所不用其极，但多少还有些廉耻的成分在里面。现在我们的一些人一提美国二战时期对华的援助就眼圈发红、嘴唇颤动，实在大可不必如此，美国《时代周刊》连续介绍中国的抗战，他们拍摄的电影和纪录片正面描述中国的抗战，何故？无他，本国利益也。要知道，太平洋战争爆发后，10个师团的日军就打得东南亚乃至东太平洋上百万的美英军队屁滚尿流，而在中国战场，中国军队仍牢牢牵制着14个师团的日军不得南下或东进，所以，说白了他们需要中国继续抗战下去，这才是最符合他们利益的，当然要正面客观描述了。

第三个阶段，即当下只要是能让对手不堪，睁着眼睛他们也能说瞎话，所谓就算不利已也要损别人。

作为时刻标榜新闻自由的新闻界领袖，西方媒体总给人一种敢说实话、敢讲真话的感觉，但实际上，他们只是从自己的利益出发，无利不起早而已。特别是两次世界大战时期，在对一些和自己国家息息相关的事情上尚能表现出客观公正的态度，甚至是浓浓的人情味，而对潜在的敌手，则极尽妖魔丑化之能事，除此之外，他们还不断给对手挖坑，眼看着对手跳进去，再抓住把柄大做文章，这方面德国吃的亏是最多的，最早的亏就吃在第一次世界大战，吃在英国人身上。

实际上，英国的舆论工作本就是一种欺骗的艺术。第一次世界大战前，后来的英国首相丘吉尔就曾利用媒体罢工之机，由政府出面出版过官办报纸，尝试了政府对舆论的控制。等到第一次世界大战开战后，英国更是特意成立了新闻检查机构，凡是所有有关战场报道的新闻出版前一律由该部门负责审查。不仅如此，后来英国觉得这样还不够，干脆专门成立了军事采访部队，一批正规军军官顶着各类名刊大报记者的名头，以战地记者的身份进行采访报道，垄断了战区几乎所有的新闻采集加工工作，这样的新闻，可信度有多高可想而知。

第一次世界大战是英国这种欺骗艺术登上历史舞台的重要时刻，而二战则是英国舆论引导能力的集中展示。比利时在英国的欺骗下，主动改变了中立立场，义无反顾地充当起了英国和法国的战术前锋，却没有得到英国和法国事先许诺下的支援。比利时的抵抗激起了德国人的愤怒，各种暴行反而又激发起了英国舆论的新一轮煽动高潮，这次，针对的则是包括英国广大殖民地在内的适龄青年。

当然，德国的舆论工作对于比利时影响也非常重要，德国的媒体善于夸大比利时人的残忍和无情，如农民虐杀帮忙干家务的敌国士兵、挖掉伤兵双眼、将俘虏砍掉四肢装在罐子里等传闻。直到大半个世纪之后，我们在其他的战争之后总能听到类似的描述，这自然会引发后方对敌对方普遍的愤怒情绪。在前线，这类传闻则会引发士兵的恐慌感和紧张感，由此更容易导致真实的极端行为，从而又为对方的舆论战提供新的养料。

英国作家尼尔·佛格森在《战争的悲悯》中对这类舆论引发的参战热潮做了详尽的描述，搞笑的是，很多义愤填膺主动前来参军的英国士兵，并不知道自己是去打谁的，甚至有好事者还自己谱写了消灭比利时人的歌曲，由于朗朗上口，在军内还流行了一把。

除了煽动群众、策应外交、孤立敌人外，英国舆论的重点还在于文过饰非、蒙蔽大众上。众所周知的加里波利战役，英国及其成员国出动了50万大军，花费了近一年的努力，付出了25万人伤亡的代价，结果劳师远征却被土军打得灰头土脸，什么也没得到。就是这样明显的败战，在英国记者的笔下居然也成了"感动英国"的绝好题材，进攻死伤太大不好说，出兵是决策失误也不好说，怎么办？英国的记者们写撤退，写远征军没有死一个人的大撤退，这难道不也是大捷吗？同样的春秋笔法被后来成为首相的海军大臣丘吉尔搬到了20多年后的敦刻尔克大撤退上，这场撤退本是英法盟国让德国人抄了后路后的溃逃之举，英军退向海峡的一路上死伤惨重，狼狈不堪，不过，英国不有随军记者呢吗？于是乎，这场几乎丢盔弃甲跑回国的大溃败，又成了足以与《圣经》中摩西分开红海带领以色列人逃出埃及相媲美的史诗大捷。

第一次世界大战的中后期，英国再想欺骗本国人也骗不动了，在德国潜艇的封锁下，英国人饿得连野猫都做成了晚餐，英国舆论索性再度集体发力，将德国文明毁灭者的形象从本国民众中推送到世界人们的眼前。

为了压制德国搞的无限制潜艇战，英国的舆论更是不惜自我断腕也要把德国潜艇的名声搞脏搞臭。后面专门的章节将提到具体的大量事实，此处单提一件事，泰坦尼克号的姊妹船卢西塔尼亚号客轮在从美国开往英国利物浦的途中被德国潜艇击沉，这成了西方渲染自己主流价值观的大事件：37岁的百万富翁让男仆尽可能地找到所有的孩子，把自己专用的救生艇让给了孩子们，自己则和3位绅士一起，手挽手沉入大海；一位本已获救的妇女放弃自己逃生的机会，毅然返回出事海域抢救落水者，有40多人被她救起……除此之外，公众面临的则是血淋淋的现实：德国潜艇的一次袭击，一共让1201人死亡，其中全船的129名儿童中有94人死亡，39名孤儿中有31人死亡，159名美国乘客中有124人死亡。叙述至此，看客大体已经历了三种情绪的波动，先是心潮澎湃，接着是大出意外，再然后则是对肇事德国潜艇发自内心的憎恨和鄙夷。

但英国记者没有告诉大家的是，卢西塔尼亚号早就不是姊妹船泰坦尼克号时的豪华游轮面目了，作为一艘武装运输船，船上装了150毫米口径的大炮，船舱里还摆放着足够5万名英军连续使用一周的4200箱步枪子弹——作为武装运输船，该船明知自己难逃德国潜艇的追杀，却还偏偏带上那么多美国乘客及儿童往德国潜艇的枪口上撞，这不是"碰瓷"又是什么呢？

但无论真相如何，英国媒体的目的达到了，此事件后，美国向德国发出了警告和抗议，对德关系陷入了低谷，德国不得不缩紧潜艇战的规模，刚刚套在英国脖子上的"潜艇枷锁"松绑了，更为关键的是，美国的舆论天平开始向英国转向了，而这就足够了。在看不见硝烟的舆论战场上，英国是一个坑接一个坑地给德国人挖，德国人呢，自己一个接一个地往下跳不说，有时还要自己挖坑自己跳，直到1917年美国在英国的重重设套下毅然参战，这场战争的博弈才最终以英国的胜出、德国的被"活埋"而告终。

这就是软实力的较量，当人们在欣赏英国崛起过程中的船坚炮利时，当人们在痛恨英国式的虚假与伪善时，当人们在叹息如日中天的德国为何打不过日薄西山的英国时，恐怕很少有人会关注到英国新闻舆论引导在这场战争中所做的贡献，而恰恰是这一隐形的翅膀，才让英国在硬实力、软实力之外，能把世界大国统统玩弄于股掌之中。

第五章大事记

1. 普法战争后，为防止法国报复，德国开始制订"施里芬计划"，企图通过比利时绕过法国正面防线突袭法国本土。

2. 1914年8月1日，法国总统普恩加莱签署总动员令，法军主力扑向普法战争中被德国占领的阿尔萨斯和洛林。几乎与此同时，德国两个集团军34个师则按照"施里芬计划"的部署，扑向中立国比利时。

3. 1914年8月4日，德军在比利时被防守严密的列日要塞所阻，德国突袭计划落空。

4. 1914年8月12日，德国的大伯莎巨炮运抵列日要塞，列日要塞保卫战以惨烈的结局告终，比军被迫后撤，德军长驱直入，但为英法两国赢得了宝贵的时间。

5. 1914年8月25日，受到比利时军民骚扰的德军制造了卢万事件，对当地比利时居民大开杀戒，并焚烧全城，此举招致世界舆论谴责，使德国在道义上处于下风。

第六章　马恩喋血录

　　英、法的以邻为壑，并没有转化成足以颠覆乾坤的胜利。长相和蔼可亲的霞飞元帅驱使着上百万法军深入德国境内去夺取法兰西逝去的荣耀，结果本次进攻倒成了霞飞扮演的圣诞老人给死敌德国人送礼物的圣诞之旅。要不是茜茜公主的另一位至亲的无心插柳，法军险些陷入危局。马恩河边，两方三国各自摆开阵势，一心灭此朝食，结果享用这顿早饭的双方都足足要等上三年之久。

1. 霞飞的礼物

尽管掌握着上百万堪称世界一流的杀人机器，但慈眉善目的霞飞元帅长相酷似传说中的圣诞老人。尽管几百千米外的比利时烽火燃城，霞飞元帅依然我行我素地执行着法国式进攻的既定方案。

法军5个集团军的实力与德军突入比利时的"拂袖计划"所用70个师的兵力相等，法军的部署就像一把双股钢叉，一股是深入阿尔萨斯和洛林的第一、第二集团军，另一股则是位于德法边境中部的第三、第四、第五集团军，前者要撕开德军的防线，直接捅入德国的工业区莱茵河地区，后者则蓄势待发，等待前者一击得手后随后发动强大的正面攻势，一举突破德法边境。

自从1914年8月7日第一批法军进入阿尔萨斯，已过了将近两周时间，法军已经挺进到了洛林境内，可霞飞元帅仍没有等到合适的进攻对象，德国人就像蒸发了一样，了无踪影，每天的战报都是些与当地小股边防部队的小冲突、小摩擦，全法国期待已久的大战仍是音信皆无。

在此期间，霞飞也听到过德国人在比利时横冲直撞结果碰上了列日要塞这块铁板的消息，接近法国和比利时边境正准备发动攻击的第五集团军司令朗勒扎克将军甚至给霞飞来过信，认为当面的德军很有可能要从比利时包抄过来，抄法军的后路。第三集团军司令吕夫也写来忧心忡忡的来信，认为如果一旦德军长驱直入比利时，法国呈攻击阵型展开的大军将面临被敌人抄后路的风险。

但霞飞坚持认为，那不可能是德军主力，德军主力也和自己一样，正在前方的某处地方静静地等待着对手的到来，好进行一场世纪大会战。事实上，霞飞能做到三军统帅，证明其并非油盐不进的蠢货，将领们的担心他也并非毫无感触，但他却深受当时法国流行军事思想的毒害。当时法国流行军事思想认为，一旦计划确定下来，就要有百折不挠的意志将其贯彻落实下去。对霞飞而言，在大军鏖战前的混乱时刻，起作用的不是什么计划，而是用以执行计划的干劲和激情，胜利并非来自天衣无缝的计划，而是来自最坚强的意志和最坚定的信心。

就像是到处寻觅着战机的堂吉诃德那样，霞飞按自己的规则寻找着设想中的敌人，好进行一场幻想中一次次上演的决战，却带领着法军一步步走进了德国预谋已久的捕兽网里。

这个网中的诱饵就是阿尔萨斯和洛林，网子的底部则是巴伐利亚王储鲁普雷希特指挥的第六、第七两个集团军，小毛奇给鲁普雷希特安排的任务就是大踏步地后退，尽可能地让更多的法军进入网中，然后在收网过程中将敌人死死咬住，配合从比利时南下的部队将法国的军队一网打尽。

然而，随着霞飞坚定地执行预订计划，小毛奇自己就先犯起了迷糊：眼看着比利时遭殃，法国大军却不闻不问，继续大踏步地往德国腹地深入，这是要围魏救赵吗？眼看着法军越聚越多，一门心思地往莱茵河这里进军，东边俄军也打了过来，比利时仍久攻不克，自己安排在东线和西线

小毛奇

左翼的少数部队能不能坚持到大军回援那天呢？而眼看着肥美诱人的法国蓝衣红裤大军义无反顾地往自己的阿尔萨斯和洛林这个口袋里钻，如果集中兵力先在这里打一场聚歼战不是更好吗？

就在这犹豫、思考的过程中，施里芬计划的最关键一点——无论如何保持右翼兵力的强大——开始动摇了。小毛奇开始不断从拥挤不堪的右翼抽调部队去填补东线和西线左翼的空白。德国尽管军事力量超级强大，但几百万人相对于东西相加上千千米的防线和到处是诱惑的战场形势，东堵西填却仍是杯水车薪、四处漏风。就在这不经意间，施里芬计划的玄妙之笔已经离德军远去了。

最先按捺不住的是巴伐利亚王储鲁普雷希特，此君名头远不止官方介绍的那

么简单，他不仅是巴伐利亚的王储，还是奥匈帝国皇后茜茜公主和佛朗茨皇帝的嫡亲侄儿，甚至在英国王位继承序列上也有他的份，是詹姆士一脉英国王室的法定继承人。除了这些显赫的身份，鲁普雷希特还是位骁勇善战的高级军事指挥官。因此，战前部署时，总参谋部特意将他放在了关键的岗位上，负责西线左翼的安全，他的第六、第七两个集团军，将在未来的法国战役中充当东路军的重要角色，当然，在此之前他必须按兵不动，静观敌变才行。

偏偏就是这个"静"字，让鲁普雷希特吃不消了。

眼看着其他各路德军纷纷高歌猛进，唯独鲁普雷希特率领的两大集团军一路从撤退走向撤退，鲁普雷希特心里颇不是滋味。到了关键时刻，鲁普雷希特身上皇家贵胄的脾气上来了，打电话到德军总指挥部发飙，指名道姓找小毛奇接电话。小毛奇虽然职位高，但毕竟家臣出身，连忙放下手中事务好生接待。这通电话，堪称历史上最早的"电话粥"，断断续续争论了3天，归根到底就一件事——巴伐利亚王储鲁普雷希特不高兴了，要求总参谋部同意他向深入洛林的法军发起攻击，因为鲁普雷希特认为"迫使急于前进的部队后撤是可耻的"。

于是，从8月18日开始，到24日，以鲁普雷希特所率领的德国第六、第七两个集团军所进行的洛林战役为龙头，原本以静制动、配合右翼"拂袖计划"的左翼沿线德军纷纷发动了反击，从接近法国比利时边境的马斯河、阿登森林直到洛林和阿尔萨斯，几百千米沿线，到处枪炮乱飞。

在洛林，法国的第一和第二两个集团军撞到了停止后退、严阵以待的德军防线上，顿时被撞得头破血流。实践证明，强调进攻意识的法军其实是最不适合进攻的军队，因为他们无论服装、道具还是演技，无论是在平原还是在山地，都太适合表演而不是实战了。

战前，法国参谋长曾经提议，法国应借鉴英国、德国等国将士兵制服由鲜亮的颜色改成接近地表色彩的保护色，以减轻战争中的伤亡。孰料此言一出顿时激起军中权威们的一片炮轰。

不仅服装没换成，法军依据1870年普法战争一次次修订的野战条例，文采尽可惊天地泣鬼神，但内容仍是1870年时的老内容，等到真正打起来，法德两军高下立判。

法军的步兵野战条例是依据敌人开枪后要有20秒换子弹的时间间歇来制定的，要求士兵20秒内往前突进50米。倒霉的是，机枪现在早就成了德军连排以下的标配武器，采用水冷方式的马克沁机枪换个弹链都用不了5秒，然后就是持续不间断的射击，20秒？50米？哪年的皇历了？

这还不算，本来阿登森林和洛林山地一带比较便于法军行动，但法军的军服太显眼了，尤其是在青翠欲滴的绿树掩映下，法国士兵红

第一次世界大战时期各国普遍装备的马克沁机枪是世界上杀人最多的武器

得耀眼的裤子和天蓝色的上衣，法国骑兵装饰着大朵鸵鸟羽毛的闪亮头盔和锃亮的胸甲，简直就是最好的靶子。无论坐、卧、躺、趴，总有一抹红色、蓝色或金属色标出法国士兵所在的位置；无论阴天、雨天、白天、黑天，也无论法军是行军、进攻还是偷袭，只要法军在行动，总有吵得出奇的军乐队如影随形地提醒着德军：敌人来了。

如果德国人放一只热气球进行侦查，只要侦查人员不是色盲，老远就能看到法军特有的红裤子组成的防线或队列，然后就能轻松地召唤来地面炮火的袭击，把红裤子们所在的地方炸得血肉横飞。

霞飞见状不妙，也顾不得自己制订的那套只许进攻不许后退的条例了，连忙下令能跑的部队全跑回来。跑回来之后就地组织防御吗？不，重新组队，继续进攻。

一位派驻法军充当联络官的英国军官因此见识了如下的一幕：

进攻前，法军士兵一律枪上刺刀、子弹上膛，各个团的鼓乐队奏着《马赛曲》的铿锵旋律，军官们一律戴着白手套手持指挥刀，他们一声令下，整齐的红蓝大军开始缓慢而坚定地向前移动。"当法国的步兵前进时，他们的前卫队的步伐是整齐的，队形也是整齐的，甚至在德军的枪炮声中倒下去时也是整齐的。他们一个个像兔子一样，倒下去之后就无法再爬起来，但是他们十分勇敢，并不因此有所畏惧，一直前进着……前卫队一小队一小队地倒下去，又一小队一小队地

111

跟上去……对于红裤子们的战法，我深感遗憾，而对他们的勇气，我却敬佩到了极点。"这哪里是敬佩？分明是憋着坏笑的挖苦之词。

在阿登森林，在罗西尼奥尔，在洛林，在维尔通，类似的情景一次次上演着，夏日的芳草沐浴在血河之中。

在桑布尔河防线，法军的第五、第十军团奉命驻守桑布尔河的南岸，可他们一不挖掘战壕，二没有架设铁丝网这类先前从德国人那吃尽了苦头的防御利器，而只想着用"亮剑"精神以血肉之躯去死磕对方的马克沁机枪。下场可想而知。

短短4天的时间，130万法军全线溃败，伤亡14万人。几乎就是一瞬间的事，就像坐过山车一样，法军的情绪在短短的边境战役前后，一下子从巅峰跌落到了谷底。不切实际的战略、盲目乐观的天性、亦步亦趋的将领、坑民害国的乐观情绪，以上各条加在一起，化成一句就是：德国人又来了。

2. 恐怖 8 月

马恩河边，法国和德国双方似乎都嗅到了决战的味道，但所谓的决战，却是以双方的一系列错误开场，又以更多的错误来匆匆收场。

整个边境战役期间，125万法军与不足法军人数一半的德军鏖战，结果却是法军以4天伤亡14万人的代价重新回到开战前他们出发的地方。但是，法国人马上又振奋了起来，因为上面告诉他们，虽然他们伤亡很惨，但他们不是一个人在战斗，海那边的英国人派来了部队。

整个8月，英国都是在焦急和躁动中度过的，一会儿在议会里激辩要不要派军队支援在欧洲大陆上的盟友，一会儿又开始为究竟派海军参战还是除了海军外陆军也要出动而争吵不休；一会儿向突入比利时境内的德国发出最后通牒，一会儿又忙不迭地派军舰去拦截企图进入黑海与奥斯曼土耳其联手的德国最新型战列舰；一会儿派军舰去收拾敢在英吉利海峡布雷的德国布雷艇，一会儿又要忙着给刚收拾完德国布雷艇又被水雷给炸沉了的英国巡洋舰办理后事……

诸多烦乱中，最要紧的就是组织远征军去欧洲大陆这件事。距离上次英国陆军驰骋欧洲大陆的1815年，英国陆军已经整整100年没有去过欧洲大陆了，而这次，他们面对的是更凶狠的敌人和更陌生的情况。大半个月的时间，英国拿出了几乎所有的看家宝贝——总共2个军，5个师的陆军和1个师的骑兵，共约8万人、3万匹马、300多门野战炮和125挺机枪，这几乎是英国眼下能拿出手的所有家当了。

大军启程前，陆军大臣基钦纳专门找到远征军司令面授机宜：这支远征军是英军的精华，一定不能乱用，一定要独立行使指挥权。

1914年8月23日，总计2个师3.5万人的英国远征军先头部队，

英国陆军元帅基钦纳

与刚从比利时列日要塞杀出来的德军克鲁克第一集团军相撞在马斯河边的蒙斯。大概早就听说了法国盟友们硬碰硬的惨痛经历，英国人没敢硬碰硬，而是从马上下来边掘壕固守，边召唤后面的步兵赶紧上来。势不可挡的德军丝毫没把这一小股部队放在眼里，马上开始了先炮兵轰击、再步兵冲锋的常规动作，可这回他们碰上的是会挖土的英国人。

英国人在1900年进行过两次战争，一次是八国联军远征中国首都北京的侵华战争，这一仗毫无技术含量可言；另一次则是对英国陆军触动甚大的布尔战争。

布尔战争是英国与荷兰在南非的殖民当局争夺南非所引发的战争，双方都是白人，武器装备大致相同，英国人仗着有海权撑腰，一开始显然没把南非那些农场主放在眼里，可打了几轮后就发现，自己所秉承的正规战法显然不是对方的对手。

从小就会在草原上打羚羊、打斑马改善生活的南非士兵，个个都是神枪手。

英国人当时装备的步枪和对方手中的家伙根本不在一个层面上。

作为猎人，布尔人天生就是实用主义的拥趸，花架子从来不讲，他们穿的军服五花八门，非棕即绿，唯一的共同点就是能和环境颜色混为一体。而英国兵常被人戏称为"龙虾兵"，就是因为他们传统的红色军服（之所以选择红色，除了提神醒脑的功效外，据说是因为战场上受了伤后红色军服能够隐藏血迹，不容易让周围的人产生恐惧感）。在欧洲、亚洲无所谓，当时各国士兵的穿着都非常显眼醒目，但在布尔战争中，英国的"龙虾服"让他们的士兵可吃尽了苦头。

布尔人的军队都是牧民、农场主，因此打仗从玩正规的阵地仗，而是走到哪里打到哪里，忽东忽西，这里打两枪，那里袭击一下，让习惯了摆开阵势、鼓乐齐鸣中进行排枪射击的英国人大为光火，正行着军，就有中枪倒地的，正摆着阵，旁边森林里就射来了子弹……

就像第一次世界大战前法国所进行的类似改革遇到的各种阻力一样，英国人的改革一开始也颇为不顺，但英国人的一个优点就是肯用事实说话，敢于以实际来验证理论——哪怕这事实是用自己士兵的鲜血和国际上的无数鄙视换来的。

于是，14年后的欧洲战场上，再度亮相的英军已今非昔比了。他们穿着轻便的浅绿色军服，和这个夏天浑然一体；他们使用的李恩菲尔德步枪充分吸取了布尔战争的教训，一次可押弹10发，操作简单、射击精度高，射手稍加训练就能达到每分钟开枪15次的速率；除此之外，由于他们还在军营中开展种类繁多的技能大比武——评选神射手，夺冠的士兵当场就能得到真金白银的奖励。因此，士兵们个个都争练成为神射手。此外，南非的布尔人还教会了他们如何在复杂的地貌下更好地掩护、隐藏自己的技能。这些改革的成果，如今都在马恩河边得到了回报。

面对德军发起的一波波攻势，英军士兵在草草挖就的战壕里以密集精确的射击来作为回应，以至于德军一开始还以为对方给每个人都装备了机关枪。

激烈的战斗持续了一整天，英军以伤亡1600人的代价换来了德军伤亡5000人且寸步

英国远征军第一任司令佛伦奇

未进。但英国人的喜悦没持续多久，第二天天一亮，英国人就惊讶地发现，原本在侧翼负责掩护英军的法军竟然趁着夜幕的掩护，连个招呼都不打就溜走了。英军右翼一整晚都空空荡荡、无人防守。这实在太伤英国人感情了，古往今来，从来都是老谋深算的英国人放别人的鸽子，啥时候被人家放过？远征军指挥官史密斯·多林也顾不得军心和士气，更顾不得上司佛伦奇令他死守的命令，连忙下令英军也开溜。于是一天之间，英国人完成了从胜利到溃败的全过程。从此之后，凡是参加过英国远征军的军人，终生都恨透了法国人。

如此大好时机，德国人怎么会轻易放过呢？原来，德国人内部也在掐架。

德国第一集团军司令克鲁克是施里芬战术的忠实拥趸，克鲁克一向崇尚侧击，认为绕到敌人后方实行侧击是打击敌人士气的最佳良药，如果此仗由他来指挥，英国远征军人数后面加个零也没戏唱——双方激战的当天，他就向方面军司令和后方的总司令部提出过建议，从右侧迂回到英军和法军的后方进行包抄，甭管对方的战术多精妙，在前后夹击面前都是一道大菜。但偏偏克鲁克的直接上司、第二集团军司令比洛是个油盐不进、战略观点正好和他相左的"杠头"。

比洛认为，在当面敌人数量不明的情况下，自己的3个集团军（第一、第二、第三集团军）应该一字排开，齐头并进，万不可轻敌冒进，因此和克鲁克发生了激烈的争吵。两人虽然资历相同，但比洛有一个优势，以前施里芬退休时，他曾一度是小毛奇唯一的竞争对手，这在名将如云且只认资历和出身的德军系统内部可是的价值连城的履历。

关键时刻，官大一级压死人的古今通例再次上演，甭管克鲁克怎么赌咒发誓侧击必胜，比洛就是死不松口，任凭大好时机白白错过。等到德军冲上阵去，发现英军防线已是人去壕空，这才想起去追。

这边德军一路猛追，那边的英军跑得连鞋掉了都顾不上提。8月27日，德军终于在勒卡托追上了英军，5.5万英军对阵14万德军，双方打得天昏地暗，最后英军总算勉强逃出了一劫。是役，英军死伤8000余人，损失大炮36门，德军伤亡与之相近。

逃亡中，英军唯一的可取之处在于逃得足够快、足够远，士兵每天只允许休息4个小时，剩下的时间全是在跑路，13天里全军徒步后撤300千米，除去被迫作战的时间外，平均速度达到了每天40千米——相当于身背40千克装备每天徒步绕北京二环路两圈，或每天完成一个完整的马拉松，并持续两个星期。其中，一个营居然在1天半的时间里跑了88千米，直到遥望到法国巴黎的埃菲尔铁塔才停下脚步——这个纪录直到37年后才被追击美国骑兵第一师的过程中一天一夜徒步行进85千米的中国人民志愿军某部所打破。

一通狂跑，英军这才超越了法军，不再成为挨枪子的了。这下，又轮到法军开足马力了，经常是德军和法军不分彼此并肩前行，反正德军得到的命令是避免战斗尽量赶路，而法军得到的指示是保存有生力量，尽量撤回，大家的目的地都是巴黎。就这样，两方三国的军队一路从马斯河边跑到了索姆河边，德军又跟着英军和法军过了河，接着大家又一起往巴黎奔。

这回，轮到在伦敦英军指挥部里等着发稿的记者们头大了：仗打成这样了，还怎么写稿焕发民众的热情？

英国远征军出师不利、先胜后败的遭遇，换成但凡要点脸面的记者就轻描淡写一番了事了，可在肩负舆论导向重任的英国媒体道听途说的渲染下，这居然又成了一场创世纪以来的大捷。

英国和法国的报纸字里行间充满了胜利的喜悦，每一次撤退或者成了最高统帅们战略转折的点睛之笔，或干脆只字不提，反倒是德军的暴行有增无减，英法联军的神勇与日俱增。不仅如此，在记者们神乎其神的描述下，让英法险些反目成仇的蒙斯之战，竟然成了天佑英国的神迹之战。

新闻稿里，双方鏖战正酣之际，忽然天空出现了一个伟岸的身影——蒙斯天使，他不仅给英军指引了撤退的方向，甚至还拖住了尾随而至的德军。另有报道称，其实所谓的蒙斯天使是假的，真正出现的是500年前英法百年战争时在附近一处古战场上阵亡的英军长弓兵们的亡灵，他们用成吨的箭雨横扫了追击而来的德国士兵，因为有人赌咒发誓说，在死去德军的身上发现了弓箭。

关于蒙斯天使的传说从此之后一直扰攘不断，直到21世纪的今天，仍有人沉浸其中，不断著书立说来验证蒙斯天使之真、天佑英国之实，甚至还分化出好几个学派，相互间唇枪舌剑争论不休——别笑，这可是有根有据的正经新闻史。

抛开新闻界挥毫添彩的神来之笔不谈，这个8月，对于法国和英国来说，是个仅次于1870年色当之败的惨淡月份。在英国作家柯南·道尔的笔下，1914年的8月被称为"历史上最恐怖的8月"。

英国远征军初出国门，却连战连败，如今正背对这家乡的方向越走越远，而法军更是凄凄惶惶，早已不复几周前刚出征时的豪情满怀。一直在各种场合鸣奏不已的《马赛曲》消失了，专门为收复阿尔萨斯和洛林而谱写的军歌也没人唱了，浆洗过的军服早已破烂不堪，沾满了泥土和血渍，不少士兵途经过家门，却只能投去匆匆的一瞥。

一连串的惨败，加上英国盟友劈头盖脸的指责，终于让霞飞意识到一件事，那就是必须抛弃掉法军内部比"蒙斯天使"还能唬人的"攻势邪教"了，他下令法军从今以后"被迫采取守势，必须利用堡垒和天然障碍，尽可能长久地防守"。

这边英法大军转攻为跑，又转跑为守了，眼看着德军摆脱了列日要塞强攻不克的阴影，正逐步回归到施里芬计划的正轨上来，各路德军纷纷深入法国腹地，会师巴黎城下似乎指日可待，施里芬40天内结束对法作战的预言已经过去了四分之三，眼看一切胜利正在按部就班地到来。心情一片大好的小毛奇这时也变得更为大方，对南线鲁普雷希特增兵的要求来者不拒，甚至还抽调了3个师前往东线去阻击步步紧逼的俄军。而就在这形势一片大好的情况下，德军却离真正的胜利越来越远了。

3. 饮马巴黎

眼看德军饮马巴黎的愿望就要成真，法军统帅霞飞终于决定停止这场长跑了，因为这条超级跑道的终点已经到了，法军和英军的前锋已经跑到巴黎的近郊，德军正尾随而至。从进攻到后撤再到反攻，一连串的硬性命题，让耄耋之年的霞飞元帅不胜其苦。

从比利时南部的蒙斯、德国西南部的阿尔萨斯和洛林等地一路狂奔到巴黎郊区，英法战局急转直下。期间，英法军队唯一值得称赞的一点是，无论怎么跑，建制没丢，武器还在，人尽管累得七荤八素，但部队大体仍保持着完好。接下来，该往哪跑呢？

这时，霞飞坐不住了。他下令法军就地转入反攻或防御，但遭到法军将领朗勒扎克等人的强烈反对：从海峡那边过来的那帮人比我们能跑，凭什么单让我们停下来防御？他们一撤我们不就完了吗？

和朗勒扎克吵完嘴，一肚子气的霞飞又找到设在贡比涅森林里的英国远征军司令部，恳求佛伦奇让英军停下脚步，与法军共同保卫巴黎，这下轮到英国人发飙了。在雷霆暴雨般的指责过后，霞飞厚着脸皮向英国人保证：这次，法国人会坚决保护好他们的右翼的。但英国人的回答仍是：不——从英吉利海峡法国一侧一路跑到巴黎，英国人实在跑得太累了，需要撤退到巴黎南部塞纳河以南休整一番才能重返战场，在此之前，必须要靠法国人自己来挡住德国人的攻势。

四处碰壁的霞飞只好又折回头来找到法军第五集团军司令朗勒扎克——此公就是在蒙斯率先开溜、让英国人陷入被动的始作俑者——以军事法庭审判相要挟，硬逼着他下令部队转换方向就地反攻。这为英国人换取了10天的休整时间。

9月的巴黎的郊野秋高气爽，荞麦青青，平日里正是巴黎人尽览河山美景的大好去处，此时却成为法德两军拼死角逐的死亡沙场，马恩河之战正式拉开帷幕。朗勒扎克下令部队转入反攻，和迎头追上的德军第一、第二、第三集团军狭路相逢。

一方是走投无路、背水第一次世界大战的百败之师，一方是胜利在望、凯旋在即的常胜之师，唯一的共同点，双方都是一路从比利时狂奔南下到巴黎近郊的疲惫之师。就这样，灰色和蓝色的两股洪流在巴黎北部重重地撞到了一起，展开了殊死搏杀。

毫不奇怪的是，这又是一场双方都宣布获得了胜利的战事。法国方面树立了一个名为"拼命佛兰其"的典型人物，在战斗最关键的时候，此将军一手高擎军旗，一手挥舞长剑，在军乐队《马赛曲》的有力旋律下，大呼杀贼，死战不退——单这幅画面就够法兰西人血脉贲张一阵子的了。德国方面则抬出了威廉二世的小儿子弗里德里希，此亲王临危受命负责指挥一个团的德军进行反击，他拨转马头，冲在队伍的最前列，在亲王殿下英勇感召下，所辖部队在付出了巨大伤亡后，终于成功逼退了法军。

尽管法军使出了吃奶的力气来抵抗德军的攻势，尽管德军已是强弩之末，但客观现实却是，法军将领朗勒扎克面对德军三路围攻、自己两翼尽失的情况下，不得不黯然收兵，下令法军继续从事以往证明更适合的工作——逃跑。眼下，巴黎终于门户洞开了。

虽然又赢得了一次胜利，但德军前线总司令比洛的心情却好不到哪去。就像一个登山者历尽千辛万苦终于攀上高峰，却发现自己随身带的给养已不足返程所需一样。比洛忽然意识到，尽管德军一路从胜利走向胜利，但蓦然回首，却发现自己这把铁锤已不是施里芬计划里所描述的那支强大到足以砸开巴黎的利器了。

在"拂袖海峡计划"开始之初，施里芬十分强调的右翼就已受到了小毛奇人为地削弱，大量兵力被抽调出来派往了其他战线。

打通列日要塞、占领布鲁塞尔后，为了防止比利时残军从背后袭扰德军侧后，克鲁克不得不从自己的第一集团军中抽调了两个军用于防备身后的比军；而在充满了敌意和愤怒的比利时，德军又得留下数量可观的部队作为守备队维护后方的供给线路。

在中路，由于左翼巴伐利亚王储鲁普雷希特执意发动的洛林攻势，导致本已钻进了口袋里的法军几乎完整地缩回了原来德法边境上星罗棋布的筑垒地带里，乘胜追击的德军第四、第五、第六3个集团军全部撞在了这道铁板上。结果，小毛奇得不断从右翼抽调部队来增援原计划中本该忽略或放弃的中路、南路，反倒使单边突入的西路越发单薄起来。

为了安慰老家在东普鲁士的容克军官们的情绪、防止整个东普鲁士落入俄军之手，小毛奇又一反施里芬计划的原意，在蒙斯战役后从西路军里抽调了3个师派往东线……

以上种种，都让本该兵强马壮的西路德军越来越少。右翼德军本来已比施里芬计划中的兵力缩水了三分之一，而自开战至今，1个月前开赴比利时的17个军现在只剩下了12个，细算一下，不算伤亡损失，不到1个月就被抽调走了28万人。而随着巴黎的日益临近，德军补给线越来越长，敌人的对抗越来越激烈，右翼德军的压力也正日益增大……

远在卢森堡的小毛奇这时似乎也看出了问题的所在，面对着每天纷至沓来的捷报，小毛奇却似乎总是闷闷不乐。他对别人说："我们不能欺骗自己，我们打赢了几仗，但还没有赢得胜利。胜利意味着必须消灭敌人抵御的能力，数百万人对峙作战，胜利一方会有大量的战俘，可我们的战俘在哪里呢？我们缴获的武器数量那么少，说明法国人的退却秩序良好，他们是按照计划撤退的，困难的工作还在前面。"

但就连多愁善感的小毛奇和谨慎小心的比洛也都不得不承认,尽管存在着各种危机,但眼前的巴黎的诱惑力实在太大了,巴黎有足够的魅力能让无数的男人为了将其占有而冒险一搏。

巴黎城中,法国总统普恩加莱在这个多事之秋的日记中写道:"我们必须下定决心,既要后退,也要进攻,过去两星期的梦幻结束了。"

4. 重整河山

在巨大的灾难面前,法兰西终于抛弃了不切实际的幻想,焕发出了理性的光辉。已在敌人面前敞开了大门的巴黎,开始以前所未有的速度成为一座森严的堡垒。而霞飞也开始发挥他土木工程师的专长,为巴黎着手构建一条以英法两国军心士气为屏障的钢铁防御带。

法军反攻失利,德军那边蓄势待发,英国远征军仍对蒙斯第一次世界大战中法国的不告而别耿耿于怀。德军的右翼兵团前锋距离巴黎不过百里之遥了,敌军即将兵临城下,身边最重要的一支盟军却无动于衷,法军统帅霞飞每天都在奔波往返,磨破了嘴皮子,但想要打破阻隔英法高层间的这层坚冰,谈何容易。英国远征军司令佛伦奇仍是余恨未消,不放过任何一个场合埋汰法国人,给国内的报告更是充满了对法国战局的唱衰论调。

海峡对岸的英国陆军大臣基钦纳对此忧心忡忡,倘若德国把法国打败,德俄之战将毫无悬念,100年前拿破仑一统欧洲大陆的状况将再次出现,那是孤悬海上的大不列颠历史上最寒冷的一页,因此帮助法国就是帮助英国,无论如何前线的英国远征军都要有所行动。

但显然佛伦奇认为"将在外君命有所不受",拒不执行基钦纳让他配合法军军事行动的命令,甚至傲慢地在电报里说:"你最好相信我,让我来根据实际情况来调整策略。"无论古今中外、民主政体还是独裁政体,军人干政都是很危险、很招人烦的事，武将最好只负责打仗，而"策略"是其碰都碰不得的。

第二天，佛伦奇又一次应邀前往英国驻法使馆商讨联合作战事宜，刚一进会议室，他就吓了一跳，昨天还和自己在电报里你来我往、唇枪舌剑的陆军大臣基钦纳居然连夜坐驱逐舰渡过海峡赶到了巴黎。作为武将，佛伦奇可以蔑视基钦纳，但作为英国国王的臣下，他必须要服从基钦纳身为英王代表发布的一切命令。

英军的障碍完全消除掉，还需要一点点牺牲。在一次散步聊天中，霞飞轻松地解除了朗勒扎克的军事指挥权。平心而论，朗勒扎克尽管有缺点和错误，但其缺点和错误并不比霞飞更严重；此外，朗勒扎克老成持重，是在战争初期唯一对霞飞一味强调进攻、忽略德军右翼威胁的错误做法提出过批评和质疑的，但朗勒扎克的下台会彻底消除英国盟军的愤怒，而这就足够了。

事实上，朗勒扎克只是一系列人事调整的一部分；接下来，霞飞撤换了5个集团军司令中的2个、7位军长、22位师长，新组建了一个新的集团军，一些在边境战役中表现突出的优秀中级军官得到了提升，新的将领名单中，包括朗勒扎克手下58岁的老团长贝当。那些在漫长的和平岁月里靠着裙带关系和资历一步步升官的高级将领，职业生涯则走到了尽头。

除此之外，法国巴黎每一天都在发生着变化。

法国政府迁都波尔多，巴黎正式成为了要塞，碉堡建起来了，路障设施安排就位了，每天有32列满载着援军和武器的火车抵达这里。

已退役的老将军约瑟夫·加利埃尼成为巴黎新的城防司令，同时手上拥有了新组建的那个集团军——第六集团军，这是大败之后法国唯一的有生力量。

1914年9月5日，英国、法国、俄国这些正和德国进行这殊死搏斗的国家派代表在伦敦正式建立起协约关系，英法的关系得到了进一步的巩固。作为回应，英国远征军终于向前线的方向行动了。

为了应对近在咫尺的德军右翼的威胁，霞飞不断加强着法军千疮百孔的左翼，使其从一周前的17个师增强到了41个师，完全超过了对面德军右翼军团不足30个师的实力。

而对这一切仍浑然不觉的德军则继续接近着巴黎。

克鲁克的一群衣衫褴褛的士兵在路边发现了一块新的路牌，上面写着"距离巴黎35千米"，全营的士兵顿时像炸开了锅，疯狂地尖叫、哭喊声连成一片——

被长时间的行军、作战折磨得几近崩溃的士兵们执着地认为,占领巴黎就能解除他们的一切苦恼,哪怕战死在冲向巴黎的路上,也比无休无止的强行军要人道得多(显然他们还不知道什么叫堑壕战,如果他们熟悉了那种滋味,如今这在巴黎郊区9月的阳光下漫步前行的日子就得成了天堂)。

这个消息在不到半天的时间里就传遍了整个德军。

单从当时的情况来讲,法国已经乱成了一团,霞飞的各项有关保卫巴黎的工作都还在进行中,新的部队正在组建,刚撤回来的部队疲惫不堪、士气低落,巴黎几乎是一座空城,倘若此时克鲁克集团军借助高涨的士气奋力一搏,一天的时间足可打到巴黎城下并能站稳脚跟。但谨慎的比洛仍保持着德国人特有的冷静,他不相信欧洲最重要的城市会这么轻易就落入自己的手中,或者说,比洛不愿意看到和自己有过节的下属克鲁克摘得攻占巴黎的首功,因此比洛严令各部以自己的第二集团军为中心仍排成严密阵线,防止敌人穿插。

就这样,几乎打到巴黎城下的克鲁克集团军又被比洛强行拽回了东边,一路撤到了马恩河以东的奥尔奎河,这对疲惫至极的德国士兵通过一块路牌好不容易鼓舞起的非凡斗志而言,显然是个极大的挫败。

心理学证实,相互间存在隔阂的人,两者间的物理距离也会根据互相嫌憎的程度而加大。被比洛强行拽回来的克鲁克集团,与右侧的比洛集团间足足空出来40千米的空隙。这个距离用来衡量俩人间的嫌隙,可谓恰到好处,而对战争而言则是一个悲剧,因为奉命北调的英军正好钻进了这个空当里。

作为第一次世界大战爆发以来最大规模的会战,马恩河战役其实是一场乱仗,乱的原因前面已经讲过,另外,当时的无线电技术并不可靠,交通也不如现在这样发达,一切命令和情报大多需要前线指挥官借助零星的机会一点点搜罗过来,这对霞飞或小毛奇来说都是一样的。在一片混乱中,小毛奇在卢森堡的总司令部进入9月份之后就没向前线发出过任何一份命令,克鲁克的部队已经连续5天没有收到任何给养,他与比洛间颇具争议的上下级关系此时也名存实亡,大家都是靠本能或职业军人的素质在作战。英国远征军正是在这片混乱中误打误撞进了德军最虚弱的空腹之中。

为了对付对巴黎威胁最大的克鲁克集团军,霞飞动员了全巴黎1200辆"出租车",连夜将新组建起来的第六集团军运到了前线,不顾一切地向妄想攻击巴黎的德军发起了进攻。兵力单薄的克鲁克集团军遭受着法军最致命的打击,克鲁克只得将麾下原本负责保护比洛第二集团军右翼的第3军和第9军调回正面防线迎击法军,两个军此时正和法军的3个军缠斗在一起,他们的回撤,无形中又扩大了克鲁克与比洛之间的致命缺口。

此时,比洛的情况也很严重,他空出来的右翼遭到贝当部法军的猛攻,正面则面对着老对手、法国第五集团军的新仇旧恨。9月8日夜,法军第18军经过苦战,占领了德军第二集团军右翼的重要据点马尔谢,此地像一颗钉子,牢牢地钉在第二集团军的右翼上。

听说英国军队开赴到了自己的中间空隙地带,比洛和克鲁克没想到这是迷路的孤军,而是按照德军固有的迂回思路意识到,这是敌人想要包抄自己的后路,于是双双约定,各自后退10千米,在英军面前重新结成阵线,但法军显然不想给德军撤退的时间。在巴黎"出租车"的接力下,源源不断的法军被送到前线,每一分钟都有新的士兵到达,使得法军指挥官有足够的力量不断发起绵绵不绝的攻击。

在德军第一、第二集团军陷入苦战的同时,位于比洛左翼的第三集团军却意外地获得了一个战机。第三集团军与法军福熙部隔着一片名为圣共的沼泽对峙,福熙想当然地认为,沼泽地带是不可能通过的死亡之地,因此把精力全放在从沼泽两翼发起的攻势上。当面的德军司令豪森却不是个死脑筋,他的参谋经过实地勘察后认为,沼泽中有很多小路是可以让步兵通行的,只要击退福熙的防线,德军就能迂回到法军第五集团军的侧翼,而侧击是德军最拿手的进攻方式。

9月8日,一支只携带着轻武器的德军趁着黎明的迷雾,悄悄地穿越了神秘的沼泽,向法军发起了猛烈的进攻。这本是一次堪称"暗度陈仓"的奇袭,但法军很快就恢复了秩序,并投入到反攻中,法将福熙更是高呼"进攻",奋勇当先,最终法军稳定住了战线,而强弩之末的德军功亏一篑,再也无力发起反攻了。

此时,英国远征军的位置恰如飓风的暴风眼,四周到处都是厮杀成一团,唯独这里却百无聊赖的寂静无声。尽管四面八方似乎并没有发现德军大部队的踪迹,但佛伦奇让部队小心前进,每天只前进十几千米,3天内只走了40千米,只差一步就能彻底切断德军两大集团军之间的联系进而改变历史了。但这也足够了,得知英军突入自己侧翼正虎视眈眈的消息,两路德军不得不放弃苦战得来的大好局面,匆忙后撤。实际上,直到战役结束,佛伦奇也不知道自己对德军造成了多大的麻烦,正如后世史学家所说:"佛伦奇挽救了战局,但他自己却还莫名其妙。"

9月8日和9月9日，是德法两军生死攸关的紧要关头，在巴黎东部长达80千米的战线上，双方刺刀对刺刀、冲锋对冲锋，都倾尽了全力想要打垮对方，却都力不从心。

进退无路的克鲁克并没有一筹莫展，而是四处视察，想从前线的蛛丝马迹里寻找到新的战机。很快，他就发现了一个战机——在法国第六集团军的北面，他亲眼看到了法军战线的尽头——这里正是德军应该发力的地方。

克鲁克马上命令冯·夸斯特将军率领其已经受损严重的军团投入新一轮侧击战斗——从法国第六集团军的北边（左翼）迂回过去，狠狠打击法军侧翼。夸斯特的部队是克鲁克手下最功勋卓著的部队之一，一路从比利时打到了巴黎郊区，此前一度曾借给比洛用过，因此也是损失最大的部队，整军兵力此时仅剩2万余人。夸斯特受命后马上率军进行了包抄作战。克鲁克索性也不回去了，一路跟随想要见证重要时刻的到来——他很清楚，作为离巴黎最近的德军将领，打垮了当面的敌人后，在他面前的就是一条铺向欧洲之都巴黎的坦途。

果不其然，第二天，当冯·夸斯特率领的老兵们突然出现在法国人的侧翼时，这些坐着"出租车"赶到前线的法国新兵们惊呆了，几天来的艰苦战斗、对面顽强的敌人以及突如其来的侧翼打击，这些情况让法国人彻底崩溃了。

再一次，巴黎的大门向德国人敞开了——从此地直到巴黎城下，霞飞已经拿不出一兵一卒来防守这偌大一片区域，所有的兵力都排到了前线正和敌人死死缠斗在一起。但就在此时，克鲁克收到一个消息，小毛奇的特使韩区上校一路辗转来到了他的司令部，向他的集团军下达了全面后撤、重整防线的命令。

原来，身处后方的小毛奇迟迟得不到前线的任何消息，于是派出了手下最得力的情报官员韩区上校拜访各处集团军搜集情报。韩区一路辗转走访了中路、左路的各条战线，又来到比洛的第二集团军，发现比洛正处于两面被攻击的不利局面，而且又了解到英军已经占据了他和克鲁克之间的可怕空当，于是自告奋勇前来找克鲁克。

一路上，50千米的路程，韩区足足走了5个小时，沿途到处都是可怕的景象。韩区误以为克鲁克集团军也是处境不妙，这样一来，右翼德军离全线崩溃不就不远了吗？等到了司令部，韩区发现克鲁克不在，生怕夜长梦多的韩区连克鲁克的面都懒得见，就越俎代庖下达了让第一集团军后撤的命令。克鲁克的手下一见是总司令部下来的人,自然以为撤退是总司令下达的命令,当然就只有贯彻落实的份了。

其实,克鲁克当时就在不远的地方,正准备见证历史性的时刻——在他面前,苦战数日的法国第六集团军正从败退变成崩溃,夸斯特的百战雄师正准备一往无前地扑向巴黎,从这里直到巴黎再无法国的一兵一卒。但此时,韩区的命令来了,克鲁克只得仰天一声长叹,下令夸斯特:撤军。

夸斯特手下这些衣衫褴褛的士兵只要再走40千米,就能完成此次构想了近半个世纪、为期长达一个月、跨越三国、距离超过400千米的史诗性战役,载誉而归,但此刻,他们却得到命令:掉头,原路返回。

两代人的筹划、倾全国之力发动的战争、几百万人的生死存亡、国际局势的巨大转变,就这样因为一个小小上校的"古道热肠",在最关键的时刻功亏一篑了。

听闻前线第六集团军即将崩溃的消息时,霞飞等人呆若木鸡,再从其他防线撤回部队回防已完全不可能,只能将未来寄托给奇迹了。恰在此时,德军撤退了,就像他们来时一样,迅速、不动声色、训练有素地撤退。大喜过望的法军立刻以"马恩河奇迹"为名,向新闻界发布了战报:经过法军和英军将士数个昼夜的浴血奋战,威风不可一世的德军终于偃旗息鼓、饮恨马恩。

这的确是一个奇迹,若说是法军的胜利,可马恩河之战,基本上是德攻法守的态势,双方各死伤25万人,几乎在胜利的一刹那,法军最强力的军团已经开始崩溃;若说是英军的胜利,这更不靠谱——英国人之所以如入无人之境,是因为那里根本就没德军,一心想保存实力的佛伦奇也根本没想和敌人死磕,胜之何来?因此,"奇迹"一词,恰到好处地掩饰了协约国的尴尬。

1914年9月初的欧洲,到处烽火相继。除了马恩河的百万大军争雄,阿尔萨斯也陷入一片火海,开始学会挖战壕的法军正和德军打得有声有色;离巴黎200千米的凡尔登要塞,法国守军凭借着被炸成废墟的工事顽强地抵抗着源源不断扑上来的德军;东线,位于东普鲁士的马祖里湖区,德国的第七集团军正与百万俄军陷入苦战;而在奥匈帝国的北面和南面,奥军正两线作战,与深入加利西亚的百万俄军及负隅顽抗的塞尔维亚军队拼得你死我活……

在这个上千万人浴血奋战的巨大沙盘上,任何一个战场都没有马恩河边的这个战场重要。换言之,马恩河边正决定着上述这些战役的最终胜负,也正因如此，施里芬计划才对右翼德军倾注了如此多的关注。但是历史的阴差阳错、施里芬继任者的阳奉阴违，却最终让这场战争在最关键的第一次世界大战的最后一刻功亏一篑。

如果小毛奇能尽量确保右翼的兵力，如果负责中路诱敌战略的是一位出身一般的将领而不是既富且贵的巴伐利亚王储，如果比洛与克鲁克的从属问题在战前能得到明确的确定，如果小毛奇能像霞飞那样去思考问题而不是靠着参谋和传令官的想当然，如果小毛奇的传令官韩区阁下能拿着手书命令而不是司令部参谋的身份去往前线，如果克鲁克在最后关头能用他职业的本能抗拒一下这道明显过时的撤退命令，历史还会这样吗？

就在这电光火石之间，一个时代无数个国家的命运就此决定了。

黯然收兵的德军一路退到离此不远的埃纳河流域。没过几天，曾经在威廉皇帝面前风头无限的总参谋长小毛奇阁下就因为身体原因，辞去了总参谋长的职务。此时的德军仍是战争的主导者，凭借牢牢占领的法国北部，德国一直想再造辉煌、重回巴黎，但历史已不准备给他们机会了。

损失巨大的法国和名声扫地的英国，都在崩溃的边缘上幸运地捡回了媒体和民众急需的胜利，却也无力撼动德军的新防线，双方战略的中心都不约而同地从西线的马恩河转移到了炮火连天的东普鲁士。那里，一场规模更大、惨烈更甚的大会战仍在持续着。

附录：军队、帝国和将领
——日不落帝国衰落的另类表现

距离上一个日不落帝国西班牙的衰落已过去了整整300年，1914年的大英帝国从表面上看，仍拥有着一个史前恐龙般的庞大身躯，而且末梢反应依旧灵敏、有力，但鲜为人知的是，这一庞然大物的神经系统已经出现了无可救药的病变。集中反映这一复杂状况的，就是英国远征军的出国首战。

1914年的8月，整个世界都在为英国远征军的规模之小而发笑，德国皇帝威廉二世更是不吝自己那点儿可怜的幽默细胞,将英国远征军称之为"可鄙的小军队"。从规模来看,英国远征军名义上的数量为5个步兵师和1个骑兵师,共8万人,但直到开拔时为止,步兵师一共才东拼西凑出了4个,这个数量仅及欧洲小国比利时军队数量的三分之二、协约国里最穷的小兄弟塞尔维亚兵力的零头。可相对于这支部队令人发笑的规模,它的背后则是当时世界上首屈一指的头号强国——领土遍及世界各大洲,拥有世界上四分之一的人口、五分之一的土地的大英帝国。

在这场战争之前的300年间,英国凭借优秀的军队、完善而成熟的制度打赢了一个个强敌,给世界开创了一个全新的时代。强盛一时的西班牙帝国为之偃旗息鼓,横行四海的荷兰舰队为之而匿迹,波旁法国因之而胆寒,拿破仑帝国为之而解体,俄罗斯的南下攻略因之而改弦更张,大清王朝为之而最终敞开了国门。但这样一个优秀的帝国,却在第一次世界大战前夕,不可救药地走上了衰败的道路。

关于英国的衰落,人们通常认为是美、德力量的崛起及两次世界大战对它的打击,但笔者认为,无论是第一次世界大战还是二战,对英国造成的影响并不如1588年西班牙无敌舰队伐英或1810年拿破仑主导下的欧洲对英国的封锁来得剧烈。后两次事件中,英国无疑处在更为不利的局面中,更缺乏与强敌对抗的力量,但却凭借超人的战略和杰出的表现成功摆脱了危机。而第一次世界大战之始,是什么让昔日战无不胜的英国军队创下史上溃逃纪录的?又是什么将英国拖入沉沦深渊中的?

笔者认为,一国之兴,靠的是人才的拣选;一国之败,同样是因为人才的匮乏。英国的衰败,正是贵族集团集体腐化的必然结果,而第一次世界大战的陆战战场,正是这场败亡的大舞台。

曾几何时,英国贵族是这个国家中最有活力、最才华横溢的一个群体,是名将辈出、令强敌胆寒的群体。且不说中世纪大宪章运动中为了限制君权而挺身抗暴的男爵们,更不论西班牙无敌舰队强敌压境时出身草莽的德雷克等一代英国人杰的笑傲疆场,也不提英国舰队纵横四海时永远站立在船头炮火最密集处带领水手们为英国赢得海洋的英国船长们,单单是拿破仑时代的英国名将纳尔逊勋爵和威灵顿公爵,就一次次在海上和陆上让一向所向披靡的拿破仑落荒而逃。

但长期的和平、富贵的生活,让这个群体逐渐滋生出腐化堕落的苗头,而故步自封的体制和王室的恩典，则让这个群体因为缺少新鲜血液的刺激而越发腐败。

英国远征军将领的选拔，并不是凭借出色的军功，而是凭借与上司和王室的关系才能获封。第一军军长黑格，祖上是苏格兰靠酿酒起家的富商，年轻时读了3年牛津没拿到学位，又搭关系转投到当时知名的霍斯特皇家陆军军官学院，考试从来没有及格过，是英国军校里赫赫有名的"后门生"、"关系户"。靠着当皇家游艇荣誉监护人的姐夫跻身军界后，黑格除了拉关系、走后门外，没干过任何一件长脸的事。

远征军司令佛伦奇也是一个不学无术、人品能力双欠佳的上流社会的问题人物。他出身于海军世家，又在骑兵部队里服役，但海上陆上的双重熏陶并没有带给他超越常人的见识和能力，他是凭借拍马屁和马术才得以平步青云。布尔战争时期，佛伦奇的部队尽管屡战屡败，全靠屠杀、监禁妇孺之功令上司印象深刻。在驻防爱尔兰期间，他因无力弹压手下军官发起的卡勒兵变而黯然下野，随后又"乌龟冒头"成了远征军的司令官。尽管佛伦奇能力极差、人缘欠佳，陆军大臣基钦纳和他关系紧张，老部下黑格对他嗤之以鼻，英国上层社会后继无人却不乏称职之辈的诸公对他冷眼相待，法国盟友从上至下对他恨之入骨，却丝毫撼动不了佛伦奇凭关系和拍马屁得来的位置。

英国远征军司令黑格

英国的士兵是出色的，一出场就在蒙斯给了威风不可一世的德军以迎头痛击，但统治集团的无能和鼠目寸光，让英军将士血战得来的战绩化为了泡影，帝国的荣光也因此而减色。

而整整100年前，佛伦奇、黑格们所坐的位子，是纳尔逊、威灵顿这样杰出的人才靠着出色的才能、不俗的表现、交口称赞的声誉才能坐上的，而100年后，座位上人们看到的却只有鼠辈。

不仅陆军如此，海军更甚，掌握了世界上最强海军力量的英国海军，早已不复德雷克时代的剽悍，更没了威灵顿时代的神武，在以后的篇章中，我们会看到，英国人是如何让一个个无能的将领，将国运驱赶进败落的深渊中去的。

他们衣着考究，醉心于舞会、美酒、马术、猎狐和雪茄，却对军事专业技能嗤之以鼻，认为那是汗流浃背、臭气熏天的军士长所需掌握的要领。当德国同行醉心于步兵与炮兵间的步炮协同时，他们则把同样的精力用在社交与应酬上。当法国的同行在军事哲学领域"探讨攻势"邪教的奥秘时，他们将任何学术都斥之为荒谬。某种程度上讲，英国政府的文官对部队的进步引导意义，要远远大于这些所谓的武夫。

中国古代兵法有云："军容不入国，国容不入军。"意思是说国民的状态和军队的状态要分野鲜明，越是天下无事日，军人越要保持高度的职业特性。而透过英国人第一次世界大战之初在欧洲大陆上的表现，日不落帝国日薄西山的晚景已隐约可见。

如此一个老大帝国，不知选贤任能，而只知任人唯亲，不知澄清吏治，而只知朋比为奸，如此不败何为？败英国者，非佛伦奇也，非黑格也，非第一次世界大战也，非美国也，非德奥也，而在朝堂之上、密室之中、人心之侧。

第六章大事记

1. 1914年8月7日，法军进入阿尔萨斯和洛林，中路德军根据"施里芬计划"步步后退，企图将法军主力引诱进计划中的大包围圈中，但巴伐利亚王储按捺不住好战的冲突，于8月18日发动反击，取得洛林战役的胜利，却打草惊蛇，将已进入包围圈的法军全部吓退到边境线一带，从此，德法之战变成了艰苦漫长的堑壕战。

2. 1914年8月23日，英国远征军先头部队抵达法国，随即险些陷入德军合围，被迫南撤，创下行军纪录。

3. 1914年8月底，德军总参谋长小毛奇认为西线胜局已定，草率地将3个军调往东线抗击俄军入侵，又不断抽调部队去增援西线中部和南部的其他战线，从而进一步削弱了"施里芬计划"中再三强调的保持右翼强大的胜利基础。

4. 1914年9月5日，法军第六集团军与德国第一集团军遭遇，双方在巴黎东北郊区的马恩河一带进入拉锯战状态。

5. 1914年9月6日,英国远征军无意中插入德军第一集团军和第二集团军的空隙部分,引起德国方面军司令比洛的恐慌。

6. 1914年9月9日,德国第一集团军在已取得关键性胜利的前提下,不得不紧随第二集团军后撤,丧失了占领巴黎的机会。协约国最后关头奇迹般地看到敌人撤退了,将此战誉为"马恩河奇迹"。

第七章　坦能风云榜

　　德国大军压境，西欧风云密布，急急忙忙前去敦促沙皇出兵的法国大使在路上见到了喜人的一幕：一队哥萨克骑兵正浩浩荡荡开往前线。该部团长见到法国大使的座驾，便力邀大使检阅部队。面对友邦外交人士，该团长攘臂高呼："我们要消灭那些卑鄙的普鲁士人，普鲁士必亡！德皇必定流放到圣赫勒拿岛去！"言毕，舍下路边眼眶潮湿的法国大使，率部扬长而去。

　　也许，正是这一幕催生了法国人、英国人对俄国压路机的憧憬与渴望。在西线暗无天日的日子里，一念尚存的英法联军苦苦支撑，终于盼来了马恩河边的奇迹，但他们魂牵梦萦的东线之友，此时却在东普鲁士的沼泽中苦苦挣扎……

1. 哥萨克来了

如果说当年施里芬制订"拂袖海峡计划"时有何遗漏的话,那就是他低估了俄国的战争动员能力,同时又高估了俄国的强大。事实证明,当这个巨人挥舞着拳头的身影出现在地平线上时,它的大脑不超过一颗核桃的大小。

由于沙皇昏庸,政治腐败,奸佞当道,俄国军界成了白痴的乐园,关于战争,他们的思想和500年前骑士时代时如出一辙——马刀、长矛与战马的冲击力才是战场上的取胜之道。

白痴中的"翘楚",当属陆军大臣苏克霍姆利诺夫,此公最精通的是溜须拍马,最反感的是看书,最开心的是把所有碰上的有一点点现代军事思想或是质疑骑兵、白刃战理论的军官和教官给开除掉。

在这类陆军大臣的亲切关怀下,俄军内部人才凋零到什么程度呢?第一次世界大战刚开始时,沙皇宣布任命自己的堂兄尼古拉大公担任总司令,这位身经百战的将军居然哭了。注意,他流的可不是感动的泪水,也不是激动的泪水,而是抓狂的泪水。

第一次世界大战爆发后,在法国大使的忽悠下,俄国倒是重信守诺,马上向奥匈帝国方向派出了4个集团军,向德国东普鲁士地区派出了2个集团军组成的西北方面军。西北方面军的主帅是吉林斯基,第一集团军司令乃是庚子事变时的俄军统帅莱宁坎普,第二集团军司令是萨姆索诺夫。

在尼古拉大公的对德作战计划里,2个集团

莱宁坎普

军对东普鲁士实行的是钳形攻势,莱宁坎普在北首先发起攻击,吸引德国主力扑过来,然后萨姆索诺夫的第二集团军从南面绕过马祖里湖区,绕到德军后面切断其退路,两下里围歼德军,然后就跨过维斯瓦河挺进240千米外的德国首都柏林。

1914年8月12日,两支人马仰仗法国这些年帮他们修的铁路,迅速集结并果断出击,然后,等出了国门就发现:迷路了,乱套了!

原来,和德国把克鲁克和比洛这两个冤家捆绑在一起去完成"拂袖海峡计划"的重要任务一样,

萨姆索诺夫

俄国也同样有这传统,第一集团军司令莱宁坎普和第二集团军司令萨姆索诺夫就是俄军内出了名的两个冤家,素来不睦,平日里见不得人的手段就没少采用,战时居然分别担任两支友邻部队的司令,不出事才怪。

此事说来话长,莱宁坎普和萨姆索诺夫在日俄战争时曾同在中国战场领兵作战,萨姆索诺夫嫌莱宁坎普为人张扬,莱宁坎普则看不起萨姆索诺夫胸大无脑,一来二去就结下了梁子。有一次,萨姆索诺夫奉命带领哥萨克骑兵前去烟台某煤矿驻防,莱宁坎普的任务则是必要时支援萨姆索诺夫,可后来莱宁坎普眼看着萨姆索诺夫遭到日军猛攻,死伤惨重,却隔岸观火、按兵不动,最后萨姆索诺夫死战才得以逃脱,两人这仇可就结大了。某日,在沈阳火车站两人相遇,仇人见面分外眼红,两个衣冠楚楚的将军,跟泼皮无赖一样在泥巴地里滚成一团的景象,很快传为了国际笑柄。

好在日俄战争后俩人很快就分道扬镳,一个去了波罗的海沿岸,另一个则派往了高加索一带,中间隔着半个欧亚大陆的距离,人们才着实清净了好一阵子。可10年后在这场决定性的战役里,让这两个原本天南海北的冤家对头一起出现在战场上,联手负责最重要的军事行动,俄国沙皇和统帅尼古拉大公兄弟俩的大脑真非一般人可比。

自小在离东普鲁士不远的地方长大的莱宁坎普熟门熟路,故意不搭理萨姆索诺夫,也不进行战前磋商,就径直带着部队一路南行。8月12日,莱宁坎普的先遣队一个骑兵师从北部率先突入德国境内,集团军的主力3个军和5个半骑兵师共20万人随后于8月17日越过边境,扑向因斯特堡峡口。

德国在东普鲁士地区就只有一个集团军，即第八集团军，20万人的兵力仅俄军的一半。其司令官普里特维茨和德皇交情甚密，因此虽然戎马大半生无甚建树，却也落得个独当一面的重任，但此公要说到带兵打仗就几乎是一无是处了，多亏了他手下作战处有个叫霍夫曼的能人，虽然只是个上校，却是个运筹帷幄的好手，而普里特维茨的最大优点就是从善如流，反正错了有人垫背、赢了就锦上添花。

俄军那套一部牵制、一部迂回包抄的计划，看似高明，但却没想到，在东普鲁士这一亩三分地里，德国人闭着眼睛就猜到了俄军的这套方案——围着马祖里湖搞迂回。德军的策略则是让出边境地带、不做正面抵抗、大踏步后退，然后利用马祖里湖区复杂的地形，集中优势兵力歼敌一路，再回过头去吃掉另一路。

霍夫曼制订的更详细的计划是尽可能吸引莱宁坎普往西去，直到德国有充分的时间和安全距离能在萨索诺夫反应过来前一口吃掉他，因此德军主力大多集中到了离边境40多千米的贡比楠地区。

一开始，双方的计划都执行正常，莱宁坎普熟门熟路，一路横冲直撞，没遇到什么抵抗，普里特维茨和霍夫曼也守株待兔地在遥远的地方耐心地等着他。没想到，刚过边境的当天莱宁坎普这边就先不对头了：一队德军趁俄军不备，向有点冒进的俄第三军发起了袭击，结果光俘虏就抓了3000人，然后全身而退。好在俄军虽缺心眼但不缺人，对这点损失，莱宁坎普也没放心上，下令部队继续前进。

而围绕这次小胜，德军那边却吵成了一团。原来，抗命出击的是德军第一军团司令佛朗索瓦，此公和其麾下第一军团的士兵大多是东普鲁士本地人，他们认为牺牲自己的老家去给敌人当诱饵，是对德国最大的犯罪，因此从上到下坚决抵制施里芬计划和该计划在东普鲁士的执行者普里特维茨——集团军司令说向西，佛朗索瓦偏向东，集团军司令说不让打草惊蛇，佛朗索瓦偏来个边境大捷。两次三番，终于把普里特维茨搞火了，双方吵得正兴起，新情况又来了。

战争果真是衡量一国文明程度最好的放大镜，看似强大的俄国战争机器自一开动就四处漏油、漏洞百出。原来，莱宁坎普走着走着，发现不对了，刚过德国边境20多千米，补给竟然跟不上了，手下各部之间也互相联系不上。接着，莱宁坎普又发现，萨姆索诺夫的第二集团军居然也找不到了。

原来，萨姆索诺夫戎马大半生却从来没来过东普鲁士，8月12日才来到位于波兰地界的第二集团军匆匆走马上任，连手下的将领人名都还没记全就被赶上了阵。人生地不熟，友军又是理都不理自己的冤家对头，加上执行的又是迂回包抄的绕远任务，连个问路的都没有，不迷路才怪。

莱宁坎普无可奈何，只好下令停止前进，边等待给养，边联系部队，边等萨姆索诺夫的消息。

看到莱宁坎普忽然停了下来，这下轮到德国人发毛了：莫非，俄国人发现了我们的阴谋不再深入了？莫非，佛朗索瓦的打草惊蛇让俄国人变得谨慎了？

没想到，德国这边还正猜着呢，俄国那边就忙不迭先把答案公布了：莱宁坎普的俄军司令部居然在战场上用明码发报四处联系部队！没多久，德军就将俄军的处境了解得一清二楚，这就意味着德国必须改变先前诱敌深入的计划，把埋伏在几十千米外的部队往前调，可问题是莱宁坎普要停多久？一旦萨姆索诺夫赶到，德军不就腹背受敌了吗？

最终，普里特维茨的难题还是由俄军自己解决了，俄军的又一份明码电报证实，行动迟缓的萨姆索诺夫的部队当天早上刚刚跨过国境。

莱宁坎普彻底落单了！

做梦都会笑醒的普里特维茨总算等到了梦寐以求的好战机，双方兵力基本相等，都在20万人左右，德国还占了一个主场作战和突然袭击的优势，于是他连忙下令，让先前违反命令没有后撤的佛朗索瓦所部就地歼敌，其他各部德军紧急前进。

8月20日黎明，一心想将家园从侵略军手中解放出来的佛朗索瓦部率先向莱宁坎普的右翼开了火。整整半个小时，密集的炮弹飞向无遮无拦的俄军右翼，随后，德国步兵开始了冲锋，被打得晕头转向的俄军连忙反击，俄国的大炮也喷出了怒火，双方在十几千米宽的战场上你来我往、全线交锋。

打着打着，莱宁坎普又急眼了——俄军的大炮是按照每门炮每天240发炮弹的消耗量供应的，结果天还没亮，炮弹消耗量就超过了450发。德国兵冲到炮兵杀伤力最大的区域时，俄国的炮兵正好哑火了，眼睁睁看着东普鲁士子弟组成的第一军团风卷残云般席卷了整个俄军阵地，骑兵挥舞着雪亮的马刀冲进了俄军右翼，砍杀着因为缺少炮火保护而慌不择路的俄军败兵，德军又像一阵龙卷风一样横扫过整个阵地，直扑俄军的辎重部队。接着，德军两个师的步兵也冲了上来，俄军第28师几乎被全歼。

面对德国人风卷残云的狠劲，俄军的骑兵居然一枪未发——跑了。

眼看就要获胜了，可杀敌心切的佛朗索瓦却忽略了最关键的一点：他没有等到德军全部到齐就发起了进攻。负责进攻俄军中路的部队比他晚到了4个小时，负责进攻俄军左翼的部队比中路又晚了4个小时，德军攻势出其不意的突然性大大降低了。在这段时间里，俄军再笨也知道是德军打过来了，早就做好了准备，结果，佛朗索瓦倒是尝尽了甜头，苦头全让给了同僚们去品尝了。

此时，天光大亮，俄军正严阵以待，中路德军几乎刚一冒头就进入了俄国大炮的射程内，由于事先设定好了射击诸元，每发炮弹都能扫倒一片德国士兵。眼看着前面是一片火海地狱，由预备役人员为主组成的德军第17军团几乎一枪未发、没和敌人正面交锋就败下阵来，一路狂退24千米才止住脚步。

攻击俄军左翼的右路德军运气更差，此时俄军刚刚击退中路德军，士气正盛，右翼德军几乎刚一上战场就等于失败了，只好跟着中路败下阵来。

就这样，莱宁坎普率领的第一集团军稀里糊涂就成了胜利者——不会密码发报的俄军成了胜利者！连友军都能丢了的部队居然成了胜利者！

战至黄昏，德军三路进攻，只有左翼佛朗索瓦得了手，其他两路全都吃了亏。其实细算一下，莱宁坎普的损失比德军要大得多，问题更严重得多，因此小胜之后并无力追击德军。而德军此时仍掌握着战场的主动权，但普里特维茨崩溃了，他感到会战已经失败，如果俄军一鼓作气，会将第八集团军一分为二，最后各个击破。于是，普里特维茨不顾各级将领的反对，执意要放弃东普鲁士，退到维斯瓦河西岸——这也是战前小毛奇特意给他交代的底线。

小毛奇一听这信儿，吓了一跳：怎么刚一开战连个缓冲都没有，就直接一退到底？是俄军变得强悍了，还是我们的将领太无能了？他思来想去，选择了后者，决定换掉这位将军，任命一位刚刚在列日要塞战斗中崭露头角的优秀军官——鲁登道夫来指挥东线作战。

古今中外一切国家的潜规则在德国同样适用：最合适的人并不能在最合适的时机派到最合适的岗位上，或是因为论资排辈，或是因为出身不佳，无论此前有过什么样的成绩来证明自己，此时都需要迂回过渡一下。鲁登道夫的任命也是如此，论能力，德军内部鲜有比肩者，可论出身，鲁登道夫就差远了——他不是传统的容克贵族出身，一上来就身居高位显然会让老人们不满的。

因此，小毛奇不能直接让他去接替贵族出身的普里特维茨，而是要演一出

"双簧"：鲁登道夫作为第八集团军的参谋长，负责收拾好东普鲁士的战局，而在名义上，集团军司令还要有位德高望重能压得住阵的老将出任司令。此外，才华横溢的鲁登道夫咄咄逼人、锋芒太盛，且从不按常理出牌，这些毛病在西线也都暴露无遗，小毛奇必须要选一位老成持重且还能不掣肘的高级将领来当鲁登道夫的上司，才能把接下来的戏唱好。出身好、地位高、脾气好、不多事，这样的人选，在将星如云、心高气傲的容克军事贵族集团里显然不多见。

思来想去，小毛奇在副手施坦因的提醒下，决定启用叔父以前的老下属、已退休3年的老将兴登堡来当这个傀儡司令。事实证明，这是小毛奇在担任德军总参谋长任内所干过的最聪明、最正确的一件事，尽管此时离他"下课"已不到1个月的时间了。

8月22日，正在西线指挥"大伯莎"猛攻纳慕尔要塞的鲁登道夫临危受命，被任命为第八集团军参谋长。15分钟内他就坐车启程，傍晚6时到达科布伦次，3小时内，他听取了东线局势介绍和有关指示，还受到小毛奇和德皇的接见。当晚9点鲁登道夫乘专车前往东线。

名义上的司令还没见着，但毫无禁忌的鲁登道夫却在路上一口气给第八集团军下达了一连串命令，让第1军乘火车南下支援第20军，第17军和第1后备军在8月23日这天要完全脱离接触并休整好。

第二天凌晨，鲁登道夫在汉诺威车站与从未谋面的上司兴登堡会面了，由于行色匆匆，早已退休在家的兴登堡来不及换新式的铁灰色军服，穿着普法战争时的旧军装就来赶火车了。一对史无前例的战地组合就此诞生。

2. 力挽狂澜

德国第八集团军志在必得的三路强攻，由于佛朗索瓦的贪功冒进而功亏一篑。稀里糊涂打了胜仗的俄军莱宁坎普本应见好就收，马上去和老冤家萨姆索诺夫会合才是，可莱宁坎普显然被胜利冲昏了头脑，认为德国人不过如此，东普鲁士已在囊中。于是，莱宁坎普不顾方面军司令吉林斯基的再三催促他南下会师的命令，执意带领全军西进寻找幻想中的敌军"残部"。

此时，德国第八集团军正陷入一片混乱，司令官和参谋长刚刚被免了职，新任的长官们还在德国广袤的大地上日夜兼程地跋涉着，东普鲁士境内，两支俄军一路向南，一路向西，如入无人之境般地横冲直撞，没有人能挡得住任何一支，眼看战局就要无法收拾了。新来的两位名不见经传的指挥官，他们一个在西线迥然不同的战场上脱身不过一天半时间，另一位不到一天前才刚刚结束自己的退休生活，面对复杂多变的东线形势，他们该何去何从？

1914年的夏末秋初，德国处在一东一西两个漩涡的中央，每一面的压力都非常巨大。西线德军的右翼正横扫过比利时的佛兰德平原，争分夺秒挺进法国，法国却对德国近在咫尺的威胁视而不顾，执意要在中路突破收复阿尔萨斯和洛林，却将营救比利时的重任托付给几千千米外的莫斯科，让俄国加紧在德国东部的攻势，迫使德军回撤。

这是一个艰巨异常的任务，在东普鲁士，两支互不统属、指挥官又有嫌隙的大军似乎已经摆脱了俄军总司令部的掌控，没有人知道他们的目的是什么，更没有人知道有什么样的危险正在逼近他们，甚至连他们自己的长官，大多数时候也不知道各自的部队在哪里。

吉林斯基是看人下菜碟，明明是莱宁坎普拒不服从调度执意偏离原订路线，他却担心脾气向来不好的莱宁坎普和自己翻脸，于是只好一味地向萨姆索诺夫发电报，连连催促萨姆索夫赶快迂回到正在退却的德军主力背后，务必阻止敌军退过维斯瓦河。

但天性稳重得有些磨蹭的萨姆索诺夫集团军，越过边境后进展缓慢，向德军舒尔茨的第20军发动了进攻，占领德国境内16千米的佐尔道。8月23日，俄军再次猛攻舒尔茨部，德军又后退16千米。是日，北面的莱宁坎普集团军终于又前进了，但他并不斜插向南去和萨姆索诺夫会师，而是向正西进军。

8月24日，正当刚刚抵达东普鲁士大本营的鲁登道夫和兴登堡开始算计先拿哪一路俄军开胃时，无线电又截获了萨姆索诺夫给所属5个军第2天的作战指令，毫无疑问，又是明码。于是，鲁登道夫和兴登堡决心用全部力量先对付萨姆索夫集团军，北面只留下第1后备骑兵军同莱宁坎普集团军周旋。

此时的萨姆索诺夫军,可谓辛苦备至。一言以蔽之——通信基本靠吼,运输基本靠手,行军基本靠走,取暖基本靠抖。

按理说,萨姆索诺夫这一路本来条件最好,离帝国的统治中心最近,补给便利,还拥有战区附近唯一的铁路,不像从维尔纽斯出发用人腿和马腿一路走下来的莱宁坎普。但再好的条件也得有高效的组织和充足的计划才行,刚进入德境才几天,萨姆索诺夫的后勤运输便几乎全部瘫痪。原来,俄国当年为防止德国入侵时利用自己的铁路,特意将铁路设计成宽轨,出征时,所有人居然没想到这个基本问题。等俄国大军进入东普鲁士,德国人将火车头全部撤走,俄军这才发现自己的宽轨列车无法利用德国的铁路,军用物资只好堆积在国内边境线上,再用马拉大车费劲地往前周转。如今深入德境才30几千米,许多部队已经断粮数日,人困马乏了。

与运输相比,俄军的通信管理更是混乱。战地电话线短缺,只够军部与所属各师部联系,与集团军司令部和各军之间的通信只能靠无线电明码电报发布命令,结果重大部署屡屡让德军事先截获。

8月25日上午,德军又截获两份俄军电文,当面之敌的情况尽在眼底:萨姆索诺夫一直在追赶舒尔茨部,而莱宁坎普显然没打算和萨姆索诺夫合兵一处。这个情况显然对德军太有利了。可会不会是俄国人耍的花样呢?一旦决定围歼萨姆索诺夫,德军势必会集结起来,倘若莱宁坎普杀个回马枪,东普鲁士直到柏林唯一的屏障就玩完了。

恰在此时,德军作战处副处长霍夫曼站了出来,不紧不慢地说了段故事。

原来,当年莱宁坎普和萨姆索诺夫在沈阳火车站打架的情形,霍夫曼知道得一清二楚,因为当时他就是德国驻俄军的观察员。

最终,在兴登堡的鼓励下,德军的作战计划终于出台了:由舒尔茨的第20军继续在中路充当正面牵制力量,贝洛的第1后备军和马肯森的第17军在左翼进攻俄军右翼,佛朗索瓦的第1军在右翼进攻俄军左翼。两翼得手后实施包围,全歼萨姆索诺夫集团军。

其实,用不着德军费力,萨姆索诺夫的部队当时正濒临自行崩溃的边缘。在偶尔通信畅通的时候,萨姆索诺夫收到的全都是部下叫苦求粮的哀嚎——部队太惨了,忍饥挨饿,好几天吃不上一顿饭,还要在上司的催逼下不断地行军打仗,任谁能受得了这份苦?可无论萨姆索诺夫和手下的将军们如何劝说吉林斯基收回命令、让部队就地休整以便完善补给，吉林斯基就是不听。吉林斯基认为，这是萨姆索诺夫在怯敌、偷懒，明明眼看着成车的军用物资源源不断地发出去了，怎么可能还忍饥挨饿呢？再说了，要忍饥挨饿，莱宁坎普怎么打了大胜仗？于是吉林斯基一口咬定，让萨姆索诺夫"迎头痛击正在莱宁坎普前面退却的敌人，并截断其向维斯瓦河的退路"。

可任吉林斯基再怎么天资聪颖、明察秋毫，在离前线300千米远的大后方怎么可能了解前方的真实情况呢？其实，当时在俄国大本营内部，反对在情况不明的情况下让萨姆索诺夫继续前进去发动这次攻势的大有人在——眼见着莱宁坎普往西渐行渐远，毫无合兵之意，原定他与萨姆索诺夫两人合演的"二人转"眼瞅着转变成了"孔雀东南飞"。

但吉林斯基有俄军统帅尼古拉大公的撑腰，而尼古拉大公则受命于沙皇陛下，至于沙皇嘛，他则视法国盟友的话为上帝的意志，就这样，在几股力量的共同作用下，萨姆索诺夫迎来了生命中最灰暗的一天。

8月26日，萨姆索诺夫第二集团军右翼的第6军首先遭到了德军的强力打击，友军前来支援遭到了阻击，第6军陷入合围中，很快就溃不成军了。接着，俄军中路发起的攻势也遭到德军的反击。

8月26日清晨，萨姆索诺夫正在第二集团军司令部所在的耐登堡陪同英国武官吃早饭，忽然间满大街涌来了无数的溃兵。一群好几天没吃过饭、还刚刚被敌人打得屁滚尿流的败兵，突然跑到一个吃饭都要铺上白桌布的文明城市里，会发生什么事？反正情况乱得让尊贵的宾主双方都大吃了一惊。了解到前线战况后，萨姆索诺夫后背都凉了。当下的要务，不是让士兵们吃上饭，而是不让德国人把自己的整个集团军给吃掉！当下的要务，不是如何去包围敌人，而是如何避免被敌人包围！

萨姆索诺夫急命俄军第1军死守住左翼阵地，不惜一切代价保住全军的侧翼，同时由中路部队负责缠住敌人，力争撑到莱宁坎普过来增援。

8月27日凌晨，德军佛朗索瓦率领的第1军向固守左翼的俄军第1军发起了强攻，双方王牌对王牌，按理说应该是场恶仗才是，但俄军士兵已经好几天没吃上饭了，不到半天工夫，左翼阵地全失，俄军第1军伤亡过半，剩余的士兵全部溃逃。

左右两翼已失，第23军、第1军、第6军先后溃败，萨姆索诺夫此时如果及时撤退还来得及，但他仍心有不甘，仍一味地要求位于中路的第15军、第13军务必顶住敌人的攻势。双方30万大军，在长达60多千米的战线上混战成一团。

前线灾难般的报告终于传到了吉林斯基面前。原来敌人并没有向维斯瓦河撤退，而是又包抄了上来。这时吉林斯基才明白了德国人的用意，马上给莱宁坎普发电报，告诉他第二集团军正被德军"群殴"，让他配合行动，寻机歼敌。但这份电报一来没说清楚萨姆索诺夫遭"围殴"的具体地点——因为连萨姆索诺夫自己都没弄明白，吉林斯基能清楚吗？二来吉林斯基忘了告诉莱宁坎普情况有多严重。三来就算莱宁坎普马上回师，能来得及吗？因为萨姆索诺夫的第二集团军已经进入了最后的时刻。

8月28日黎明，佛朗索瓦的第1军再次用大炮开路，不顾鲁登道夫再三要他向左转去救援友军的命令，而是笔直地向东直插。因为佛朗索瓦觉得"从中间咬破鸡蛋，蛋黄可能滑掉"，决心包围萨姆索诺夫已经崩溃的左翼，并切断整个俄军的退路，将整个"蛋黄"吞进嘴里。史学家每说至此，都认为这是佛朗索瓦的军事素养高于鲁登道夫的明证，笔者倒认为，从人性角度看，战役打到这个地步，鲁登道夫追求的仅仅是胜利而已，而身为东普鲁士人的佛朗索瓦追求的则是复仇，不同的目的自然有不同的处理之道。

当天同一时间，在俄军第二集团军司令部里听着佛朗索瓦部不断推进的炮声，自知回天乏术的萨姆索诺夫遣散了无关人员，切断了与后方的联系，随身带着7名参谋踏上了前往前线的道路。他留下的最后一段话是："敌人有走运的一天，我们也会有走运的那一天的。"

但他的那一天何时能到呢？出了司令部所在的耐登堡萨姆索诺夫才发现，如今方圆几百里几乎都已成了德军的天下——为了防止敌人突围，佛朗索瓦派出了大批先遣队，在各个重要路口设置了路障和岗哨，以至于俄军堂堂一位集团军司令想到自己的前沿阵地都要隐蔽前行才能够做到。

当天晚上，萨姆索诺夫下达了最后的命令，第二集团军残部寻机突围。但这道命令下得太晚了。深陷敌人包围的中路俄军几次突围的尝试均告失败，最终部队解体。第二集团军20万大军，不到10天的时间，除了少数逃回边境线的幸运儿以外，剩下的人或是战死，或是被俘。

萨姆索诺夫一行算是幸运的，他们一路东躲西藏，终于来到了安全地带。在森林里露营时，萨姆索诺夫一个人悄悄地走进了身边的森林里，不久后，他消失的地方传来了一声枪响……

战争结束了，面对战果，连德国人自己都大吃一惊。

战前，俄国第二集团军拥有11个步兵师，3个骑兵师，720门火炮，人数超过20万，不到两周，这支强大的部队就土崩瓦解了。逃回俄国的残军加在一起不过2个师和1个旅，充其量才4万人而已。留在战场上的，光俘虏德国人就抓了9.2万人，动用了60列火车、整整花了1个星期才把这些俘虏运到了后方。第二集团军的700门大炮，被德国人缴获了500多门，被缴获的战马不计其数。

俄军第二集团军覆灭后，莱宁坎普的末日也不远了。俄军统帅部企图让莱宁坎普死守东普鲁士的北部，起到吸引敌人不得南下或西下的作用，同时想在第二集团军残部的基础上组建第十集团军，意图东山再起，但德国人已不准备给他们这个机会了。

由于此时俄军早已丧失掉了人数上的优势。德国第八集团军阵容齐整，又刚刚添上小毛奇特意从西线右翼抽调过来的两个军，早已形成兵力上的绝对优势。9月6日，德军完成部署后，向莱宁坎普发起了猛攻，很快就突破了莱宁坎普的左翼。莱宁坎普面临着一周之前萨姆索诺夫同样的处境，但他却显然没有老冤家的那份骨气，而是一边下令部队全面撤退，一边抛下身边的随从，只身跳上一辆停在路边的摩托车，一路星火跑回了俄国国内，速度之快，连负责追击的德军骑兵都望尘莫及。

作为这场灾难的始作俑者，莱宁坎普和吉林斯基事后遭到了俄国皇室有限度的严惩，双双被革去了职务，

战役结束后被德军俘虏的俄国士兵

是役，德国第八集团军再次俘虏俄军4万多人，打死、打伤俄军10万多人，缴获火炮150门，收复了全部失地。至此，俄国两大精锐集团军全部灰飞烟灭，累计被俘14万人，死伤20余万人，损失火炮近700门，而德军总共伤亡才2万余人。

战后，根据霍夫曼的提议，兴登堡和鲁登道夫决定用战场附近一个名叫坦能堡的小村庄的名字来命名此次大捷。

500年前，普鲁士人的祖先条顿骑士团就是在这个叫坦能堡的地方被波兰、立陶宛这些斯拉夫人的王国打败的。500年后的今天，条顿骑士们的后代则给予了同为斯拉夫人的俄国致命一击。从此，坦能堡会战载入了史册，成为使用穿插战术以少胜多的成功典范，而兴登堡和鲁登道夫也凭借此战成为第一次世界大战中的名将。不仅如此，几度在关键时刻做出了巨大贡献的作战处副处长霍夫曼日后也跻身名将之列，1916年起成为东线德军的参谋长。

坦能堡之战的血腥与残酷堪称第一次世界大战初期历次战役之首，而此战对第一次世界大战的影响也是颇为深远。

因为在第八集团军并不急需的前提下小毛奇没来由地抽调走了西线右翼的两个军，导致了攻到巴黎郊区的克鲁克部队不得不品尝强弩之末的苦味而黯然收兵，施里芬计划功亏一篑。

而俄国大军压路机的神话，经过此战的实践已经不攻自破。从此之后，俄国再也无力西向争雄，只能在西南方向上通过打奥匈帝国来撒撒邪火而已。在几乎与坦能堡战役同时爆发的西里西亚战役中，被德国人打得落花流水的俄国大军，却把奥匈帝国打成了重度残疾。从此之后，奥匈帝国独当一面的能力一去不返，而俄军也凭此战之功，获得了将战争继续下去的勇气。

眼下，和西线一样，东线的战局也陷入了僵持，任双方你一个战役我一个战役，将成百万的士兵推进死亡的深渊，却谁也无力向前推进，都静等着一个突如其来的转机，打破这令人不安的沉寂。

附录：兴登堡传奇

如果说第一次世界大战时叱咤风云的各色人等中有一位是从未来穿越过去的，那么符合这一条件的历史人物，必定是兴登堡。历来都是富贵难求，而此公的富贵却是睡着觉都能自己送上门来。

其一，出身好，根红苗正。

1847年10月2日，保罗·冯·兴登堡出生于东普鲁士波森市(今波兰波兹南市)一个容克贵族家庭，他的家族在这里繁衍生息已有几个世纪之久。兴登堡从小就受到普鲁士黩武精神的熏陶，立志当个军人。兴登堡童年时代体弱多病，经常旷课，学习成绩不佳。到了12岁那年，兴登堡秉承父亲的意愿，上了当地的军事学校。该校生活艰苦、刻板，整日操练，灌输给学生一套忠君报国的思想。这段时期的生活对兴登堡的一生影响很大。当时，为了培养忠于普鲁士王室的感情，军事学校的学生有时去王宫实习。1863年，兴登堡曾担任伊丽莎白太后的禁卫军，太后赠他怀表一块，兴登堡从此对王室之恩没齿难忘，每次打仗都要把此表带在身上。

其二，机遇好，大事不漏。

1866年，普奥战争爆发。刚刚毕业的兴登堡少尉率领一个排参加了萨多瓦战役。3个月后，他随军凯旋，第一次通过柏林勃兰登堡大门。

1870年8月，普法战争爆发。兴登堡作为第3步兵近卫团1营营长的副官参战。尽管表现平平，但因为该团团长在战斗中负伤，营长代理了团长之职，兴登堡也跟着晋升了一级。1871年1月18日，德意志帝国宣告成立。登堡作为部队代表，参加了在凡尔赛宫举行的德皇威廉一世的登基加冕典礼，这是他毕生引以为荣的一件大事。同年6月，兴登堡再次在凯旋仪式上通过了勃兰登堡大门。

其三，人缘好，贵人帮衬。

1872年，兴登堡进入柏林军事学院深造，毕业后分到了传奇英雄、总参谋长老毛奇手下，老毛奇及其继任者施里芬对他都十分赏识，使得他官运亨通，步步高升。1901年，兴登堡当上了师长；1903年当上了军长。

其四，即使犯错，也幸运。

就在平步青云时，兴登堡犯错了。1908年举行的陆军演习中，兴登堡由于一时贪功冒进，他指挥的部队居然击败了由德皇威廉二世指挥的军队，皇帝陛下对这一成绩很不满意，拂袖而去，而兴登堡也知道，自己的职业生涯到头了。1911年，兴登堡65岁时黯然退伍。

退伍后，兴登堡在汉诺威过着悠闲而刻板单调的生活，但恰在此时，第一次世界大战爆发了。

看到比洛、克鲁克等年纪比自己还大的同僚纷纷驰骋疆场，这也使兴登堡萌生了东山再起的念头。兴登堡提笔给自己的老同事、此时正在小毛奇手下任副职的施坦因写了封自荐信："如果情况的发展需要一个指挥官的话，无论哪里，请不要忘掉我。"

鲁登道夫能够挽救东线的危局，但他需要一位坚如磐石的司令官，而再过两个月就满68岁的兴登堡恰好符合这个要求。此时，威廉二世显然也忘了6年前那个曾让自己难堪得下不来台的冒失将军。如此一来，一切阻碍都不复存在了，兴登堡以68岁的高龄，开始攀登上他事业的巅峰。

其五，生逢时，死逢时。

兴登堡生于1847年，正值普鲁士蒸蒸日上的上升期，倘若早生个半世纪，有拿破仑压着，无论如何恐怕也都是当炮灰的命；倘若晚生半个世纪，遇上欧洲大和平的年代，军队里已有那么多老家伙，哪轮的上兴登堡来指点江山呢？

作为魏玛共和国的最后一任总统，兴登堡死于1934年，长达10年的总统任期，他成功避免了战争结束初期百废待兴、人民流离失所的困顿局面，而死时又正值纳粹德国行将出笼作恶之前。刚刚好手上干净、案底清白，虽然有纵容纳粹之嫌，但在国内外兴登堡一直享有纳粹崛起前德国的最后一道屏障的美誉。

其六，大智若愚，看透，但不说透。

直到逝世前，兴登堡是20世纪上半叶最有条件改变世界的人物。

兴登堡是第一次世界大战中后期德国的救命稻草——几乎哪里有了他和鲁登道夫的存在哪里就会化险为夷。

兴登堡是第一次世界大战后德意志民族眼中唯一没有瑕疵的英雄——他战胜了一个个强敌，他和他的民族一道，在政客的出卖下放弃了一切荣誉。

兴登堡是二战前德高望重的德国总统，包括希特勒在内，所有德国人都把他视为民族精神的象征。

兴登堡和鲁登道夫是一个不得不让人称奇的组合，鲁登道夫正是在他的支持下，取得了一个又一个胜利，使德国走上第一次世界大战的巅峰。而到后来，兴登堡则成了德意志民族迈向灾难前的最后一道保障，用时人的话来说，他的冷静、巨大的威望及在容克军事贵族阶层的影响力，是令纳粹党徒不敢为所欲为的唯一一道屏。而遗憾的是，兴登堡对纳粹崛起听之任之的态度，像极了他在东线时的垂帘昏睡，而他的姑息养奸，并没有像第一次世界大战时那样，给德国创造了奇迹与辉煌，而是使得整个德国和半个地球陷入了万劫不复的地狱火海。

而不可否认的是，兴登堡绝对是个有福之人，他在诡谲的20世纪的前30多年里，一直过着悠闲的日子，直到1934年寿终正寝，正应了那句话"自我身后，哪管洪水滔天。"相对于晚年因掺合进希特勒的政变阴谋而声名狼藉的搭档鲁登道夫，兴登堡则成了纳粹时代风云人物里唯一能让后人公开凭吊的人物，更成了世界近代史上的一个传奇。

第七章大事记

1. 1914年8月12日，俄国两个集团军50万军队扑入东普鲁士。作为德国"施里芬计划"中的战略缓冲区，此地仅有兵力薄弱的第八集团军驻守，任务是牵制俄军、等待西线德军回旋。但俄军的快速出击、比利时的拼死反抗、容克贵族集团的强力干预，使得计划被迫更改。坦能堡会战正式拉开帷幕。

2. 1914年8月22日，德国总参谋部任命兴登堡和鲁登道夫担任第八集团军司令和参谋长，鲁登道夫决定利用俄两个集团军缺乏协同的败笔做文章。

3. 1914年8月26日，德第八集团军对俄第二集团军实施合围，俄集团军司令萨姆索诺夫自杀，俄第二集团军20万人被俘9万多人，全军覆没。坦能堡战役第一阶段结束。

4. 1914年9月6日，德第八集团军扑向俄第一集团军，俄第一集团军也遭受灭顶之灾，坦能堡战役全部结束。俄军共损失30余万人，两个装备最精良的集团军遭到沉重打击，俄国压路机神话破灭。

第八章　海峡迷失录

"马恩河的奇迹",开创了战争史上从未有过的战争模式,双方都无力进攻,却有能力防御,结果就是——铁锹与铲子代替了枪炮与炸药,铁丝网和地雷则代替了冲锋与射击成为战地的主角,双方不约而同地采取了深沟壁垒的防御措施,从而使战局陷入了长期的僵持。纵横交错、层层叠叠的堑壕与铁丝网,延伸过法国北部、东部,向东南斜插入阿尔卑斯山地,在堑壕的两边,德国的200万人与英、法两国的300万人紧张地对峙着。

从百花飘香的仲夏,到落叶缤纷的深秋,再到雪凝弓刀的冬天,双方的1000万士兵、数以亿计的人口,全都陷入了这场旷日持久的僵持之中。

同样地，战局的扑朔迷离，也晃晕了周遭看热闹的外围国家。为了鼓动他们加入自己的阵营，英、法、俄为首的协约国与德、奥两个同盟国间斗智斗勇。拂袖海峡计划的落败，俄罗斯压路机神话的破灭，一系列出人意料的变故，导致了第一次世界大战开战前后一连串的国际关系错位。

面对着这个死结，一切战争艺术都哑口无言。偏偏在这个时候，英国的投机取巧作风又抬头了，海军大臣丘吉尔等人幻想着靠一招"天外飞仙"来打破僵持的局面，像围棋高手那样在看似不起眼的角落里深飞一步，带活全局。客观来说，此招绝对妙不可言，充满了东方式的奇诡与灵动。但他们显然忘了件事，围棋是东方的艺术，看似是娱乐，实际则是军事的对垒，而在军事对决的深处，则蕴含着中华自古秉承的仁、义、礼、智、信这一整套看似古板却颇含深意的道德规范。当海贼起家的英国人，这一点他们能明白吗？

1. 老大帝国伤心事

曾几何时，横行三大洲的奥斯曼土耳其是欧洲各国的梦魇。1453年，当奥斯曼土耳其帝国气势汹汹地攻击欧洲文明的心脏君士坦丁堡时，西欧列强居然连吭声的勇气都没有。但三十年河东，三十年河西。20世纪初的奥斯曼土耳其已经成了一个孱弱得连尊严都维护不了的老大帝国，饱尝了世态炎凉与人情冷暖。有道是"楚人无罪，怀璧其罪"。远离战争漩涡的奥斯曼土耳其帝国，原本和第一次世界大战一点关系都没有，但丘吉尔硬生生地将这个看似虚弱实则掌握着巨大战略宝藏的国家推向了德奥同盟一边。

无论怎么说，横亘在欧亚大陆交界处的奥斯曼土耳其帝国，当年也是欧洲数得着的大国，领土横跨亚欧非三洲，拥兵百万，更拥有长达800年如史诗般的光荣史。但官僚集团的腐败、生产力的落后，使得奥斯曼土耳其帝国昔日陈兵维也纳城下的豪情壮志早换作了一纸又一纸的不平等条约，丧权辱国、割地求和成了奥斯曼土耳其帝国19世纪以来的家常饭，其也因此获得了"西亚病夫"的绰号。

而就在奥斯曼土耳其帝国躲在历史的旮旯里暗自啜泣时，一双温暖的大手伸了过来——当时的世界霸主英国在奥斯曼土耳其帝国灰暗的时期，与其结下了跨越宗教与种族的"深厚友谊"。克里米亚战争中，由于英国的大力帮助，土耳其人成功抵御住了沙皇俄国在高加索地区的扩张，维护了领土的完整。

为了帮助奥斯曼土耳其帝国提高实力，英国还派出教官帮助训练土耳其军队，提供武器提升土军的战斗力，甚至还开办了许多文化教育机构。

正如前文所述，随着德国皇帝威廉二世的出现，为了对付咄咄逼人的德国，英国重新修订了外交关系，和奥斯曼土耳其帝国的天敌俄国之间的关系大为缓和，成了患难与共的盟友。这下，奥斯曼土耳其帝国悲剧了——英国援助的武器越来越像古董了，派来的教官越来越像弱智了，花钱买的武器越来越像废品了。

其实，当年英国之所以那么热心地帮助奥斯曼土耳其，只是西方人无利不起早的天性使然。扶植奥斯曼土耳其，是为了遏制当时风头正劲的沙皇俄国。沙皇俄国要是南下占领了欧亚大陆交汇处的博斯普鲁斯海峡，再把舰队布置到地中海东部，大英帝国的海权和利益从何谈起呢？而现在，为了遏制咄咄逼人的德国，英国自然也必须把德国周边的俄国、法国这些强国争取过来，牺牲奥斯曼土耳其的利益也是理所当然的了。

俄国的要求也很简单，即要求英国离奥斯曼土耳其远点儿，再远点儿。这还不好办？反正在英国的对外关系上，奥斯曼土耳其就是个三流货色而已。

孤苦伶仃的奥斯曼土耳其彷徨无计之时，正满世界寻找盟友的德皇威廉二世向其伸出了橄榄枝。

为了在地中海地区找到一个能牵制英国人的盟友，德国人找来找去，发现只剩下奥斯曼土耳其这个备选对象了。在英国人的政治地图中，奥斯曼土耳其只是个三流盟友，在英国半是施舍的友情援助下，奥斯曼土耳其勉强能弄到点老掉牙的步枪和大炮就已经很满足了。眼下的新盟友德国不仅平易近人，而且出手阔绰，能不让奥斯曼土耳其喜出望外吗？不仅如此，德国人还派出了大批教官与技师，帮助土耳其人提升战斗力。

但就算这样，对英国的忌惮仍在奥斯曼土耳其帝国苏丹的宫廷中蔓延着，亲德，还是亲英，奥斯曼土耳其深感纠结。关键时刻，英国人用特有的傲慢和奸猾的作风，将奥斯曼土耳其推向了德奥一方。

在1912年的巴尔干战争中，面对塞尔维亚、希腊等小国的围殴，国弱兵疲的土军丧师失地。战争结束后，奥斯曼土耳其朝野上下义愤填膺，认为强国必先强军，强军必先强海军，于是上至满朝大臣，下至安纳托利亚的农民，都纷纷自发捐款，这才凑够了相当于当时3000万美元的巨款，在英国订购了两艘超无畏级战列舰。

其中，"苏莱曼一世"号早在第一次世界大战爆发前的1914年5月就已完工，但此时欧洲大陆上空已是战云密布，战争已经迫在眉睫，因此尽管收了人家钱，英国海军大臣丘吉尔却打起了另一个鬼主意。

丘吉尔面对奥斯曼土耳其派来的接收人员，先是借口希腊人要炸掉两舰，为安全起见暂不交付两舰为好，接着又说两舰太高端，奥斯曼土耳其人搞不定，等奥斯曼土耳其千里迢迢派来了专门人员准备接收，英国人又借口说两舰完工后再一并移交，然后又在第二艘战列舰的建造工期上拖拖拉拉，一直拖到第一次世界大战爆发。另一艘"格列沙吉"号于1914年7月初就完了工，英国还是没打算给。奥斯曼土耳其急了，英国却还不紧不慢地拖着。

直到第一次世界大战爆发后，丘吉尔这才向土耳其人摊了牌：战争爆发，英国为了自己的利益和安全要征用这两艘新舰。7月28日，消息传出，奥斯曼土耳其派来接收新舰的500名官兵一听此信，群情激愤，打算强行把战列舰开走——这可是奥斯曼土耳其举国上下的血汗钱凑出来的巨舰。

对此，丘吉尔丝毫不为所动，下令：凡敢乱动，格杀勿论！

两艘巨舰被英国人无理扣留、接收人员险些遭到英军屠杀的消息不胫而走。8月3日，英国政府向奥斯曼土耳其发出了"表示遗憾"的电报，当天下午，奥斯曼土耳其政府就与德国签署了盟约。

尽管如此，奥斯曼土耳其还是不想和英国、俄国闹崩。这并非奥斯曼土耳其厚道，念及旧恩，而是他们也有自己的小算盘：这战争刚开始，后面怎样谁都说不清。因此，尽管表面上和德国走得更近了，但奥斯曼土耳其当时并没敢做任何刺激协约国的事，俄国位于黑海的全年不冻港仍通过奥斯曼土耳其控制的博斯普鲁斯海峡进进出出着，英国的商人、德国的军官照旧在伊斯坦布尔和谐共处着。

德国一看，同盟协议也签订了，军火援助也给了，教官也派了，奥斯曼土耳其怎么还脚踩两只船呢？

恰在此时，德国布置在地中海西西里附近的新造战列巡洋舰"戈本号"和轻型巡洋舰"布雷斯劳号"正面临着英国地中海舰队的围追堵截——早在英德开战前几天，英国的地中海舰队就特意派军舰瞄着这两艘德舰，打算一听到开战消息就冲过去开打。这两艘德舰虽然装甲防护性能很好，水手训练有素，但航速一般，航程还有限，要通过自己的能力穿越英国人重兵把守的直布罗陀海峡或是苏伊士运河都是不可能的，能不能让这两艘德舰留在地中海，做点别的事？

2. "戈本号"风云

改变了世界命运的一代传奇名舰"戈本号"

作为一艘充满传奇色彩的战舰，"戈本号"创造了无数个世界第一：德国以它为代价，换来了土耳其的加盟，使得它也成为第一次世界大战中唯一一艘效力于两个帝国的战舰；在黑海战区，它创造了用一艘军舰差点掐死一个帝国的伟大战绩；同样在黑海战区，由于它的存在，引发了人类有史以来最大规模的两栖登陆战；而作为历史上最长寿的战列巡洋舰，它居然在战后的岁月里幸免于难，一直服役到1954年，直到1976年才被解体。

作为1912年才服役的新舰，"戈本号"充分体现了德国现代工艺的诸多优点，标准排水量2.3万吨，全长187米，50倍径的283毫米主炮一共10门。作为战列巡洋舰，"戈本号"的最大特点是其优秀的火力配备和装甲防护能力。

由于设计师要在总吨位的限制下通盘考虑到防护、机动和火力三大要素，稍有不慎就会让巨额资金打了水漂儿，因此要在一艘舰上装尽可能多的主炮，不仅考验设计师的水平，更是对一国造舰工艺的极高挑战。

德皇威廉二世就曾有过类似壮举，作为战舰资深发烧友的他曾亲自设计了一款采用了各种先进工艺、装满了各种口径大炮的战列舰，得意洋洋地把设计图纸送有关部门。专家们看图后大吃一惊，皇帝陛下造的战舰工艺相当先进，无论航速、火力还是防护力，能横扫当时所有的战列舰，甚至以一敌三都不成问题，但问题的关键是，这战舰不能下水，下水必沉……

正是靠着优良的工艺，德国人能在"戈本号"上一下子装10门主炮，而英国同级战舰一般才装备8门主炮。德国主炮口径达到283毫米，英国同级舰主炮口径不过203毫米——口径大，装弹药就多，初速度就大，射程就远——几乎可以这么说，一对一的情况下，英国同级战舰几乎挨不着德舰的边就得沉入水里。

此外，"戈本号"水线部分的主装甲带厚达102~270毫米，超出英国同类战舰很远，双方各挨对方一炮，"戈本号"也就晃两下，英国战舰就小命不保了。此并非虚言，在随后进行的海战中，几度出现过这样的情景，几艘英舰"群殴"与"戈本号"同级的德舰，炮管都打红了，德舰几乎被打成了废铁，却仍能浮在海面上熊熊燃烧，而英舰一旦挨上德舰的一记重击，则非沉即残。

但是，作为原定用于在德国家门口北海地区作战的军舰，它也存在着设计上的不足，即载煤量少，跑不远，速度也不够快。

在地中海这一方天下，"戈本号"尽管凭借超强的火力和装甲，足够称王称霸了，但英国人在这里有更多的军舰，尽管吨位、火力、防护均不如"戈本号"，但如果英国地中海分舰队奋力一搏，"戈本号"就难逃好汉难敌四手的下场。

8月4日，"戈本号"上的德国地中海舰队司令祖雄收到电报："8月3日已与奥斯曼土耳其结盟，你部迅速向君士坦丁堡进发。"祖雄马上命令舰队开拔，先是向西混淆尾随英舰的判断力，然后再折向东方，驶向目的地。

英德开战的消息，英国舰队也早收到了，但他们从英国海军部得到的命令是，让他们与法国舰队合作，共同击沉德舰，这下英国舰队的两位指挥官就有了冠冕堂皇的理由：得先找到法国军舰才能展开军事行动，所以英国舰队的先慢慢跟着，等着法国军舰从天而降再说吧。

先是米尔恩眼看着德舰从自己眼皮底下向西开溜，就想把这烫手的"功名"让给副手特罗布里奇。特罗布里奇官虽小，但一点也不傻，尽管手下也有4艘战列巡洋舰，但特罗布里奇充分发挥了"让领导先开火"的优良传统，眼睁睁看着德舰走到半截虚晃一枪，又向东驶进了米尔恩的防区。米尔恩也虚晃一枪，只派了一艘军舰远远跟着"戈本号"的行踪，将追击的任务全权交给了副手特罗布里奇，这回特罗布里奇没法推了，官大一级压死人啊！特罗布里奇只好忍气吞声地踏上这倒霉的旅程。

按理说，英舰的速度比德舰队快，可双方前后脚的距离，英舰队愣是追了好几天就是追不上，怎么老是追不上呢？原来，英国这些舰长司令里没一个想和比自己强大得多的德舰过招的，故意磨磨蹭蹭、出工不出力。

直到8月6日，特罗布里奇终于鼓起点勇气，硬着头皮狠下心来准备调集4舰向"戈本号"下手，他手下的舰长、军官们马上慌了，开始轮番对责备他。

为了充分发挥英国军舰数量多、主炮多的优势，特罗布里奇下令航行官加快马力让舰队的几艘舰靠近德舰，打算用一次完美的齐射结束这次使命，但航海官居然回报说没法做到。

在大家连吓带捧兼劝的思想攻势下，特罗布里奇终于败下阵来。就这样，一连几天，英国舰队始终在"戈本号"的射程距离外远远地跟着，偶尔打两炮给寂寞的海上旅程增添点海战的气氛，仅此而已。

8月10日，完好无损的"戈本号"和"布雷斯劳号"顺利驶入了达达尼尔海峡，特罗布里奇等一干护送"戈本号"的英舰长官们这才松了口气。

如果帝国好比一棵大树的话，帝国的衰败，总是先从树冠的精华部分开始。

要知道，英国舰队上至司令、舰长下至各级军官，几乎全部都是英国最值得骄傲的贵族阶层。就是这个阶层，连国王都没放在眼里，就是这个阶层，连武装到牙齿的西班牙无敌舰队的舰阵都敢闯，正是因为有这样一个生龙活虎的阶层充当中流砥柱，这才打出大英帝国300年的海权大国地位。但如今，这些人和他们的先祖一样，操纵着最先进的战争机器，却丝毫没有先祖们气壮河山、气吞牛斗的气魄。

事后，特罗布里奇于11月被送上军事法庭，法庭指控他犯有纵敌之罪，尽管事实确凿——英舰的总吨位数是德舰的将近两倍，主炮加一起足有40门之多，如果指挥得当，采用近战打法的话，完全可以在付出轻微代价的基础上摧毁或击伤"戈本号"，令其无法逃进海峡。

但特罗布里奇家里不差钱，他们请来了女王的御用律师莱斯利·斯科特为特罗布里奇辩护。在斯科特爵士的巧舌如簧、旁征博引下，这桩轰动英国的奇案以证据不足、特罗布里奇无罪释放而告终。尽管丧失了前程，但特罗布里奇仍很欣慰地回到家中，继续去过富足安康、声色犬马的贵族生活。

作为中立国来说，奥斯曼土耳其让"戈本号"这个烫手的山芋进了海峡，就要承担起保护它的义务，可英国大使却不依不饶，连哄带吓反复劝说奥斯曼土耳其当局将两舰驱逐出境，让守在外面的英国舰队将其收拾掉，或者解除掉武装，让其成为没牙的老虎。德国大使则适时地提醒恩维尔·帕夏，要考虑到德国与奥斯曼土耳其传统的友谊，更要考虑到德军目前在欧洲各地高歌猛进的势头，务必保护好两舰。

奥斯曼土耳其大当家的恩维尔·帕夏头疼不已之际，旁边一个大臣忽然心生一计：干脆我们把这两艘舰买了得了，这样就既能避免他们遭到英国人的毒手，又能增强我们和德国间的传统友谊，还能让恩维尔·帕夏阁下摆脱英国人的无理纠缠，更能弥补英国先前霸占我们两艘战舰的损失，如此一举四得，岂不妙哉？

一席话，让恩维尔·帕夏茅塞顿开。不久后，"戈本号"更名为"雅武士号"，"布雷斯劳号"更名为"米迪利号"，两舰升起了奥斯曼土耳其海军旗，祖雄为首的德国官兵则换上奥斯曼土耳其海军军服、戴上奥斯曼土耳其海军的红毡帽，以志愿军的名义，摇身一变成了奥斯曼土耳其最强大的海上兵器的操纵者。

这一下，英国人哑口无言了，却把俄国人吓坏了。要知道，俄国之所以能顶着个"泥足巨人"的称号耀武扬威，其"巨"其实全靠着黑海沿岸的这些不冻港吞吐着与英国、法国贸易的各类货物，这些货物占俄国全年进出口总量的90%以上；而其"泥"则是指，一方面俄国工业基础薄弱，几百万大军的花费，大多要靠海外支援与购买，另一方面这些船只、货物全要穿越奥斯曼土耳其控制的达达尼尔海峡。

以前，俄国从来没把奥斯曼土耳其当回事，任谁能把百十年来不断被自己欺负的人放在眼里呢？可眼下土耳其人自己还不清楚，由于添置的这两艘军舰，自己的身价已然飙升起来了。

8月13日，俄国外交大臣萨索诺夫通过法国向奥斯曼土耳其传来了极其友善的建议：如果奥斯曼土耳其在大战中能保持中立，俄国愿意对奥斯曼土耳其的领土完整给予庄严的保证，并且承诺愿意给奥斯曼土耳其巨大的财政好处。

要知道，以拜占庭帝国传承者自居的俄国历代沙皇，一直都视收复君士坦丁堡、掌握达达尼尔海峡、南下地中海为最高目标。为这个最高目标，几百年来俄国和奥斯曼土耳其干戈不息。眼下，昔日的强邻突然放下身段，主动过来套近乎，这可不一般啊。

这时，法国大使也凑过来递话：一向对奥斯曼土耳其够仗义的法国愿意充当俄国这一保证的监督人，请奥斯曼土耳其务必保证中立立场，同时又使劲拉英国人也过来说软话。

正为奥斯曼土耳其收容两艘德国军舰一事耿耿于怀的英国人这时正憋着坏呢，海军大臣丘吉尔正四处游说国会议员们通过他的大胆议案：趁奥斯曼土耳其不备，派遣一支舰队进入达达尼尔海峡，彻底击沉两艘让人心烦意乱的巨舰。但是，对于这个提议，正常人显然不能接受。

德国人也不甘示弱，各类先前承诺的援助物资如约而至不说，驻土大使几乎成了搞传销的了，抓着个王公大臣就神神秘秘地说："你听说过德奥同盟吗？你们愿意加入这个组织吗？"

整整3个月的时间，欧洲大陆上炮火连天，奥斯曼土耳其政府这边也天天吵得不可开交，英国大使、德国大使、俄国大使、法国大使、奥匈帝国大使天天如走马灯般转来转去，甜言蜜语，大额支票漫天飞；朝堂之上，亲德、亲英、永久中立各派力量纷纷摩拳擦掌，各为其主。恩维尔稳坐中央，与各派势力漫天要价。

此时，德国见不能再这么耗下去了，坦能堡消耗掉的那点俄军，俄国很快就恢复了元气、卷土重来。目前唯一能缓解东线压力、锁住俄国的枷锁，就掌握在伊斯坦布尔这些大臣的手里。与其好话说尽，对方还半推半就半遮半掩，不如一脚将其踹下水去，不从也得从。

10月28日，以"雅武士号"和"米迪利号"两舰为首的土耳其海军编队以出海开展适应性训练为由，驶入黑海。在"戈本号"原舰长祖雄司令的指挥下，一路驶到俄国黑海沿岸，突然炮轰了俄国军港塞瓦斯托波尔、重要港口敖德萨等地，击沉俄军战舰一艘，大显神威。这下奥斯曼土耳其的恩维尔政权又惊又喜又怕。

惊的是，明明开着属于土耳其苏丹的战舰，拿着苏丹提供的军饷，但德国人居然明目张胆地破坏奥斯曼土耳其的中立地位。

喜的是，欺负了我们近200年的俄罗斯终于也尝到奥斯曼土耳其的厉害了。

怕的是，德国人已经替我们得罪了协约国，眼下，昨日里还在宫殿里甜言蜜语拉拢我们的协约国们，很快就要把对付德奥的铁拳敲在我们的头上。

可是，奥斯曼土耳其尽管气得两眼放光，却对大摇大摆返航归来的两艘战列舰无能为力。思前想后，恩维尔一拍大腿，向协约国宣战吧！既然生米已煮成熟饭，折腾了3个月的是否参战之争，终于可以消停了，奥斯曼土耳其只好跨上了德奥堵在家门口的战车，正式向英、法、俄宣战，向着不可知的未来驶去。

从此，俄国彻底丧失掉了黑海的制海权，弱小的黑海舰队根本不敢出海迎战，而偏偏黑海沿岸的不冻良港是俄国重要的进出口要道，几乎95%的进出口物资都要在此集散，一开战俄国人就被人家给封了门，这口恶气只好撒向一手造成如此局面的英国。

事实证明，英国的狡诈、丘吉尔的短见所造成的这一恶果远未终结。这两艘军舰在第一次世界大战历史上所起的作用远超出了两舰本身的能量。两舰的服役和德国的帮助使奥斯曼土耳其军力大增，信心暴膨，在中东战场一度纵横驰骋，远征高加索、南下叙利亚、西征塞尔维亚，一时间，让英国人吃尽了苦头，狼狈不堪，不得不在欧洲战事最吃紧的关头四处调兵支援美索不达米亚、高加索等地，甚至还上演了一出以折戟沉沙告终的大规模登陆战。

而作为英国最重要的盟友，俄国工业能力本就薄弱，由于黑海良港的被封更让其雪上加霜，只剩下了远东的符拉迪沃斯托克和靠近北极的阿尔汉格尔斯克等几个港口勉强堪用，每年只有几个月时间可以接收援助物资。

本就先天不足，加上后天的打击，从此之后，俄国的第一次世界大战之旅充满了绝望与悲情，最终导致了第一次世界大战末期席卷全国的革命浪潮。如此说来，两艘巨舰也好，一生视共产主义为死敌的丘吉尔也好，在俄国布尔什维克领导的革命中起到的作用，足可与"日月同辉"。

3. 丘郎妙计安天下

奥斯曼土耳其虽然军队不行，连巴尔干的小国都能收拾它，但其独有的地理位置却成了英国朝野上下头疼的大问题。奥斯曼土耳其守着黑海的门户，其南部与东部则是英国人的重要领地埃及和印度，其北部与西部则是英国急需救援的盟友俄罗斯和塞尔维亚等国。在东线德军的强力打击下，沙皇俄国庞大的军队由于黑海港口被封"断了炊"，全国货物输入量锐减了98%，输出量则降低了95%。

俄国的与世隔绝对英法来说，也成了一种空前的负担。

1914年年底，眼看着各条战线都纷纷陷入僵持状态，俄国即将面临灾难，英国人太需要利用手中掌握的制海权做点什么了。

1915年的新年，是有史以来最惨淡的一个新年。在过去5个月的战争中，德国损失了80万人，法国、奥匈帝国各损失了100万人，俄国的损失几乎是以上三国的总和，英国远征军则全部换了一遍血。各国付出巨大的代价，使得任何谈判都变成了不可能。

简单挖就的协约国一方的战壕

严冬中，欧洲各处战场几乎每天都有战斗发生着，但冻死的士兵数量看上去更为惊人。在很多地方，挖掘战壕的士兵会先挖出水来，天冷时水就冻成了冰，士兵就蜷缩在这些位于地下将近两米深的冰面上睡觉。在西里西亚前线，每天都有数百名奥军士兵被冻死，而康拉德对此却毫不知情，因为总部所有的高级军官都带着妻子、儿女、仆人、猎犬、良马和他们的舞会、盛宴，住在离前线数百千米远的度假别墅或庄园里。整整4年时间，他们的军事统帅甚至从来没有到前线去视察过，却只会在报纸上呼吁着人们鼓起勇气献出子弟去保卫祖国。

这个冬天，一种奇怪的疾病开始不分阵营地到处传播，患者无一例外都是在战壕中生活栖息的士兵。发病之后，他们的脚会变得冰冷、肿胀得连靴子都脱不下来，然后，他们走路会变得越来越困难，最后会因神经受损、肌肉坏死或产生坏疽而被截肢，这就是臭名昭著的"战壕足"。从这年冬天开始，一直到30年后结束的二战，这种流行病就像瘟疫一样蚕食着士兵们的血肉之躯。有些地区，因为"战壕足"而导致的减员，甚至比战斗减员还要严重。

列强中，法国无疑是损失最惨的那个，七分之一的工业生产基地、三分之二的钢铁生产基地、90%的铁矿、40%的糖厂、四分之一的煤矿和化工基地，全在德国的占领之下。几乎一开战，法国就已输掉了这场战争。心高气傲的法国人不甘心这么僵持下去，新年刚过，他们就执意发动了一次大规模的进攻。法国人不信邪的结果就是，他们在3个星期的时间里，收复了500米宽的领土，却付出了9万人的代价。

同样注定已输掉这场战争的还有奥匈帝国。在冬天发动的琴斯托霍瓦战役中，奥匈帝国大军俘虏了6万俄军，但转眼间自己就又损失了9万人。战地漫天的大雪，并没有打消后方将军们开疆拓土的勇气，哪怕大炮因为降雪和泥泞动弹不得，哪怕士兵的鲜血正汩汩地流淌。在冬季攻势结束后，奥匈帝国猛然发现，他们在这个冬天又损失了整整80万人，而整个1915年他们总共才能招募到50万人的兵力。

陆地上一筹莫展，谁也打不动了，北海上双方舰队剑拔弩张，谁也不敢动了。德国大型水面舰只的数量只有英国的二分之一，只能龟缩在基地里不敢应战。而战舰数量比德国多两倍的大英帝国，因为担心海军一旦覆灭这个国家就将一无所有，同样不敢出战。

一筹莫展之际，"冰雪聪明"的海军大臣丘吉尔提出了一个一箭双雕的妙计：利用皇家海军超强的制海权，护送部队在奥斯曼土耳其控制的达达尼尔海峡附近登陆，一路北上消

时任英国海军大臣的丘吉尔

灭敢于顽抗的土军，占领该国首都伊斯坦布尔（东罗马帝国故都君士坦丁堡），控制住欧亚大通道博斯普鲁斯海峡（又称达达尼尔海峡，古称赫勒斯滂海峡），然后再北上打通与俄罗斯和塞尔维亚的陆地补给线，在德国和奥匈帝国南部开辟一条新的战线。

丘吉尔的计划是唯一有现实做依托的。前不久，英国东地中海舰队代理司令卡登将军刚刚对达达尼尔海峡进行了一次试探性的进攻，他断言，只要有足够的扫雷艇和一小批援军，他能在3天内拿下君士坦丁堡。而搜罗来的情报也证实了卡登的预测，在达达尼尔海峡广阔的地域里，奥斯曼土耳其只布置了100门大炮和1个师的守军，协约国军队一旦登陆，奥斯曼土耳其就只有迁都一路可走。事

实上，奥斯曼土耳其也的确正有此意。

丘吉尔的一整套计划看起来无懈可击。希波战争时期就闻名天下的古战场，一听枪响就四散逃跑的奥斯曼土耳其军队，孱弱的奥斯曼土耳其政府，德奥同盟国的致命弱点，帝国舰队的超强实力，巴尔干半岛上对英军的到来如大旱之盼云霓的盟友，加上罗马尼亚、保加利亚这些会随风倒的潜在盟友和帝国在东地中海的现实利益，诸多要素全都集中在这第一次世界大战之中。

而对开战以来连遭不利的协约国来说，选个最具历史意义的古战场，挑最软的那个柿子捏，在敌人最软的腹部狠狠地捣上一拳、获得一场压倒性的胜利，从而提振士气、解救盟友、获得国际认可，更是意义非凡。

就这样，1915年，战争史上最轰轰烈烈的闹剧上演了。

4. 达达尼尔

英国人来了！法国人来了！地中海历史上最强阵容的钢铁巨舰群云集达达尼尔海峡。一切合理的因素都在丘吉尔的掌握之下，但是事情的发展却都朝着不合理的失败轨迹上运行着。先是面临大军压境的奥斯曼土耳其却没有像丘吉尔预料的那样望风而逃，接着此次战役的最大受益者俄国人似乎也对英国人的贸然出击反应冷淡，随后战前信誓旦旦的卡登将军似乎有了精神崩溃的嫌疑，再到后来一切都成了一团乱麻……

达达尼尔海峡东北接黑海，西南接爱琴海，是赫赫有名的欧亚大通道。早在先民时期，东西南北的人们就通过这里辗转四方。神话故事里，这里曾是古希腊神话中金羊毛的出产之地、奥德修斯们的冒险之地，而大名鼎鼎的特洛伊城，就坐落在这个海峡的东侧。作为有案可查的最早战争之一，当年希波战争时期，远征希腊的百万波斯大军，就是通过架设在这里的两座浮桥源源不断地开进了希腊半岛。

罗马帝国时代，君士坦丁大帝将达达尼尔海峡西北一个名为拜占庭的小城市发展成了举世闻名的大都会，并用自己的名字命名为君士坦丁堡，从而开启了日后东罗马帝国长达千年的历史。当罗马在强敌的入侵下变成了牧羊人的天堂，当希腊诸邦在历史的长河中变成了瓦砾，这里却成了古代文明的最后避难所，两河流域的技术、希腊的艺术与哲学、罗马的文明与智慧，在这里交相辉映

1453年，作为东罗马帝国最后的要塞，君士坦丁堡被奥斯曼土耳其大军攻克时，整个欧洲都陷入了哀痛之中，该城从此改名为伊斯坦布尔，升起了新月旗。此后，随着地理大发现的到来，这座城市连同它扼守的这道海峡的光辉暗淡了下来，巴黎、伦敦、维也纳、柏林才渐渐取代了伊斯坦布尔的名望。然而，达达尼尔海峡依然存在着，关于达达尼尔海峡的传说故事也依然在人们的心底深处期待着被唤醒。

英国海军大臣丘吉尔，就是那个唤醒它的人。

1915年春，英法舰队在爱琴海附近云集，几乎小半个帝国的海军全跑这里来报到了，在这一小片水域里总共集结了100余艘舰船，包括18艘战列舰、13艘巡洋舰、36艘驱逐舰、1艘水上飞机母舰、25艘扫雷艇等，光200毫米以上的大口径火炮就达400余门。

不仅如此，为了给丘吉尔亲自遥控指挥的这场战役添彩，英国刚刚下水服役的超无畏级战列舰"伊丽莎白女王号"也作为旗舰前来助兴。除此之外，在法国前线吃紧的情况下，协约国还绞尽脑汁抽调了各地的精兵强将组成了一支庞大的两栖登陆部队，包括英国本土战前唯一齐装满员未被动用的第29步兵师、3个旅的海军陆战队、1个法国步兵师、1个由澳大利亚人和新西兰人组成的军、1个希腊步兵团，前期兵力达8万余人，拥有火炮200门。

在敌人眼皮底下如此明目张胆地调集军队，自然瞒不过奥斯曼土耳其的耳目。但丘吉尔自认为海权在握，把这场军事行动上升到了武装大游行的政治高度，认为借此威慑奥斯曼土耳其退出战争或与协约国结盟，如探囊取物一般。因此，那么多国家和地区的军队聚集到一起，既没有进行必要的整合，也没有开展针对性的训练，更没有制订一个翔实可行的计划。英国人满心以为，只要西方的巨舰一来、大炮一响，昏庸无能的奥斯曼土耳其军队不是转身逃跑，就是干脆吓瘫在地。

英国人却不知道，经过德国教练的细心调教，此时的奥斯曼土耳其军队的战

斗力已今非昔比，面对抵抗外敌入侵的生死之战，沉睡了一个多世纪的土耳其人一下子精神焕发了起来。而英国人更不知道的是，作为一个完美无缺的课堂作业，丘吉尔的战争计划可谓美轮美奂，而作为一场即将实施的战役指南，丘吉尔的"天外飞仙"就是一场灾难运行图。

先是俄国拒绝从北部出兵接应协约国部队。这倒不是因为俄罗斯抽不出军队来，而是他们对协约国说一套做一套翻手为云覆手为雨的手段太清楚了。

不出兵就不出兵吧。可接着，俄国又威胁着不让希腊出兵，和希腊围绕君士坦丁堡的归属闹起了矛盾。原来，希腊准备出兵3个师协助协约国收复君士坦丁堡，结果却惹恼了俄国。俄国声称，在任何条件下，他们都不希望希腊参加协约国对君士坦丁堡的军事行动。

这事说起来话长，只能这么说，俄国对君士坦丁堡的继承权，是从其末代公主陪嫁来的，相当于姑爷想继承老丈人的家当，而希腊对君士坦丁堡的主权要求，则相当于侄子和叔叔的继承关系——希腊的关系更硬。俄国人因此担心，希腊的出兵会帮助他们抢走属于自己的君士坦丁堡……

在英国的斡旋下，希腊总算消了口气，但也提出了条件，必须先把一直觊觎希腊萨洛尼卡港的保加利亚给拉进协约国里才行。"否则我前脚把大军派出去了，他后脚过来抢我地盘怎么办？"一来二去，费尽心机，希腊的3个师还停留在纸面上。

这么多巨舰开到了海峡口，却谁都不敢深入，因为海峡里面最窄处仅有1000米宽，随便什么人架门小炮就能打翻两条船。而要敲掉炮台，丘吉尔设想的最好办法，就是像克里米亚战争时期那样，把装甲厚重的战列舰开进去，给炮台们挨个"点名"。而想把战列舰开进海峡，首先则要扫清奥斯曼土耳其人在这片海域里布下的水雷阵。

德国造的水雷，精密、灵敏、威力巨大，协约国这么多巨舰云集到这里，本身就风险四伏，面对奥斯曼土耳其的水雷阵，武装到牙齿的战列舰们毫无用武之地，只能干瞪着眼看着扫雷艇一小块一小块地扫着雷。

好不容易扫清了一块水域，天杀的奥斯曼土耳其布雷艇"努斯雷特号"趁着夜色又偷偷潜入了进来，一口气在白天英国扫雷艇刚扫干净的水域里又留下了20多颗水雷，然后溜之大吉。

3月18日，得到前方水域安全消息的协约国舰队派出了12艘战列舰组成的编队大摇大摆驶入了这个古老的海峡，准备用强大的火力把岸上的炮台一一摧毁掉，扫平通往君士坦丁堡的障碍。

为了体现英国式的绅士风度，英国舰队司令德罗贝克礼貌地发出旗语，邀请4艘法国战列舰先行，英国战舰随后跟进，依次驶入了风平浪静的海峡。这时，土军位于山后的大炮打响了，炮弹漫无目的地飞过峡湾落在海面上，两个小时的炮战后，协约国舰队几乎毫发未伤，而土军的炮火逐渐稀疏了不少。

眼看着清理航道的任务即将完成，就在这时，传来一声巨响，前面正在回旋转舵的法国战列舰"布维号"突然爆炸了，几乎断成了两截，在2分钟内就带着舰上600余名水兵沉入了大海。

就在大家猜测不已的时候，英国战列舰"不屈号"突然打出"被水雷击中，请求撤出战斗"的旗语。这下，大家才明白过味来，连忙施救的施救、探雷的探雷。一片混乱中，又一声巨响，英舰"无敌号"再次着了道，情形介于"不屈号"与"布维号"之间，虽然未沉没，但受损严重。接着，"海洋号"又遭到了水雷和陆地炮火的双重打击。最终，匆忙撤离战场的协约国舰队只好放弃了不断下沉的"无敌号"和"海洋号"两舰匆匆撤离。

还没开战，协约国就白白损失了好几条舰船。海上突破不行，那就登陆强攻。

3月22日起，丘吉尔一手策划的加里波利战役进入了第二阶段：国际大登陆。场景煞是壮观，成千上万来自五湖四海的协约国军队在达达尼尔海峡西侧的加里波利半岛登陆，土军在此守军极少，有的登陆点所面对的土军才12人，6处登陆点，只有两处遇到了土军的轻微抵抗。可即使如此，由于缺乏计划、仓促行动，协约国仍出了很多岔子。

炮兵登了陆，却发现运载大炮的船没跟上来，再一问，不知开到哪片海滩了。

传说中最为精锐的第29步兵师到达了，可却一没备用弹药，二没火炮，三没医疗设备，四没挖堑壕的工具，几乎空着手就来了。

由于军事邮路不通，英国司令部竟然使用平信的方式将重要军事情报发给前线指挥官，还生怕德奥间谍不知道似的，信封上面赫然写着"君士坦丁堡野战军收"。

这都不打紧，登陆成功后，得赶紧招呼部队往内陆深入啊，可协约国联军登陆了好几天了，联军司令部里仍旧商量不出个所以然来。

一支勉强向内陆挺进了几千米的军队遇到了土军的抵抗，司令官连忙向上级请示，是打是走。要打的话，当面的土军没多少人，一个冲锋就能搞定，要走的话，半岛这么大，条条道路通君士坦丁堡，随便找条路就可以，可他得到的答复竟然是就地掘壕固守——这不又成了西线的翻版了吗？

最悲剧的当属澳大利亚和新西兰殖民地征召的澳新军团，他们一登陆就发现，不对啊！眼前的地形地貌和地图上标的完全是两码事！原来，他们被海军送到了离原定登陆点足有2000米远的一个连鬼都不知道的海滩，下船走上几十米就是高不可攀的悬崖峭壁，这里甚至连土军也不知道该怎么下到海滩上去，但土军的枪手可以在山上跟打野兔一样，一个一个地收拾他们。想挖战壕，根本不可能，举目所及，要么是松散的海沙，要么是坚硬的岩石，很多士兵甚至连工具都没有。

其实，就在战役开始前英国扫雷艇不紧不慢地扫着雷时，土军的德国顾问桑德斯就带领一小群人悄悄登上了附近的制高点，看到土军的防线，再看到协约国志在必得的阵容，桑德斯倒吸了口冷气，沉默半晌后说："但愿上天眷顾，我只要8天时间。"

8天？何止8天，整整40天时间，协约国军队的轻敌和拖沓帮了土耳其人的大忙。得知英国人要进攻达达尼尔海峡的消息后，土军立即调来了2个精锐的集团军驻守海峡两侧。在德国顾问桑德斯的指挥下，土军加强了海峡两岸的防御工事，依次建立了三条岸防火力带，布置了200门大口径岸炮，同时还有时间在海峡深处又布下了9片水雷区。就在英国人不紧不慢地调兵遣将的同时，达达尼尔海峡已经变成了固若金汤的钢铁防线。

4月底开始，被土军的水雷和岸炮打得鼻青脸肿的协约国军队在加利波利半岛多地发起登陆作战，接下来登陆上岸的协约国军队不是忙着修筑工事、巩固滩头阵地，或是抢占海岸边的制高点，而是忙着拍照合影、休整戏水。但这是打仗，不是度假，更不是夏令营，趁着协约国军队漫不经心之机，土军纷纷抢占了面对海滩的制高点。接下来，在一颗子弹就能把一个活人拦腰打断的马克沁机枪的扫射下，土军充分发挥了居高临下的地利之优，前期登陆的8万协约国大军很快就结束了"休假"，在无遮无拦的海滩上陷入了地狱般的火海中。

海上的巨舰面对土军四面八方的火力网，不敢靠近海滩，因此无法彻底消灭隐藏巧妙的土军工事。而一旦协约国军队发起攻击，土军强大的炮火就会从天而降。

在加里波利海滩上，除了炮击、干渴、炎热，协约国士兵还遇到了最可怕的敌人，当地最臭名昭著的物种——巨蝇。与战斗中的轰炸和冷枪相比，苍蝇是更令士兵恐惧的敌人，因为它们无处不在。无论你是睡觉、吃饭、喝水、打仗，总会有它的身影成群地在你身边盘旋，周围随处可见的死尸则是它们最留恋的乐园。

但此时英国已进入了进退两难的境地，就像一个输光了的赌徒，骰子旋转起来了，再艰难也得咬牙挺下去。《西洋世界战争史》引用了当时英国高层会议的记录，也足以显示当时英国人的这种矛盾心理："假使说达达尼尔的成功可以为协约国赢得巴尔干，那么若是失败了也就会产生相反的作用……为了大不列颠的威望，这个行动实应有贯彻之必要，不管它的成本是如何巨大。"

在这场战斗中，一名土军青年军官脱颖而出，这个名叫凯末尔的中校率领着奥斯曼土耳其军队屡次打败协约国登陆部队，几乎所有的协约国部队都与他过过招，但没有任何一位将领能取得胜利。协约国军队最早挺进内陆时遇到的抵抗就是由凯末尔发起的，结果2000土军残兵败将，竟然扛住了人数6倍于己的协约国军队。

土军名将，日后成为现代土耳其之父的凯末尔

当然，协约国本身的蠢笨与低效也帮了凯末尔的大忙。

8月6日，新的一轮登陆战开始了，协约国这次选择了苏弗拉湾作为突破口进行大规模登陆。为了毕其功于一役，英国这次使出了全部手段，海军炮火掩护、空军侦查加投弹，拥有最新装备的近10万增援部队士气高涨。此时，奥斯曼土耳

进行誓师大会的土耳其军队

其已是强弩之末，所有的部队不是被打残了就是整建制地取消掉了番号，在新的登陆地点苏佛拉湾一带，仅有星星点点的1500土军，他们要对抗面前滩头和海上的10多万英国大军。

假如英军登陆后能在土军反应过来之前占领附近的提基堆岭等制高点、控制住滩头阵地，然后不断向内陆进攻，就能迂回到压制澳新军团的土军背后，如此一来，第一次世界大战的历史很可能就此改写。但没想到，这回英军拖沓的毛病再次抬了头，而且，他们选派了最不适合担任指挥官一职的老笨蛋斯塔福当新组建的第9军军长，61岁的斯塔福年轻时是个不折不扣的花花公子，上了年纪后又嗜睡如命，且从来没有指挥过任何一支人数超过200人的军队。

8月8日是最为关键的一天，土军的援军尚未赶到，他们长途跋涉想要占领的各个战略要点就在英军的眼皮子底下，最远的不过6000米而已。但由于这天是星期日，英军显然认为经过艰苦的登陆后，理应享受一下难得的假期，汉密尔顿和斯塔福更是开始提前相互预祝起胜利来。

土耳其人事后在回忆录里写道："在8月8日这一整天中，胜利女神一直把大门敞开着，可是英国人却偏不进去，没有一个人进去，简直是一派和平景象，好像是童子军露营一样。"

宛如一场龟兔赛跑，奥斯曼土耳其方面争分夺秒地往战区赶，而早已抵达战区的英军却沉浸在假期里，对周围的各个制高点无所作为，战争的天平就这样一点一滴地向土耳其方面倾斜着。

第二天，休完假的英国军队总算来到了提基堆岭山脚下，土军名将凯末尔早就带人占领了制高点，居高临下泼下密如冰雹的弹雨，同时呼叫远程火炮对英军的聚集地点进行大规模轰炸。其他各个高地情况大致相同。

进退不得、困守沙滩的英军就这样成了被屠杀的对象，到处尸山血海，残肢、碎肉甚至将整片沙滩染成了红色。这一天里，仅一处沙滩，英军就死伤了8000人。

8月10日，发着高烧的凯末尔竟然带领土军向协约国军队唯一固守的战略要地朱努尔山发起了攻击，守卫此地的澳新军团士兵也是一等一的勇士，双方在被炮火削平了的山头上展开了刺刀搏杀。但在土军视死如归的拼死冲锋下，澳新军团最终败下阵来。如此一来，协约国军队在付出了近两万人的伤亡后，唯一由协约国控制的战略要点朱努尔山也得而复失了，协约国的战线一下子又缩回到了5个月前。一名参战英军感慨地说："我们再次登陆，并且又挖掘了一个坟场。"

战后，无能的斯塔福将军仅被处以革职处分，汉密尔顿则毫发无伤地继续祸害着英国军队，两周后，他又在苏佛拉湾组织了一次混乱不堪的登陆，结果又导致了5300人的伤亡。

进入了11月，气温骤然下降，接着下起了罕见的大雪，积雪近一米，而英军士兵仍在为了国家的面子，死撑在天寒地冻又饱受炮击之苦的滩头阵地里。严寒中，仅苏佛拉湾一带就冻死了5000余人。

直到年底，协约国才意识到攻占伊斯坦布尔已成了不可能完成的任务，这才匆匆罢兵。

加利波利之战，协议国前后累计投入了100余艘战舰、50余万兵力，却寸土未占、寸功未立，反倒沉没各类战舰数十艘，仅战列舰就损失了6艘，相当于一场大型海战，人员损失高达25万人，其中很多为澳大利亚、新西兰这些海外殖民地的子弟兵。

在英国历史上，从来没有付出如此巨大的伤亡和代价却尺寸之功未立的情况。逼服中国清王朝的鸦片战争，英国出兵不过两万而已，却换来世界上最大的市场门户洞开；1855年，在加里波利稍往北一点进行的克里米亚战争，英国派出4个步兵师、1个轻步兵师，2个骑兵师，全部兵力不过5万人左右，却取得了打败欧洲第一陆军强国、遏制俄国势力不得南下的重大成果。反观加里波利战役，英国几百年来积累下的颜面、尊严几乎荡然无存。

一手酿成此祸的英国海军大臣丘吉尔则黯然下野，自我贬谪，带着浴缸等大堆行李赶赴法国前线当了一个小营长。当然，有他在，这个营是铁定上不了前线的。在法国前线，丘吉尔最大的成绩是通过一场场卫生运动，成功消灭了全营的虱子。

同样是这一仗，出了奥斯曼土耳其100多年来屡战屡败、一直压在心底的一口浊气，从此原本灰头土脸的奥斯曼土耳其居然跟打了鸡血似的四处出击，虽无大斩获，却搅得英国和俄国心烦意乱、分身乏术。战前军衔仅中校的凯末尔由于英勇善战、身先士卒，一跃成为土耳其的战地明星。此后，凯末尔率领着对他不离不弃的土军将士转战东西。第一次世界大战结束后，凯末尔一跃成为土耳其共和国的开国元首，他所开创的国家一直延续至今。

附录1：丘吉尔与希特勒

笔者一直有个"邪恶"的想法，将丘吉尔和希特勒在两次世界大战中的行为单提出来等量齐观。他们一个是世袭罔替的贵胄，一个是社会底层的挣扎者；一个是接受了种种精英教育的世家子弟，一个是在社会大课堂上通过自学脱颖而出的"天才"；一个在第一次世界大战中以最年轻的内阁大臣身份翻云覆雨，一个是在第一次世界大战战壕中辗转在死神镰刀之侧的可怜虫；一个企图拯救自己的世界，一个企图打造新的世界。这两个人的相同点则是，都在自己使命的征途上做事，前者却因此名垂青史，后者却身败名裂。

	丘吉尔	希特勒
国籍	英国	奥匈帝国，后加入德国
出身	英国贵族，英国十大公爵之一的马尔巴拉公爵之后	奥地利小城林茨
父亲	前财政部长，勋爵	海关小吏
母亲	美国财阀之女，《纽约时报》股东之一	家庭妇女
个人特长	演讲	演讲
不良嗜好	抽烟、喝酒	无
爱好	写作	绘画
战前职业	政治家、作家、新闻记者、军人	画家、流浪汉、军人
最惨经历	作为随军记者因携带武器被南非布尔人俘虏，后成功逃脱	在维也纳流浪时因衣食无着，不得不出没于流浪汉之家与施粥场
第一次世界大战时的职务	海军大臣、步管部大臣、营长	陆军下士、传令兵
第一次世界大战的表现	扣押奥斯曼土耳其委托英国建造的战列舰，导致奥斯曼土耳其倒向德奥一方，盟友俄罗斯出海口被封；策划实施加里波利行动，结果导致协约国集团损失25万人，国际舆论哗然，战争变得更为持久；在法国前线担任营长；1916年出任军需大臣，坦克、毒气、军用飞机的大规模应用自他为开始。	参加了第一次伊普尔战役、索姆河战役等重要战役，出生入死、穿越火线、传递情报。两次负伤，获得过多枚铁十字勋章。

续表

	丘吉尔	希特勒
第一次世界大战后的表现	第一次世界大战结束后出任空军大臣和陆军大臣，推行对苏俄的武装干预，结果干预失败。 20世纪20年代担任财政大臣，推行金本位制，使英国坠入经济危机的深渊中，英国掀起罢工潮。武力镇压工人的同时，因印刷厂工人也罢工，于是开创了政府办报先河，出版《政府公报》，向大众解释政府政策。 20世纪30年代，作为政府中的鹰派，反对裁军，主张在欧洲问题上和德国针锋相对。	充当政府密探； 参加了法西斯党，并很快成为党魁，在他的改造下，该党很快就成为德国境内上千个党派中发展速度最快的一个； 与第一次世界大战英雄鲁登道夫等人策划发动慕尼黑政变，政变失败，被捕，名声大噪，狱中出版《我的奋斗》一书，详细阐述纳粹党的纲领； 战后重入政界，纳粹党组阁成功，并在兴登堡总统去世后很快接管国家政权，提出一揽子复兴经济的做法，成功带领德国走出经济危机困扰，并废除了《凡尔赛条约》加诸德国身上的各种苛刻条款，德国开始重拾武装； 自1935年和平吞并奥地利起，以《凡尔赛和约》民族自决权为口实，开始以武力为后盾的扩张，先后吞并了苏台德地区、捷克斯洛伐克，又向波兰提出领土要求，遭到拒绝后发动战争，占领了波兰； 二战爆发。
二战事迹	前任首相张伯伦绥靖策略破产，他作为鹰派领袖担任英国首相； 英法百万大军溃败，他把英军兵败法国、从敦刻尔克撤退的惨状拍成了史诗大电影以鼓舞英国人民士气； 英国空军挑衅，德国开始空袭英国，英国军民伤亡惨重，他又通过宣传机构把这场不得不打的空战吹嘘成了史诗性大捷； 拉美国下水，和宿敌苏联恢复缓和关系，一起组成反法西斯统一战线，后来成功了； 在缅甸战区判断失误，导致1942年中国远征军第一次入缅作战失利。	灭亡波兰后用两个月时间灭亡法国； 空袭英国，对英国开始潜艇战进行封锁； 为了拯救不成气候的盟友意大利，德国开始在北非开辟第二战场； 对苏联进行闪电战，不到半年时间，消灭苏军350万人； 对英无限制潜艇战升级，导致美国开始偏向英国，并最终参战； 1938年以前，对华态度友好，中德军事交往密切，在德国的帮助下，中国组建了一批装备精良、训练有素的德械师，在抗日战争初期发挥了巨大作用，使日本速战速决的希望破灭了。

续表

	丘吉尔	希特勒
二战暴行	1940年为防止法国海军落入纳粹手中，对驻扎在阿尔及利亚的法国舰队发动了袭击，法军阵亡1300人，法国海军基本报废； 法国沦陷期间，趁火打劫占领了位于东非的法国殖民地马达加斯加； 武装占领冰岛； 对拉柯尼亚事件（英国客轮被德国潜艇击沉后，德国潜艇营救妇孺，英国空军则空袭上述两者）负有领导责任； 对二战期间印度境内发生的大饥荒负有重要责任。由于英国无视饥荒所造成的死难，执意将食品运往英国本土，导致饥荒进一步加剧。据不完全统计，有200万印度人死于那次饥荒。	在德国境内虐待犹太人； 在波兰境内虐待犹太人； 在法国境内虐待犹太人； 在苏联境内虐待苏联人和犹太人； 在欧洲占领区虐杀包括犹太人在内的所有人； 轰炸英国； 发动无限制潜艇打击美国。
历史评价	20世纪最杰出的政治家、伟人，反法西斯同盟的缔造者，著名作家。	杀人魔王、纳粹头子、妄想吞并世界的小丑。

附录2：1914年开战之初列强海军实力一览

国家	人员数量（人）	大型舰只数量（艘）	总吨位（吨）
俄国	54 000	4	328 000
法国	68 000	10	731 000
英国	210 000	29	2 205 000
合计	332 000	43	3 264 000
德国	79 000	17	1 019 000
奥匈帝国	16 000	3	249 000
合计	95 000	20	1 268 000

第八章大事记

1. 1912年，第一次巴尔干战争结束后，奥斯曼土耳其决心进行励精图治，改变国运，采取举国募捐的方式，花巨资向英国订购两艘超无畏级战列舰，1914年第一次世界大战爆发后，英国海军大臣丘吉尔借口担心战舰落入德奥之手，将两艘战舰据为己有，并拒绝赔偿奥斯曼土耳其的损失，导致奥斯曼土耳其倒向德奥一方。

2. 1914年8月10日，部署在地中海的德国战列巡洋舰"戈本号"等两舰摆脱英舰围捕，进入奥斯曼土耳其达达尼尔海峡，转入奥斯曼土耳其海军中服役。

3. 围绕两艘德舰归属及奥斯曼土耳其地位，各国代表在奥斯曼土耳其首都伊斯坦布尔展开轮番外交斡旋，都企图让土耳其加入自己阵营或保持中立。

4. 1914年10月28日，以德国水兵为主体的奥斯曼土耳其海军在德国将领指挥下，擅自炮轰俄国黑海港口，导致奥斯曼土耳其被迫加入德奥同盟一方参战。俄国前线失利，出海口又被封锁，局势急转直下。

5. 1915年年初，为打开封锁俄国的枷锁，英国海军大臣丘吉尔策划了加里波利战役，企图用舰炮的威力逼降奥斯曼土耳其。

6. 1915年3月，英舰和法舰进入海峡时遭到水雷和海岸炮火的打击，舰炮计划搁浅。

7. 1915年4月25日，英法军队在加里波利半岛南部登陆，由于动作迟缓，地势不熟，遭到土军顽抗，尽管不断增兵，仍无起色。英国海军大臣丘吉尔受此战之累，被迫下野。

8. 1915年8月，协约国再度于加里波利半岛北部苏佛拉湾登陆，由于动作拖沓，再度遭到土军反击。

9. 1916年1月，协约国军队被迫退出达达尼尔海峡，加里波利战役以协约国一方损失50万人的惨重代价结束。

第九章　浴血西线榜

法国凡尔登是一座群山环绕的优美小城。从这里往西笔直地走200多千米，就是巴黎，而向东再走58千米，就来到了法德边境重镇梅斯。可以说，凡尔登是东来之敌直捣巴黎前最后的一道障碍，反过来说，巴黎的安危全系于这座建立在丘陵中的城市。

公元843年，基本统一欧洲大陆的法兰克福雄主查理曼大帝去世后，他的三个儿子在凡尔登签订了条约，将查理曼的家业均分成了三份，从此开启了法国、德意志诸国及意大利漫长的历史，凡尔登由此成为了法兰西人心目中的圣地、圣城。

1000多年后的1916年，这里再次成为世界瞩目的焦点，因为法国的命运和世界的前途即将在这里揭晓。

1. 沉闷的僵局

  1915年的战场态势，像极了两拨抡着拳头正互殴的彪形大汉精疲力竭时的嘴脸。块头最大的德国，一手掐着英国和法国，一脚顶着极力挣扎的俄国，还得腾出一只手拽着快被俄国打趴下的奥匈帝国别倒下去，英国眼看着小个子的奥斯曼土耳其抄着板砖正敲自己的小伙伴俄国的后脑，不顾脖子被人掐着的疼痛，大喝一声向奥斯曼土耳其飞起一脚，却踹空撞到了门板上。眼看着被德国拽着的奥匈帝国已气息奄奄，又一个捡漏的小个子像鬣狗一样偷偷摸摸凑上来想给它一下子再把尸体拖走，没想到奥匈帝国突然回光返照、斗志如虹，打出了一套漂亮的组合拳，那叫意大利的小个子打急了眼，不顾口鼻流血，张牙舞爪地同奥匈帝国掐在了一起……

  德国自马恩河那次悲怆的撤退之后，接替小毛奇总参谋长职务的法尔肯海因在西线唯一能做的就是在比利时西部发动了旨在将比利时残军和英国远征军赶下大海的两次伊普尔战役。这回英国人使出了吃奶的力气来帮助比利时，英国远征军冒着和法军决裂、让协约国西部防线出现漏洞的大风险，毅然北上抗敌。这可不是英国人良心发现，而是因为德国一旦占领了这里，对面就是英国本土，英国除了大海将无防可守。

  头一次伊普尔战役，双方伤亡25万人，唯一的意义是双方沟堑纵横、绵延千里的堑壕终于从英吉利海峡一气联通到了瑞士和地中海，连成了一条线，隔着不宽的中间无人地带，双方天天枪来炮往，好不热闹。

  在第二次伊普尔战役中，德国还第一次使用了化学武器——氯气。在双方8000米宽的正面上，德军悄悄布置了5700只钢瓶，内装180吨氯气。1915年4月22日，德国工兵打开了钢瓶，黄绿色的烟雾顺着微风慢慢飘向协约国一方，几分钟后，几万协约国军人就沉浸在一片毒雾之中，士兵们的眼睛像被火烧过一样，喉咙里像被塞进了一团火球,惊恐万状的协约国士兵惨叫着、翻滚着、东跌西撞,早就整装待发的德军士兵这时才戴着防毒面具冲了上来,几乎一枪未发就占领了先前尸山血海也未能占领的阵地,但关键地段仍牢牢掌握在协约国手中,战役仍是无果而终。

此役,协约国方面5000人中毒死亡,1万人因致残而丧失了战斗力。但德国得意得太早了,1个月后,英国就此展开了报复,又有大批德国士兵成为化学战的牺牲品。伊普尔之战,开创了人类历史上最惨无人道的化学战先河,从伊普尔的滚滚毒烟,再到20世纪80年代两伊战争中杀伤力几乎与小型原子弹相仿的芥子气攻势,人类杀伤同类的手段一次次超越了想象力的极限,远远走在了所有科技的前面。

唯一取得重大进展的仍是东线纵横驰骋的鲁登道夫所部。鲁登道夫在东线坦能堡之战中粉碎了俄国压路机的国际声誉,之后又发起了数次大规模战役。俄军损失惨重之余,又传来黑海出海口被土耳其封锁的可怕消息。这次,鲁登道夫总算在俄国人身上找到了可供赞颂自己的优点:"俄国士兵哪怕只拿着根绑着刺刀的棒子,也会毫不犹豫地在军官的皮鞭下发起冲锋!"但俄国广袤的土地和严寒一次次地拯救了俄国军队。无论俄国的将军们怎么一溃千里、德国大军如何追亡逐北,摆在鲁登道夫面前的永远是泥泞坑洼、一眼望去让人绝望得看不到头的俄罗斯大地。

俄国人打不过德国人,但打奥匈帝国人却信手拈来。也许是开战之初的加利西亚战役让俄国人打出了自信,在东线南部前线,无论攻击还是防御,俄国人一次次地将德国人加诸于他们的灾难从奥匈帝国人身上再补回来,俄军一部甚至突入到喀尔巴阡山中,占领了奥匈帝国皇帝的行宫。

被俄国人打得鼻青脸肿、只能靠着德国盟友的支持才勉强能站直了的奥匈帝国,也有战神附体的时候,时间和地

鲁登道夫

点要从意大利参加协约国开始。1915年5月23日，一直首鼠两端的意大利终于决定参加协约国一方向昔日的盟友德奥开战了，结果这可把奥匈帝国高兴坏了。

能让一个国家将战争支持下去，无外乎两点，一是仇恨，二是胜利。现在，意大利的参战，让奥匈帝国把这两样总算都占上了。在阿尔卑斯山脉间一条叫伊松左的河流两岸，奥匈帝国和意大利双方爆发了一系列战役，由于数量太多、内容雷同、结果类似、毫无新意，奥匈军队一直保持着不败的战绩，史学界很不厚道地统一以伊松左河加编号的方式来命名这一连串低效率、高烈度的战争。至1917年年底，编号一气儿排到了12。伊松左河战役从第1次战役到第12次战役，都是在极为严肃认真的情况下开始的，双方士兵很认真地打着仗，每一个数字后面都是少则10余万人、多则几十万人的巨大伤亡，仅意大利人就在这条河边上扔下了不下上百万具尸体。

眼看着战争就要以这种无底洞的方式循环下去了，英国和法国率先发现了个中的端倪：我们人口是奥匈帝国的3倍，军队达到了1800万，人家才800万，为什么老是打不过人家？因为我们太散！

1915年12月6日至9日，在加里波利战役中刚刚被打得灰头土脸的协约国代表们在法国小镇尚蒂伊召开军事会议，除英、法、俄三巨头外，比利时、意大利、日本等国的军事代表也济济一堂，共同商讨统一协调今后军事行动的事宜。

抛开这边各怀鬼胎的军事会议不谈，那边德国方面也得知了协约国要统一军事行动的情报，德国总参谋长法尔肯海因寻思着，与其坐等对手打过来，不如先下手为强。

2. 备战凡尔登

经过一年半的较量，西线的战争形态已经发生了翻天覆地的变化，如何打破堑壕战的坚冰？德国人凭借出色的工程技术打造了一大批完美的武器，而如何确保己方的防御功能不至于像开战初其遭受"大伯莎"攻击的列日要塞那样不堪一击，协约国方面也绞尽了脑汁。一攻一防，双方的智慧、最高级的工业能力以及将校们的无能与无耻，都将在凡尔登这方寸天地间展露无遗。

法尔肯海因选择凡尔登作为德军突破口，原因很多：

首先，这里是西南通往巴黎的门户，5片筑垒地带拱卫着它，翻过三面环绕小城的丘陵地带，西去尽是一马平川的平原。

其次，凡尔登在目前双方的防线上是一个突出部，攻陷了这里，一方面可使得德国境内的软腹确保无虞，另一方面这里距离德国境内的补给基地很近，特别是德国境内离此地最近的铁路不过几十千米之遥，非常便于短时间内调集优势兵力打敌人一个措手不及，撕裂协约国的防御体系。

最后，也是最重要的原因，1000多年前法兰西帝国的诞生，就是以这里为起点，对于重视历史和文化传承的法国人来说，凡尔登尽管只有1万多人口，但却是情感上难以割舍的文化图腾。

为了攻克凡尔登，德军悄悄抽调了10个师、27万大军和不可计数的火炮、弹药，光前期运抵前线的中口径以上的火炮就达1400门之多，一线部署火炮800余门，专门对付凡尔登当面的15千米防御正面——这就相当于每千米的防御地带要抵御62门火炮，第一次世界大战时期，一颗炮弹约可杀伤直径近百米范围内的有生力量，62门大炮一次齐射的威力可想而知。

除了大炮，德国还准备了很多新鲜玩意儿。

420毫米的"大伯莎"攻城炮，这个不细说了。

长得又矮又粗的臼炮，可将50千克重、内装炸药和金属碎片的高爆榴霰弹打到堑壕里，四面开花，让法军防不胜防。

射速达每分钟12发的速射炮，多门大炮组成的速射炮群，能像机枪一样连续发射口径130毫米的炮弹，让目标区域内的敌人连闪避喘息的空当都没有。

专门为堑壕战研发的喷火器。为了防止堑壕内子弹的直线杀伤威力，堑壕都特意设计成曲折的蛇形，弯弯曲曲的堑壕内部既有利于限制子弹的弹道，同时还能为士兵提供必要的掩护。而作为20世纪最令人发指的武器，喷火器不仅可在瞬间将活人烧成木炭，同时还能"关照"到子弹打不到的拐弯处、隐蔽所，甚至在火舌喷射区域附近的轻微呼吸，都会将一个人活活变成火把。

160余架飞机。以往的战斗表明，飞机真是个好东西，它不仅可以像热气球一样升到高空去侦察敌情，甚至还能快速移动，而且还能对地攻击，这可是划时代的武器。作为第一次世界大战中最新涌现出来的利器，飞机具体应用于哪场战役，至今已不可查。总之，到了1916年，飞机已成了大家都比较认可的新锐武器之一，各国也开始以飞机数量作为衡量一国军力的标准了。

最令人发指的是，为了确保此计划的万无一失，法尔肯海因连人事因素都考虑了进来，此次战役最重要也最神秘的"武器"就是德国皇储威廉，他将担任指挥此次战役的司令官。

对面法军的情况，法尔肯海因也知道得一清二楚。以前说凡尔登固若金汤，还沾点边，因为法国人把这里修得和铁桶一样，可从去年开始，法国人竟然自己把凡尔登的防御阵地给掏空了，放着好好的水泥掩体不用，把一半以上的火炮都搬出了掩体，在凡尔登南北两侧15千米宽的地方共修了5处筑垒地带。这到底是唱的是哪出戏？法尔肯海因还真没想出来。

像西线所有的防御工事一样，法国的防御部署从外到里依次如下：

最外围，有的重点地区布设了雷区，以防止敌人步兵快速接近。

第二层，铁丝网带，一般约5~15米宽，凡尔登前线的达到40米宽，2~5米高，这东西最早是美国人发明出来在西部养牛用的，结果第一次世界大战战场成了它大规模运用的舞台，堪称美国人民自电灯泡后给人类的又一大贡献。

第三层，散兵堑壕，通常由单人或双人掩体构成，独立于主堑壕之外，可直接对敌方行动提出预警。

第四层，主堑壕，通常以营为单位，分为到达线（出击或防御全由此开始）、支援线（主要防止到达线被敌人突破，同时兼具火力掩护功能，一些小口径火炮或机枪掩体也安排于此）、内堡线（休息场所、营连指挥所、包扎所、弹药堆积所），三线之间互有交通壕连通。

第五层，第二道主堑壕，但由于兵力有限，开战前仅在此部署了少数火力点。

第六层，内堡层，即原来的要塞本身及其周边的永备工事。作为最后一道防线，这里堪称铁壁铜墙，外面有深沟、铁丝网环绕，内部碉堡林立，共有大小12座炮台。

整个防御体系以凡尔登为中心，总长约100多千米，层层叠叠，纵深达几十千米，共部署有法军11个师（20余万人、700余门火炮）。

1916年2月21日清晨，西线沉浸在雾霾天气里，忽然，随着一道亮光划破天际，有史以来最大规模的炮击开始了。德军的上千门大炮以每分钟2000发炮弹的速率，将法军阵地瞬间变成了一片火海。

3. 步步为营

面对德军的突然打击，法军阵地陷入一片火海之中，而对法军而言，真正致命的打击则是炮击间隙跃出战壕的那些"灰色死神"。

尽管敌人的炮击来势凶猛，但法国老兵们依据经验认为，这只是步兵冲锋的惯例前奏而已，一般不会超过半个小时。但这次，他们的经验失效了，炮击不是半个小时，而是整整6个多小时。

到下午四时，德军共向法军筑垒地带倾泻了200万发炮弹。法军工事所依托的天然丘陵，几乎被整个端平，隆隆的炮声一直震撼着凡尔登这块小小的突出部，此起彼伏的爆炸声响彻云霄，浓密的硝烟伴随着土木砖石和人体的残肢不断扬起落下，炽热的空气中低沉着的是伤兵们声嘶力竭的哀嚎……

在之前的下午两点，炮击刚刚向法军纵深前移，德军6个师的10几万人就分成三个批次，迅速跃出己方的到达线，扑向刚刚被炮火清洗过的法军防线。训练有素的德军依据所属部队两前一后的排列——每师两团在先、一团在后，每团两营在先、一营在后，每营两连在先、一连在后。每个营的展开正面为500米左右，连则以突击班为前导，每个突击班配备有机枪、火焰喷射器、迫击炮和手榴弹，迅速前进，为后续部队打开通道。

经过一下午和一个晚上的激战，除3000人被俘外，法军主堑壕的守军几乎全军覆没，不过这些战士用自己超乎想象的顽强抵抗迟滞了德军的战果。本来，德军是想借炮轰为掩护，一路攻击到法军防御的核心地带，但由于法军的殊死抵抗，德军仅仅占领了法军的主堑壕，后面的大批工事仍牢牢地掌握在法军手中。更为关键的是，炮击的突然性此时已完全丧失——刚刚过去的半天时间，德军几乎消耗掉了全国库存炮弹的一半，起码短期内已无法再组织如此规模的炮击。

对德军炮击的反弹式恐慌到第二天才显现出来，尽管当天的炮击已稀疏了不少。来自法国殖民地阿尔及利亚的阿拉伯兵团首先出现了骚乱，当天零下15摄氏度的严寒、无休止的炮击加上前沿阵地守军被炮火或火焰喷射器变成碎块和炭团后的惨状，终于令这些来自热带的牧羊人崩溃了。

先是一两个人扔下手中的武器，不顾四面八方的炮火，跳出战壕掉头就跑，接着一两个人的怯战行为变成了局部的雪崩，成连成排的士兵裹挟着军官纷纷向后涌去。恰在此时，法军的总参谋长卡斯特尔诺亲临了前线，向前线指挥官下达了霞飞的严令：任何指挥官都不能下令退却，否则将受到军事法庭的审判。接着，督战队也严阵以待，终于用密集的枪弹封堵住了逃兵的去路。

溃散的法军瞬间被督战队的枪口"鼓起"的勇气最终也没有帮助法军挽回溃败的命运。面对德军凌厉的攻势，大批法军义无反顾地再次冲向身后的督战队，撞破火网后他们消失得无影无踪，第二道主堑壕也被敌人占领。德军兵锋直指内堡防线，突破了这里，以固若金汤闻名的凡尔登防线将成为历史名词，几乎象征着现代欧洲起源的圣城凡尔登将暴露在德军的炮火之下，德军优势兵力将再度兵临巴黎城下，续写一年半之前的战地传奇。

4. 金城纸脆

无论从任何角度讲，凡尔登防线上的内堡防御层都要比比利时的列日要塞坚固得多。内堡防线的重要支撑点都蒙要塞就是法国工艺的杰作，但是在战争中，最坚固的永远不是由钢筋水泥筑成的冰冷建筑，而是士兵们昂扬的斗志与顽强的意志。

一头撞上法国内堡防御层的德军，首先遇到的是都蒙要塞的强大火力。由于各种被摧毁的建筑和障碍物阻碍了部队的前进通道，德军突击队行动缓慢，甚至出现了拥挤，都蒙要塞155毫米火炮不失时机喷射出的炮弹不断在进攻的人群中炸开一团团血花。一时间，都蒙似乎成了淹没在德军灰色大海中的一座孤岛。

但德军要攻克这里的确非常棘手，整座要塞外墙覆有厚达2米的岩石与混凝土加固的碎石层，要塞北部的3座子堡各有4挺机枪形成交叉火力。要塞内原有500名守军，但在1915年进行的调整中，人员和火炮大多被霞飞用于充实要塞两翼，但凭借坚固的外墙和几乎永不枯竭的弹药，都蒙要塞仍堪称固若金汤。据战前德军方面掌握的情报，仅要塞主建筑里起码就有超过5000法军，堪称内堡防线的中流砥柱。

"大伯莎"再次发威，但效果并不明显。显然，法国人吸取了列日要塞坚固堡垒的教训，堡垒外部碎石层松散的结构大大抵消了巨炮的威力。

接着，人海战术上演。第一波奉命来啃这根硬骨头的是德军第三集团军第24团，但仅一次冲锋，该部就被都蒙要塞及周边的火力打得四分五裂、东躲西藏，而后方提供的支援炮火打在都蒙的外墙上只能震下几块岩石而已。

最危险的地方就是最安全的地方。乱军之中，24岁的德军士官康兹就赶上了这样的好运，他的一队人正好被都蒙子堡的机枪火力封锁在了主炮台眼皮子底下的斜坡上。这里，都蒙子堡的机枪打不着，主炮台的炮管在他们头顶上"通、通、通"地开着火，对他们唯一的威胁就是来自德军阵地的炮火。

见识过"大伯莎"脾气的康兹深知此地不宜久留，但回去的路已被敌人机枪封锁了，只好带着部队顺着弯弯曲曲的小路向主炮台背后赶去，想要找个安全的地方等待大部队。没想到，他们误打误撞，七拐八拐，竟然钻进了要塞主堡里面。

原来，前天的炮击和昨天的大混战，让炮台周围的守军死伤殆尽，原有的3座瞭望哨也在炮击中被摧毁，要塞内的守军要么正忙于和德军打炮战，要么正躲在地下室防炮击，谁都没有想到德军突击队会这么快就打进来，而且正好找到了他们自以为隐蔽良好的唯一入口。

进入要塞住炮台后，这一小股德军在空荡荡的要塞里转来转去，循着声音首先找到了要塞中最致命的那门大炮，4名浑身上下烟熏火燎的法国炮手正一炮一炮放得正欢，猛回头，看见一群德国兵从身后涌进了炮室，双方都禁不住吓了一大跳。

最终，还是法国人反应快一点，就在康兹的眼皮子底下，4名法军来了个乾坤大挪移，瞬间就逃得没了影。破坏了大炮后，康兹一伙仍心惊胆战，他们可是在一要塞法军的老窝里，别说他这几个人，再多10倍的兵力都未必能拿下这座出了名结实的要塞，只要那4个法军能叫来一个排的战友，康兹的小分队就只有投降的份了。

但是，没有，什么也没有。

在法军的故意放水下，康兹这几个人的胆量也大了起来，开始在迷宫般的要塞中到处搜寻。在没遇到任何抵抗、一枪未发的情况下，他们抓了一大群俘虏，还顺便享用了一顿丰盛的大餐。

事后，经过仔细检查，德国人惊讶地发现，作为最为重要的防御支撑点，都蒙要塞主建筑里的守军不是他们事先估计的5000人，而是——60人！而更令人发指的是，从康兹他们开始发动进攻，到他们误打误撞钻进要塞迷宫般的内部，再到他们最后实际上控制了要塞，只花费了45分钟，弹药消耗为零。

尽管事后德国媒体把这股德军的英勇神武吹上了天，整个国家都为本国小伙子一开仗就攻克都蒙而兴奋异常，但明眼人都看得出来，这并非士兵们英勇善战所致，而是特定条件下鬼使神差、机缘巧合下的结果。

其实，真正把都蒙要塞的"钥匙"交到康兹手中的，正是法国元帅霞飞阁下本人——霞飞鉴于列日要塞被巨炮攻破的教训，得出了"鸡蛋不能放在同一个篮子里"的结论，大量抽调要塞驻军用于外围防守，结果其最坚固的堡垒被不到一个班的德军不到一小时就拿下了，整个凡尔登防线岌岌可危。

倘若当时都蒙要塞里面真有5000人在驻守，倘若守军都能有和堡垒外墙一样坚硬的秉性，凡尔登的故事就不会再有以后的惨烈与法兰西式的苦情了。

5. 中流砥柱

凡尔登防线的外围丢了，内堡层也从中央被撕破了，就连根本不可能被攻克的都蒙要塞都让德国人给占领了，凡尔登即将陷入敌手，巴黎即将再次门户洞开，欧洲局势一年半以来将再次面临着变局。

又到了高喊"法兰西万岁"的时候了——1415年，英法百年战争中，法军在法国重镇奥尔良被英国打得满地找牙时这么喊过，结果喊出个圣女贞德来；1792年，被大革命折腾得七零八落的法国被欧洲干涉军打趴在地时这么喊过，结果喊出来个拿破仑来；1812年，拿破仑兵败莫斯科、俄国大军旋踵而至时法国人这么喊过，结果谁也没喊出来，连皇帝也完蛋了；1871年，德国人收回了被法国抢占的阿尔萨斯、洛林时，自认为吃了亏的法国人这么喊过，结果只喊出几个作家来；1914年的秋天，德国人打到离巴黎几十千米时，法国人也这么喊过，结果喊出个晕头巴脑的德国总参谋部的傻参谋……

这回同样如此。

危急关头，马恩河奇迹中涌现出的英雄贝当将军临危受命，负责重组凡尔登防线。

战争爆发时，贝当已是58岁，职务仍是上校，这对于一个法国圣西尔军校的毕业生来说，实在太过尴尬。不过，考虑到贝当向来与周遭一切格格不入的脾气和秉性，他没被开除军职就已实属不易了。

贝当和主导法国一切的政客们的关系从来没融洽过，甚至还发生过他下令部队武装拘押议员的事件。对于总统大人贝当也不买账，对于霞飞

贝当

等领导干部战前拼命鼓吹的攻势作战，贝当更是嗤之以鼻，公开唱反调。正因为这些，贝当44岁才当上营长，58岁了还是个上校，要不是第一次世界大战爆发，贝当恐怕正拿着数量不多的退休金在哪个小城里喝着咖啡晒着太阳安度晚年呢。

及至战争爆发、德国人又打到了家门口，法国才发现空谈误国的理论家们的蠢笨程度与他们招人恨的程度是成正比的，反倒是平时看起来刺头一枚的贝当们打得有模有样。于是，用了近40年时间才当上上校的贝当，仅用了5个月就完成了从上校到中将的四连跳。

到达前线后，贝当立刻给前线调来了大量火炮和援军，同时还创造性地允许士兵在交战不利的情况下撤退到他亲自划定的"安全线"内。此举不仅大大缓解了法军前线士兵的恐慌情绪，而且也起到了鼓舞和振奋士气的作用。贝当认为，把拳头缩回来是为了打得更狠，为了更有力地打击敌人，必要时的后退是为了更好的进攻——面对强大的敌人，法军士兵不应该做无谓的冲锋，而是要避敌锋芒、蓄势待发。

不只是这些，在凡尔登，贝当就像是一座积攒了足足60年雨水的水库，刚刚打开了阀门一样，灵感喷泻而出，层出不穷。

贝当下令，大幅度改善前线士兵的伙食，从而让世界上第一辆野战炊事车在凡尔登诞生，从此法军士兵躲在战壕里也能吃上香气扑鼻的饭菜。

为了改善前线的补给，他搜罗了全国的卡车，昼夜不停地向凡尔登输送部队和给养，3500辆卡车构成了最早的机械化补给线，沿着贝当专门修筑的公路，每周有多达9万名士兵和50万吨物资运至前线。

为了提高前线士兵的士气，在贝当的倡议下，法军在凡尔登开始了轮战制，士兵只要在前线驻守够一周，就可以分批次撤退到后方进行休整。这样一来，法军前线的士兵始终都能保持旺盛的斗志和充沛的体力。

就在贝当励精图治、法国蓄势待发的同时，前线的形势也发生了微妙的变化。在一次无目标的随意射击中，法军的一发炮弹鬼使神差般命中了德军秘密隐藏在前线附近的弹药堆积点，继开战大轰炸后德国人用了3个星期才好不容易攒起来的45万发炮弹瞬间被引爆，爆炸声此起彼伏响了整整半天，连对面的法军都吓了一跳。这个突发事件和攻占都蒙要塞一样，都属于无心插柳的个案，由此可见，所谓造化弄人，幸运女神其实对任何一方都是很公平的。

经过贝当的苦心经营，凡尔登前线很快就面目一新。到5月1日贝当离开时，法国已在凡尔登防线被德军撕破的缺口处集中了47万人的兵力、无数的火炮和足够上述大军使用数月的给养物资。在强大的后勤保障下，法军重新焕发了斗志，德军几次攻击都被法军击退，进展缓慢。

而在堑壕里，德军士兵很快就从胜利的喜悦中回到了惨淡的现实里。由于法军炮火逐渐猛烈起来，德军前线又离后方很远，加之初春时节道路泥泞不堪，德军的补给渐渐成了大问题，就算是补给无虞的部队，也只能勉强吃到混杂着各种可疑物质的粗面包、土豆、辣

冲出战壕的刹那他们已一脚迈入了死亡

根和马肉而已，而气人的是，对面的法军战壕里，每到饭点就香气四溢。

这也就罢了，急于在父皇面前显示身手的威廉皇储面对僵局焦躁不安，在他的严令下，德军士兵不得不一次次向法军的钢铁防线发起毫无希望的冲锋，直到整营整团的士兵被炮火和机枪消灭殆尽，短短13天的战事，德军损失了10万人以上。

在几种因素的交互作用下，德军的士气滑落到了谷底，而德国企图通过突破凡尔登防线占领凡尔登从而打败法国的战略计划也就此落空。

3月初开始，法军将收复马斯河东岸的都蒙要塞作为首要任务。德军则把进攻的重点转移到了马斯河西岸，企图夺取这一带的304高地及要塞，打通前往凡尔登的道路，消除法军炮兵的威胁，可万万没想到的是，这里正是法军兵力最为强大、火力最为猛烈的地段，304高地一带，一连串堡垒、要塞犹如铜墙铁壁般拱卫着马斯河防线。

整整两个月时间，双方的战事进入了白热化阶段，马斯河两岸的每一个高地都要经受攻防双方数百门大炮的反复轰炸，接着是双方士兵的白刃相搏，然后则是失利一方的强势反攻……周而复始，日夜不歇。

当时的战地记者描述道："没有一码地皮不受到炮火的震动，固体的土地，在我们看来就像是泡沫沸腾，树被撕裂了，跃入空中。"一位法军牧师记录道：

"尼韦勒攻势"的灾难制造者尼韦勒本人

"我们好像生活在蒸汽锤下一样，落下的锤子打击着你空荡的胃，那真是沉重的打击——每次爆炸都能把我们震翻在地，几个小时后，我们每个人都变得呆若木鸡一般。更可怜的是静静躺在一边、无人照料的伤员们，躺在地上，饥渴难忍，发疯般地想喝自己的尿。"

经过两个多月的激战，德军总共才前进了不超过6000米，其中5000米都是在战役爆发前三天夺取的，后两个月的进展不过1000米而已，而德军为此付出的代价是8万人的死伤。

与更加严重的伤亡相比，法军内部正面临着两种路线的斗争，贝当坚定地固守着不能浪费士兵生命的战地准则，这大大触怒了霞飞一派的将领、素以"法军屠夫"著称的曼京和尼韦勒等。曼京、尼韦勒三番五次找到贝当，要求自己的部队单独向德军发起反击，遏制敌人的气焰，但都被贝当拒绝了。

正是在这个问题上，霞飞与贝当发生了分歧。霞飞固执地认为应该以进攻对付进攻，这样才能赢得胜利、提振士气。而贝当则认为，在没有做好准备的前提下，鲁莽地将士兵推上死亡线，是非常没有必要的，对士气的打击更是毁灭性的。

事实也证明了贝当的正确性。4月份以来，由于法军贯彻落实贝当的防守主义，坚守战壕，同时利用远程炮火进行支援，使得德军的攻势屡屡受挫。此时，一场春雨如期而至，将战场变成了泥泞黏稠的沼泽，攻击受阻的德军只能望洋兴叹。

霞飞尽管深恨贝当的阳奉阴违，但贝当此时已是全法国的民族英雄、拯救凡尔登的战地明星了，既然自己无法解除他的职务，那就提升他吧！于是，一纸调令，将贝当升成了没有实权的方面军司令，而负责凡尔登战役的第二集团军司令这一实职则给了霞飞最青睐的将领尼韦勒。

贝当走了，正如他轻轻地来，但在他的身后，却给法国军队留下了弥足珍贵的财富：完备的工事、充足的给养、敢与德军争短长的战场新态势、士气高昂的士兵，以及绝不可浪费士兵生命的治军法则。

尼韦勒一上任，几乎立刻就让士兵们怀念起贝当来了，因为他几乎废除了贝当此前为了提升士气采取的一切有效方法，其中最重要的就是士兵轮换制，这个制度因为能保证每个士兵在前线连续戍守的时间不超过一周、每个士兵都能得到充足的休整，而被尼韦勒斥为无聊无谓的麻烦。接着，尼韦勒就像童话传说中吹着魔笛引领老鼠们自投死路的小男孩那样，用他的大手一挥，让成千上万的法军向任何一个他认为可能会有所收获的地段发起自杀式的冲锋。

当然，从此之后，全法国的士兵都和尼韦勒结下了很深的梁子，双方互相恨得牙根发痒，法国后来还专门发明了一个名词"尼韦勒式屠杀"，用以涵盖尼韦勒担任法国第二集团军司令期间发生的一系列徒劳无功却死伤惨重的鲁莽攻势。

尼韦勒后来继承了霞飞的衣钵，成为法军的总司令，但遭到前线百万法军的联合抵制——1917年，法国士兵们用拒绝打仗的方式来应对尼韦勒发布的任何进攻命令，后来演变成法国全军范围内的大规模哗变。要不是美国参战及时，协约国恐怕就会崩溃，险些被德国钻了空子，法国则更是颜面全无。最终，遭到全军倒戈的尼韦勒被迫灰溜溜地下了台，转由他的老对头贝当出马来收拾残局。

此是后话，暂且不表。但在1916年，尼韦勒的倒行逆施其实已经足以引起哗变了。幸运的是，恰在此时，协约国统一行动会议的威力开始显现了出来。为了减轻法国的压力，俄国在东线发起了春季攻势，新的英国远征军则与部分法军换防，让法军获得了宝贵的休整时间。除此之外，为了消除德军在凡尔登防线上对巴黎的威胁，协约国还策划了同样规模空前的索姆河战役，为凡尔登减压。但由于连德国威廉皇储的面子也抵押在了凡尔登这里，德国尽管四面楚歌，可凡尔登的炮火反而越加猛烈了。

6."绞肉机"

进入6月，战场环境日渐恶化。随着协约国一连串新战役的开始，德国面临着空前的危机。为此，德国总参谋部再次向凡尔登前线部队下达了严令：务必在6月15日之前攻占凡尔登。

都蒙要塞落入德军之后，支撑凡尔登防线的重任便落在了都蒙要塞身后的福格斯要塞上。为了完成上面的任务，德军故技重施，再次向这里展开了大规模炮击，整整26个小时的炮击，德军将前线所有的大炮都对准了福格斯要塞，密如飞蝗般的炮弹将法军的堑壕炸成了平地，阵地前残存的树木全被轰成了木片，唯一有生命存在的迹象，就是炮台里不间断的炮声。

随后，德军发起了一波又一波的冲锋，企图占领福格斯要塞、突破要塞固守的最后的这片丘陵。然而，法军的远程炮火和要塞守军的顽强抵抗，让德军死伤惨重。

福格斯要塞西侧的R1堑壕，是法军在都蒙要塞陷落后才开始认真修缮的新工事，与德军的当面阵地相隔仅40米，但就是这步行20秒就可走完的距离，德军竟然整整花费了6天时间。

6月2日清晨，一队德军趁着薄雾的掩护，悄悄摸进了战壕里，但很快就被法军哨兵发现，双方在战壕中展开了血腥的肉搏，最终德军无功而返。当天晚上，德军再次发起了攻击，结果遭到法军冰雹般的手榴弹攻势，结果此次攻势几乎刚一开始就被迫结束了。

由于地势高，驻守炮台的数百名法军不仅要应付德军的炮击和进攻，还要面对一个新的可怕敌人——干渴，为了争夺一两瓶饮水，法军往往要付出数条人命的代价。直到6月5日，连续奋战5天之久，福格斯要塞上高高飘扬的法国三色旗终于悄悄地降了下来，守军完成了坚守的任务，摧毁了大炮后悄然撤退。此时，整整一个营的守军只存活下区区几个人。

占领了福格斯要塞后，为了尽早结束战斗，德军冒着被协约国报复的风险，再次在前线使用了毒气，但效果甚微，直到6月24日，几乎仍没有取得重大突破。这时，就连一向乐观得没心没肺的德国报纸从6月底开始，也"认真反思"起凡尔登战役还有没有必要坚持下去："即使占领了这个炮台或那座要塞，究竟有没有一点价值呢？"言外之意，德国当局正为战役的失败给自己找台阶下。

但是，威廉皇储仍没有要停下来的意思。在他的授意下，6月底，德军56个炮兵连向法军阵地发射了11万发刚刚研制出来的光气弹。与早期依靠风力传送的毒气相比，光气弹通过大炮发射，落地后弹头携带的毒气会逐渐逸出，聚集成团，然后沿着低洼的地势向四周慢慢飘散。

这种新武器让法军防线后方的炮兵部队猝不及防，不到一天的时间，30%的炮兵和预备队就丧失了战斗力，但剩余的法军仍牢牢坚守在阵地上，而此时，连续作战4个月之久的德军伤累交加，再也无力发起新的攻势了。

德军想结束这场游戏了，可法军却不干了，因为账还没算呢。9月下旬起，法军集中了3个师和1个旅的兵力及500门大炮，对都蒙要塞的德国守军发起了持续两天的炮击。

其实，此时的都蒙要塞最恰当的称呼应该是都蒙废墟才对，因为5月份发生的一起意外事故，让这里瞬间变成了瓦砾堆。据说，一群饥渴难耐的巴伐利亚士兵企图加热一下好不容易搞到的咖啡，他们想撬开一个手榴弹的底火把炸药倒出来，结果发生了悲剧，整个要塞的600多守军全被炸上了天，只有几个面目焦黑的幸存者勉强爬出了废墟，却被外面不明就里的士兵当成是法国方面的非洲兵给射杀了……

但就算是废墟，法国也要抢回来。

在此次进攻中，法军尝试改进了"徐进弹幕进攻"。所谓徐进弹幕进攻，是第一次世界大战时由德国人发明、直到今天仍是世界各国步兵战法中必备的一种战术。

炮火不断根据步兵的冲锋幅面而前移，用爆炸产生的烟雾来掩护步兵的行动。可这次，法国徐进弹幕的背后却没有步兵。德国人根据徐进弹幕进攻的原理推测，炮火的背后肯定有步兵跟进，于是想当然地向弹幕后的中间地带开了火，这下法军可乐了——要的就是这个效果！

早就高高升起的法军气球迅速记录下德军隐蔽良好的火力点，将坐标一个一个通报给后方的炮兵，法军随即以猛烈的炮火对德军炮兵阵地进行打击。整整两天的时间，德军一向仰仗的炮兵几乎大半成了哑巴。失去炮火支援的德军可谓落魄的凤凰不如鸡，法军轻轻松松就从他们手中将沦陷了7个月的都蒙要塞夺了回来，一雪前耻。接着，法军又趁德军忙于索姆河防御之机，集中优势兵力对马斯河沿岸的德军防线进行了大扫除，毒气弹、燃烧弹、爆裂弹，弹弹开花，至年底时为止将德军凡尔登战役中仅存的一点点成果几乎全部抢了回来，战线又重新回到了10个月以前的态势。

至此，凡尔登战役终于以协约国的惨胜而告终。德国的总参谋长再次成了高层决策失误的替罪羊，浪费兵力的是威廉皇储，可遭到解职的却是总参谋长法兰肯海因。

这场前后耗时近一年的战役，在方圆几百平方千米的土地上，双方共发射了4000万发炮弹，耗弹量史无前例，各种新武器、新战法层出不穷，而双方兵力的消耗更为惊人，双方前后共投入120个师，约200万人，其中约100万人死伤。

尽管事后协约国和同盟国都公开宣称自己取得了凡尔登战役的胜利，但谁都知道，这是场疯子间比拼人肉与鲜血的愚蠢战役，法国仅仅是收复了阵地而已，德国仅仅是回到了出发线而已，血肉磨坊般的凡尔登地狱里，唯一欢笑的就是手持镰刀的死神。

7. 掩耳盗铃索姆河

乱世的标志之一，就是聪明人太多而傻子明显不够用。1916年的英国、法国、俄国、德国、奥匈帝国，显然不会理解这句话的深意。

就在"凡尔登绞肉机"轻快地飞转时，1916年夏，法国和德国双方又在巴黎西北的索姆河地区展开了新的会战，史称索姆河战役。与臭名昭著的凡尔登一样，索姆河战役同样是以血腥而闻名战史，唯一的区别就是，凡尔登的攻守双方在这里位置互换，而无论是攻方还是守方，都把自己当成是独一无二的战略天才。如此一来，不天下大乱才怪！

1915年以前，一直以为战争很快会结束的英国一直实行志愿兵制。但随着战争的不断发展，

索姆河战地一瞥

英国人终于意识到，这种添油战术耗不起了，不列颠的子民们已有40万人横尸世界各地的疆场，各处战线都哭着喊着要添人，各处加起来每天的人力缺口高达5000人之多，而战局演变至今，还能愚蠢到志愿来参军的人正越来越少。

怎么办？想尽快结束战争的唯一办法，就是让更多的人走上战场，用"人肉的天平"来压倒德国。

1916年1月，英国陆军大臣基钦纳力排众议，让议会通过了征兵法案，英国各地民众无论乐不乐意，轮到了就必须去当兵，否则就得处以严刑——被武装押送到最危险的地方去当兵。除了对英国"离心离德"的爱尔兰人外，全英国所有19~41岁的男子都有了服兵役的义务，几乎一夜之间，英国变成了一个大兵营。

为了给如火如荼的凡尔登战役消消火，英法两军决定在巴黎西北的索姆河地带展开一次大规模进攻，以缓解凡尔登前线法军的压力。双方约定，英国出动2个集团军共25个步兵师，法国出动1个集团军共14个师，一共约60万人，在索姆河德军阵地中央宽约40千米的地段进行突破。

说起索姆河对面的德军，读者朋友们非常熟悉了——这支部队就是第六章里负责实施"拂袖海峡计划"、最后却不得不黯然收兵的比洛指挥的德国第二集团军。从那次与巴黎擦肩而过后，他们就在索姆河一带扎下了营，利用大把的闲暇时间，把自己的阵地搞成了一个大迷宫。

第一线阵地宽达1000米，包括3条堑壕、无数的火力点和混凝土隐蔽部，后面隔着几千米就是第二线阵地，有两条堑壕，再后面的则是第三线阵地。3条阵地纵深达7~8千米，依山傍水、环环相扣，且居高临下，对面法军的一举一动都

看得一清二楚。

不仅如此，德军还挖掘了大量地下坑道，隐蔽良好的出口大多开在工事外围、阵地侧面，以便敌人进攻时能快速迂回到侧面实行交叉火力覆盖。

为了能在未来的战役中利用突然性一举全歼当面的死敌，在5个多月的战役准备时间里，索姆河对岸的法军也使出了吃奶的力气。由于德军占领了沿河最好的地段，相比之下，法军阵地的"风水"就差多了，不仅地势低平、先天不足，而且还存在补给不畅、严重缺水等问题。

为此，英法军队专门组织人力修筑了700多千米的铁路，用于战时运输补给，同时还开挖了2000口水井，以免开战后嗓子冒烟。除了这些，还修建了数不清的仓库、掩体、永备工事等。除了硬件条件外，英法军队还从凡尔登战役中德国突击队的身上找到了灵感，也对自己的士兵进行了类似训练。

可无论是法国的霞飞还是英国的黑格，他们显然忽略了一件事——放着那么多防线不去加固，偏偏在这一地方又搞基建又搞装修的，那么大动静，对面的德国人怎么能不知道？怎么能没想法呢？但协约国满心以为德国人是傻子、瞎子加聋子，对自己未来的攻势肯定会一无所知。

不幸的是，德国人不但知道，德军第二集团军司令比洛连协约国发起进攻的日期、甚至主要攻击地段都猜出来了，他连忙向总参谋长法尔肯海因求助。此时，总参谋长阁下正被凡尔登的战事和难缠的皇储不断提出的各种要求烦得头都大了，一听比洛说英法军队要进攻他那里，气得鼻子都歪了。

英法军队明明连凡尔登都快守不住了，怎么可能还有精力跑索姆河去找你的晦气？

一年前，要不是比洛在关键一刻放弃了即将到手的胜利，克鲁克早打下巴黎了，我们现在也早回国享清福去了，现在比洛又玩这套？

索姆河一线既非我军要害，也非协约国要害，这里都安静了快一年了，怎么英国人和法国人早不打晚不打偏偏挑凡尔登最要命的时候打？这不是圈套是什么？

就算协约国想打你，但凭借英国远征军那点儿人，可能像你说的那样由英国人执行主要攻击任务吗？

综上所述，敌人一旦敢从这里进攻，就等于是给你胸前送铁十字勋章呢，所以你就放宽120个心，继续回你那座宫殿般的工事里闭目养神去吧，保你没事。

总之，英国人和法国人吵吵闹闹中策划的那场战役终于要开场了，他们在40千米的战线上集结了绝对优势的兵力，步兵是对面德军的3.6倍，炮兵是对面德军的1.7倍，航空兵是对面德军的2倍。

1916年6月24日，协约国的炮火打破了索姆河两岸延续了近一年的宁静，成片飞来的炮火让德军阵地淹没在硝烟火海之中，而漫天像蛾子一样飞舞的协约国战机则一边指挥着英法炮兵将致命的炮火向德军防御阵地的纵深延伸，一边丢着鬼知道能炸中什么的炸弹。

为了阻止德军重建工作，英法仗着新修好的铁路，源源不断地将各类炮弹运至前线，这场持续不断的炮击整整延续了6天之久，发射的炮弹更达到了空前的程度——整整150万发，相当于英国一年的炮弹生产总量，全部倾泻在对面大小不过150平方千米的德军阵地上。

这边打炮打的热热闹闹，那边的情况如何？德军的表面阵地上早就没人影了——一听炮响，德军全都钻进了舒舒服服的地下掩体里，里面有混凝土地面，不怕反潮，有舒服的床位，不怕老鼠啃脚，还有电灯照明，吃喝玩乐更是应有尽有，外面还进行着嘉年华会才有的盛大烟火表演，而且整整一个星期呢！

这边法国人英国人也高兴，通过望远镜，他们看到德国的地面工事一片狼藉，铁丝网、雷区统统报销，有的山头整个被削平。6月30日晚，他们集中火力进行了最后的狂轰滥炸，煞是壮观。

翌日，经过一周的炮击，以英军为主的协约国攻坚部队在军号声中齐齐跃出战壕，冲向对面高岗上被炸得七零八落的德军阵地。

英军士兵大多是1916年征兵制实施后第一批入伍的新兵，与过去志愿兵不同，在基钦纳为他们设置的特大兵营里，他们的学习重点并不是枪法和队列，也不是战术和掩护，而是如何使用工具挖掘战壕、利用战壕以及如何在战壕中生活。可一到战场，他们的黑格司令偏偏给了一道训练营里并没有系统教授过的任务：进攻。

为了将来在新的战壕里过得舒服点，出发前，大家差点把家当全背身上——每人200发子弹、步枪、刺刀、两颗炸弹、换洗衣服、1~2天的口粮和饮用水，这只是标配；为了给漂洋过海运过来的辎重骡马减负，英国军官还让大家把重建堑壕所需的所有工具全都带上，铲子、铁锹、木板、钉子、成卷的电话线、观瞄镜、重机枪支架、备用子弹等，这还只是附件；除了标配和附件，大家人人还有

"外挂"——家信、书箱、日记本、乐器、文体用品,甚至军官们的私人物品、奢侈品等,差不多每人身上都背着百八十斤的东西,一个个哪像打冲锋的士兵,分明成了春运前扛着大包小包赶火车的农民工。

除了翻越障碍、弹坑外,负重累累的英军士兵还要攀爬上德军阵地前的高岗,带着这么多东西,前进的速度可想而知。可大家心里都特别淡定,指挥官早就给大家吃了定心丸,连续一周的炮击,德军早就不复存在了,大家的任务就是登上高地,搜索零星的残敌,然后在阵地上插上我们神圣的米字旗。连黑格此时都一脸轻松地坐在指挥部里写上了日记:"所有的报告都是令人满意的,我们的部队正越过敌人的堑壕。"

就在先头部队刚刚登上高岗、黑格将军的心情日记刚画上句号的一刹那,德国暗堡里的机枪响了,接着,四面八方的枪弹炮弹构成了一张密集的火力网,将负重前行的英军士兵打得七零八落。

不对啊!明明军官们说敌人都被炸上天了,工事都被摧毁了,怎么可能还有如此巨大的反击力量?

面对德军强大的火力,英军被打懵了,此时要撤退还来得及,要就地防守,身上背的行李正好可以构起一道简易的防线,但黑格将军的命令却是继续进攻,直到拿下对面的阵地。

说起来容易,做起来难,背着沉重行李的英军走路都打晃,一个个缓慢移动的小点,正好成了居高临下的德军练习枪法的好靶子。

第一天只有三分之一的部队占领了预定阵地,但英军为此付出了6万人的损失,仅这个数字就相当于第一次世界大战之前几百年间英国任何一场大规模战役的伤亡数量,但却是黑格将军在日记中轻描淡写的"并不严重"而已。

东萨里团的第8营是少数成功占领预定阵地的部队,全营约800名官兵中,有147人阵亡,279人受伤。但比起其他部队来,他们算是最幸运的了。第一巴恩斯特伙伴营,720名参加进攻的官兵,几小时后就剩下了250人。第2营在旅长允许他们撤退前,损失了300人。更惨的如有730人的阿克利顿伙伴营,仅投入进攻不到半小时就损失了600人。

对于这个刻骨铭心的一天,一位旅长是这样描述的:"高爆炸弹、榴霰弹、机枪和步枪的火力是如此猛烈,我们的人几乎无法冲到德国人的前沿堑壕。"

第二天,情况更糟。头天的进攻中法国人捡了个漏——对面的德军实力不强，所以攻势搞得顺风顺水。看着法军将领一脸得意的神色，这下黑格的脸上更挂不住了，于是下令缩短了攻击范围，将大批英军塞进了这个小扇面里——就是铜墙铁壁也要将其融化掉！结果是铜墙铁壁面前，英军又撞了个头破血流，伤亡与头一天比不相上下。法军继续着自己的好运，趁着德军都被抽调去拿英军练习打靶的机会，一队法军竟然占领了德军防线上的战略要地巴尔勒。

巴尔勒的地位和作用与凡尔登防线上的都蒙要塞相仿，都是防线重要的支撑点，居高临下，进可攻，退和守，一旦占领了这里，再拉上几门重炮，周围几道堑壕里的德军好日子就到头了，如果再添置些部队向纵深挺进，失去地势之优的德军防线就面临着崩溃的危险。

可是法国人停住了，既没有派兵加固这个据点，也没有以巴尔勒为着力点向四周切割德军防线，而是按照福熙将军的教条，老老实实规规矩矩地守在巴尔勒里，静等着德军重新构建了工事，把缺口彻底堵上。

两天后，法军准备好了，德军也准备好了，法军进攻，德军防御，这下轮到黑格笑了——法军的好运也到头了！可黑格也没笑多久，7月9日当黑格重新发起的攻势再次遭到德军的有力抵抗……

整整两个月时间，协约国进展不过3000~8000米，付出了30万人伤亡的代价，每一寸土地都浸透了士兵的鲜血。

德国方面的日子也不好过，两个月里，仅索姆河防线就伤亡了20万人，加上凡尔登、东线、东南线的伤亡，德军在步履维艰的1916年的头7个月里，尽管仍牢牢掌握着各处战场的主动权，但伤亡数字已达100万人以上。可"边庭流血成海水，武皇开边意未已"——法尔肯海因仍是严令部队坚守阵地，不许放弃一寸土地。

恰在此时，又一个意外发生了，一直在协约国和同盟国之间摇摆不定的罗马尼亚，终于在这场拼消耗的战争中发现了窍门——既然双方都是拼消耗，那肯定是人口多的那方最后稳赢啊！于是，1916年8月27日，罗马尼亚果断地把赌注毫无悬念地押在了协约国一方，向德国和奥匈帝国宣战。

继小毛奇的拂袖海峡计划时代破产之后，法尔肯海因的消耗战时代就此宣告破产，随之而来的是创造了德国东线神话的兴登堡和鲁登道夫时代。不过，仗打成这个烂样，就算天王老子亲自下凡给威廉二世当高参也没戏，更何况兴登堡和鲁登道夫并不清楚，此时的英国手中正握着一种足可颠覆前线战况的划时代利器。

8. 魔兽出笼

第一次世界大战令人发指的堑壕战与消耗战，将人力逼到了绝路，再精壮的汉子，在机枪大炮铁丝网构成的防御线面前，都脆弱无比。如何打破这种僵局？英国海军大臣丘吉尔阁下想出了自己的妙招。

尽管在索姆河一线协约国一方占据了主动权，但远征军司令黑格大人的日子并不好过，前线的士兵恨他恨得牙根发痒，国内的民众骂他是杀死自己父兄的刽子手，政客们则攻击他无视士兵的生命，甚至帝国新首相劳合·乔治都不打算再给黑格提供相应的支持了。

在多个场合，首相大人都直言不讳地说："如果把在索姆河所用的炮火和弹药用在东线另一条河上，就可能已经替俄国赢得一次伟大的胜利了，这起码能使其革命不至于在战争结束前爆发。"对于黑格在法国的地位和作用，首相更是不放过任何场合地来讽刺他："在阵地战中做一名将军，真是一种无聊的职业，每一位营长所面临的任务都远比其总司令要艰巨。"

话虽如此说，但劳合·乔治同样也想不出其他的办法来终结西线的噩梦。愁肠百结的黑格百无聊赖之际，无意中得到了一个线索：前海军大臣丘吉尔任内一直在搞一种奇怪的武器，一种类似于陆地巡洋舰的新武器，并已初步试验成功了。久病乱投医，对机械一窍不通的黑格管不了这么许多，紧急下令军需部门，将这批名为"水柜"的大个家伙从海军工厂里调到了法国。

1916年9月15日，英军又向索姆河沿线的德军发起了第N次进攻。

这种你来我打、你死我停的无聊游戏，往近了说已经进行了4个多月，往远了说得两年多了，就算再好狠斗勇的德国士兵也都身心俱疲了。他们例行公事地进入战位、拉开枪栓，瞄准远处透过薄雾和硝烟即将出现的协约国活靶子，可令人吃惊的是，闯进他们视野的并不是灰色的人影，而是一坨坨快速移动的不明物体。

马克沁机枪开始"演唱"了，可子弹敲在这些怪东西上，只是徒劳地冒出一连串火花，怪物仍以接近人类快速步行的速度向德军防线冲来。精心构建的堑壕、陡峭的弹坑，它一个耸身就能轻易越过，蜿蜒曲折的铁丝网带在它巨大的脚板下瞬间就被冲成了小碎段，来不及撤退的大炮则被它巨大的履带碾成铁片，不仅如此，这些可怕的怪物还不断地向外喷吐着火舌，将目瞪口呆的德军士兵成片地撂倒……

这群怪物的出现，彻底粉碎了德军的心理防线，惊恐万状的德军士兵就像以前他们所嘲笑的英国人和法国人一样，东躲西藏，很多人甚至吓得双腿酸软，未开一枪，只是远远地看到怪物们向自己开来，就高高举起双手等待着束手就擒。

这就是世界上第一次坦克参与的实战，也是奥斯曼土耳其加盟同盟国阵营的幕后"推动者"、加里波利海滩英、法、澳、新等地寡妇制造运动奠基人、前海军大臣温斯顿·丘吉尔大人在第一次世界大战时期唯一干对了的一件事。

为什么在陆地使用的武器，偏偏要由海军大臣偷偷地打造呢？

原来，第一次世界大战之初，挂衔英军上校的随军记者斯文顿在前线采访时，对枪林弹雨下前线士兵的惨状非常同情，回去后就提出了装甲汽车履带化的设想，利用当时已经开始出现的拖拉机对付德国机枪。

当时，装甲汽车已经出现，广泛用于战场侦察与人员输送等领域，但靠轮胎行进的这种武器并不靠谱，一来通过性能太差了，基本只能依靠保养良好的公路行进，稍微有点沟沟坎坎就过不去，极不适用于弹坑、堑壕密布的战场环境，此外稍微有点雨雪，娇嫩的装甲汽车就容易动弹不得。

斯文顿建议，在美国生产的履带式拖拉机上安装武器和装甲，事实已证明，履带式车辆的通过性能比使用轮胎的汽车起码好5倍，不仅能穿越崎岖不平的丘陵，而且还能驶过泥泞不堪、汽车开进去就出不来的半沼泽地带。履带式车辆的这些特点，对于西线和东线久拖不决的战事来说，简直太管用了。

可是，这个来自基层的天才设想，在陆军大臣基钦纳看来，简直不值一提。因为战争爆发前的1912年就有一个澳大利亚工程师提出过类似的设想，连图纸都画出来了，结果成了陆军部高官们取笑的焦点。因此，基钦纳想都没想就把斯文顿的报告扔进了废纸篓里。

碰了一鼻子灰的斯文顿毫不气馁，继续到处兜售他的"武装拖拉机"计划。

一来二去，竟转到了丘吉尔手里。

身为海军大臣的丘吉尔虽然对海军从来都是一知半解，但对任何与海军无关的事都有着出奇的热情。

如今，他放着德国潜艇的威胁不去管，反而将心思用在了这个陆军才用得上的怪家伙上，立刻将这个方案又转给了基钦纳。基钦纳本就与丘吉尔面和心不和，接到方案后，二话不说，扔到一边，不予理会。

丘吉尔一赌气，责成手下的"登陆战车委员会"对该方案进行认证，并很快投入了生产。

1915年9月29日，这种名为"国王登陆战车"的划时代武器，终于在政府高层的一次会议上公开亮相了。车长仅10米，车宽4.25米，车高2.4米，全重28吨，武器为车体两侧安装的两门6磅炮，成员4人：车长负责开炮和下指令，驾驶员负责开车，另外两人全都负责换挡，由于开动起来噪音太大，车长只能通过用扳手敲击出一种类似于摩斯电码的指令来指挥作战。该车时速6千米，仅相当于普通人平地步行的速度，最大行驶距离40千米。

别看这家伙看似蠢笨不堪，但对战场环境却有着惊人的适应性。前装甲厚度达到10毫米，寻常的机枪根本奈何不了它，还可以爬上斜度为25度的斜坡，能越过3.3米宽的战壕，就算高达1.4米的厚墙也能一跃而过。更巧妙的是，该车采用过顶式履带，两条宽达近1米的钢制履带让它在泥泞的沼泽中也能行动自如。

在后期的定型生产中，这种坦克又根据功能细分成了两种：一种是装备7.7毫米机枪的雌性坦克，专门用于对付敌人步兵的人海战术；另一种是装备6磅火炮和机枪的雄性坦克，除了对付步兵，还能抵近射击、攻击坚固堡垒。

其实，丘吉尔这次真是赌对了，因为德国和法国都在进行这类似的设计，法国代号为"CA1"的实验样车采用与英国类似的履带式设计，两者几乎同步，只是尺寸更小，更为轻便。德国的类似设计本来完全能灭掉英国的"水柜"，但却在1914年被无故取消掉了。

"国王登陆战车"尽管在索姆河前线的第一次露脸并取得了不错的战绩，但暴露出的问题几乎与成绩一样多。英国一共生产了49辆这种坦克，但在开往集结地的途中，有17辆因为各种问题中途抛锚，只有32辆到达了前线阵地。开战后，5辆坦克陷入了沼泽中无法动弹，9辆因为零件损坏也退出了战斗，真正冲击到德军战线里的只有18辆。但就是这18辆坦克，一天之内取得的战果比英法几十万大军几个月的收获都要大——在10千米的战线正面上，英军靠着坦克的突击，付出了少量伤亡后，在5个小时内就前进了5000米。索姆河战役前一阶段，同样的推进距离，英法步兵们要用两个月的时间、30万人死伤的代价才能得到。

坦克一鸣惊人！黑格终于不是"废物点心"的代名词了。顶着花花公子名头在法国战场上碌碌无为了两年的黑格，这下终于扬眉吐气了。他得意洋洋地给伦敦发报请功："这不仅是一次战役和战斗的胜利，而是从根本上打破了敌人的堑壕战！"消息传来，英国朝野也是一片欢腾，丘吉尔得知消息后也是乐不可支地说："这只是胜利的开始！"

但是，英国人高兴得太早了。让仍在改进中的坦克过早地投入了实战，不仅战果大打了折扣，而且还过早暴露了己方最有战略价值的先进武器，更重要的是，德军的防线并没有被突破，反而根据坦克的出现而得到了加强。接下来的战斗，黑格连哭的力气都没有了。

9月25日，黑格又故技重施，13辆坦克带领大队步兵向德军发起冲锋，发现德军的反坦克战术已相当完备，各种口径的炮火纷纷集中到了坦克身上，聪明的德国步兵甚至发现了坦克的观瞄死角，学会了绕到后面用集束手榴弹来消灭坦克。激战过后，英军只占领了德军的部分前沿阵地，13辆坦克中却有9辆或毁或坏，步兵也死伤惨重，而德军防线仍大体完好。

到了11月，眼看着自己发起的这次战役要失败，黑格又把仅存的3辆坦克全投入到了战场上。坦克给黑格所带来的一丝转机，转瞬间就化为了泡影。

几个月的战斗，已经让42万英军和20万法军或死或残，又值天寒地冻，堑壕内外，滴水成冰，士兵士气低落。连冷酷如黑格者，也不得不承认，战役不算失败，却早已与胜利无缘，索姆河战役黯然收场。

对德军而言，此战伤亡高达62万人，唯一的收获就是英国的坦克加上德国式的思维，让他们茅塞顿开，以德国方式设计的"A7V"坦克很快就设计出了样车。不过，与英国的大而化之、法国的小巧玲珑不同，德国的坦克充分体现了德国人一板一眼的作风——虽然重量和武器配备与英国坦克基本一样，但德国坦克成员居然多达18人，武器包括1门炮和6挺机枪。这还不过瘾，他们还打算制造能一口气把英国坦克全吞掉的重达150吨的超级"陆地巡洋舰"——K型坦克，成员达到了22人，武器为4门火炮、7挺机枪——活脱脱一个会移动的钢铁堡垒。

好在德国人里也有大脑尚且保持的，很快有人指出，现有工艺造出的发动机无法带动如此庞大的车体，况且战场的路面不如试验场的平滑。德国的诸位"高人"这才悻悻作罢。

但无论如何，由于坦克的出现，索姆河战役成了以步兵突击为主要方式的旧式战争的最后第一次世界大战，从此之后，经过改进的坦克和坦克战将作为决胜的主力登上历史舞台。钢铁的碰撞，将在未来的100年中无数次上演，人类进入了一个钢铁和机器的时代。

附录：贝当列传

亨利·菲利浦·贝当（1856—1951年），生于加来稼穑之家，幼年丧母，家贫甚，及长，投圣西尔军校习步兵科，毕业后戍行各地。为人性朴口讷，外直内刚，不附权贵，治军颇有孙武之风，曾监禁投军镀金之议员，尝哂笑霞飞尚攻之谬误，故不惑之年官仅营长，齿近花甲，犹上校尔。

未几，第一次世界大战军兴，昔日阿权附势之官佐兵多不堪，战辄不利。唯贝当所部平素勒以细柳之规，御下多有吮疽之恩，故行止有序，颇有斩获，遂临危受命，麾师与德国虎狼之军三战马恩河畔，法军旌鼓未挠，德军雷池难越。

贝当体恤士卒，每战必先临敌筹划，待炮火准备充足然后方促兵前驱，凡战多斩获，故得下死力，众军争先，德军颇为之忌。数月间连晋四级，由团至师、至军乃至集团军帅，然风骨未减。

1916年，凡尔登势危，德军势如破竹，法军难掩其锋，更兼法将孟京、尼韦勒之流阿臾媚上，好浪战，轻死伤，法军多横死，余众意怏怏。贝当继任，抚士卒、修公路、充府库、缮甲兵、重防御，更出轮战之策以休士卒，未一月，士气复振。德军百出，死者累万，然终不得尺寸之进，熏天寇焰至此方穷，贝当之名如日中天。

时国运维艰，军务待振，贝当治军兴利除弊，常违上意，主帅霞飞屡恶之，以他故除其凡尔登司令之职，明升暗降，以爱将尼韦勒、孟京继之。两将尽弃贝当前筹，法军复窘。

1917年，尼韦勒于西线发兵百万孤注一掷，再行浪战之举，为德国名将兴登堡、鲁登道夫所趁，一日一夜，法军伤亡12万，士卒多逃散，余者群情汹汹，兵多拒战，将佐无为，前线为之一空，战局为之堪危，尼氏屠夫之名，由是举国所指。贝当再度受命扶危，以"多钢铁，少流血"之名安定军心，重振军旅，然后兵锋所向，力挽狂澜。

战后，贝当战神之名既彰，武学之巅才堪，创法兰西空中劲旅，建马其诺铁壁坚墙，一时间，寰宇军事家无出其右者。然战神之名既盛，盛名之累既附。

1940年，二战烽烟再举，德兵复临，重行拂袖之计，法国困，英军逃，法将甘末林、魏刚难挽颓势，英酋张伯伦、丘吉尔才堪自保。未旬月，烽逼陵寝，三军皆解甲，空国无男儿。贝当以老迈残身代行总统之职，与德签订城下之盟，法国一裂为三，德占其二，贝当领其一，史称维希法国。从此俯首德酋，年纳岁币，唯图兴亡继续，全裔脉一二尔。

当是时，强德凌虐，英美窥伺，意日扰攘，爱将出奔，贝当勉力维持，左支右绌，形如傀儡，迹近冯道，唯幸三色旗犹有可飘之地也。

1944年，昔日爱将戴高乐自领自由法国总统之职，领军数万，仰赖美英之悍威，强登诺曼底之险滩，旋即光复巴黎，重扶九鼎，功盖高卢，威逼莱茵，乃系贝当于狱，以叛国之名付有司论罪。

庭上，贝当口无一言，唯垂首听讼。旁听者既恨其与德国合作之耻，又叹其兴亡存续之恩，更念其曾有活众之德，兼怜其九旬缧绁之苦，律师更以民意上求，请之活。庭长惊而叹曰："汝辈爱贝当若此，满座皆德人乎？"俄顷，断下，判令贝当死刑，复由总统戴高乐予以赦免，以报其当年义送戴高乐出奔之举。

法军瓦解之际，贝当门下将军戴高乐借礼送英军代表出境之机，蹭机而去，于伦敦效楚臣秦廷之哭，树自由法国之旗，招贤纳士，图谋恢复，与维希不两立。维希文武皆欲置其死，唯贝当阴护之，尝有行刺戴氏之计划，贝当批曰"不当行"，事遂寝。戴高乐以故德之。

1951年，贝当殁于大西洋耶岛监狱，享年九十六。

叹曰，贝当者，崛起于行伍，扶危于乱世，恤士卒，理下情，瞻先机，败骄寇，功盖一世之雄也。然既享高寿，盛名兼具，更宜慎懿行，尤当重晚节，惜花甲之年犹效儿皇丑态，举国之尊尽衬强敌得色，贝当之苦之怜之痛之哀，谁足道哉？

天下事，最难者莫过于"不得已"三字也，值戎马压境之际，为忍气吞声之言，旁观者尤为心酸，况贝当身历其境者。其不知千夫所指乎？其不知晚节尤慎乎？其不知虎狼丛中立身之难乎？其不知委命强敌、鱼肉故国，虽三岁小儿亦不耻为乎？当是时也，四境皆敌，百姓惶苦，文武逃散，大军解甲，若无此老夫勉力维持，强颜陪笑，抚生吊死，存续遗民，恐法国遭罹二战创更甚矣，而贝当所为所苦，盖因"不得已"三字尔。维希虽贱，生民犹存所栖，强寇尚有所忌，至于事敌资仇之罪、委民狼口之恶，德酋当道，虎狼其心，百万大军尚不可敌，况一老夫、几胥吏可以力挽乎？

法人无良，不念其兴亡存续之功，独较其情非得已之行，不恤其勉力周旋之苦，只喋喋其与虎狼同行之为。法人无德，不恤贝当之苦，青史有幸，独存此不平之篇。

第九章大事记

1. 1914年年底，德军为将英国远征军赶入大海，发动了第一次伊普尔战役，但双方付出25万人的伤亡后，谁也奈何不了对方，此战唯一的成果就是双方的堑壕从英吉利海峡一直延伸到瑞士边境地区，第一次世界大战彻底进入僵局。

2. 1915年4月，为了在伊普尔突出部消灭英军有生力量，德国人又发动了第二次伊普尔战役，并首次使用了毒气，协约国方面因毒气死伤1.5万人，前线阵地尽失，但德国仍未达到战略目的，双方伤亡共达10余万人。

3. 1915年5月，德奥战前的盟友意大利徘徊观望了一年后，终于在英国的重利诱惑下，选择背弃前盟友、转投协约国阵营，向奥匈帝国南线发动攻势。自此时起至1917年，双方在伊松佐河流域爆发了12次大规模战役，奥匈军队连获大捷，意大利声名扫地。

4. 1915年9月，长期受德奥蛊惑的保加利亚加入了同盟国一方，对协约国宣战，一心想报两次巴尔干战争中自己受半岛盟友塞尔维亚、罗马尼亚等国的欺凌之仇。由于保加利亚的加入，巴尔干半岛形势风云突变，坚持抗战一年多且凯歌长奏的塞尔维亚被德、奥、保、土四国联军占领。

5. 1915年12月6日至9日，协约国在法国召开会议，商讨协同作战事宜。

6. 1916年1月，英国陆军大臣基钦纳经过不懈努力，终于说服议院通过了征兵法，提升了英国的总体战力。

7. 为了打乱协约国即将出台的协同作战计划，德军总参谋部策划实施了凡尔登战役，抽调了10个师27万兵力及各种新武器用于加强凡尔登一线德军力量。

8. 1916年2月21日，凡尔登战役正式开始，德军向当面的法军阵地发动了开战以来规模最大的炮击，随后德军展开攻势，轻易攻占了凡尔登防线中具有举足轻重地位的都蒙要塞，但此后未有大的进展，法军名将贝当指挥有度，使法军很快站稳了脚跟，转入反攻。尽管贝当于当年5月因得罪霞飞而被迫调离凡尔登前线，但他为此战的胜利打下了良好的基础。10个月的时间里，双方在此共投入兵力多达200万人，展开拉锯战，至1916年12月，法军收复了包括都蒙在内的大部分阵地，凡尔登战役以法军惨胜而告终。

9. 凡尔登战役打响后，为了减轻法军的压力，英国远征军于1916年6月24日至11月中旬，在离凡尔登不远的索姆河一带，英法联军3个集团军39个师60多万人，向对面的德国第二集团军发起攻击。但效率颇低的炮火并未摧毁德军的坚固工事，随后发起冲锋的英军遭到德军有计划有组织的射杀，突袭变成了一边倒的大屠杀，双方共伤亡130万人，其中战死者多达30万人，英军更创下了一天之内战死6万人的纪录。

10. 1916年8月27日，在协约国的厚利诱惑下，巴尔干半岛的罗马尼亚也加入了协约国组织，向德奥宣战，一定程度上缓解了保加利亚参战后协约国在巴尔干半岛的被动局面。至此，整个巴尔干半岛所有国家均卷入了第一次世界大战，长期的历史积怨、民族仇恨以及土耳其统治时期留下的血腥复仇的可怕因子，让这里的战争格外的血腥、残忍。罗马尼亚参战的另一个影响是德皇以战略判断失误为由，撤销了第二任总参谋长法尔肯海因的职务。

11. 1916年9月15日，英军在索姆河防线第一次使用坦克，取得良好效果，不过坦克过早的投入使用也造成了打草惊蛇的影响，使德国及时改变战争策略，并在相关领域迎头赶上，坦克的惊人功效只是昙花一现。

第十章　怒海征帆集

　　第一次世界大战最大的战场并不是血流漂杵的凡尔登或索姆河，而是巨浪滔天、能搁下几个欧洲的大西洋。大西洋位于欧洲、南北美洲和非洲之间形如S型，最宽处6800千米，最窄处也有2800千米，总面积约1亿平方千米。在这里进行的战争不仅一直左右着第一次世界大战的整个战局，直接导致了美国的出兵，甚至还为20年后二战在欧洲的爆发埋下了伏笔。正是在这片海域里，上演了第一次世界大战时期最为诡谲的战争。

1. 帝国软肋

到了20世纪初，大西洋的海运货物运载量占世界海运货物运载总量的70%，遍布大西洋的海上运输线路，对于当时的世界经济、政治、军事格局来说，都是意义非凡的生命航线。对海洋的依赖性，英国体现得最为直接。因此，第一次世界大战开战之后，如何利用英国的这一特点，掐断英国的脖子，让其乖乖在停战协定上签字，就成了德国继"拂袖海峡计划"之后的另一如意算盘。

德皇威廉二世之所以把全部的家当都赌到这场战争里，是有他深谋远虑的考虑的——当然，所谓的"深谋远虑"，是他那个近亲结婚诞生出来的奇葩大脑自我设定的。

英国本土只是大西洋上的几个小岛，本身资源十分有限。英国本土所需75%的石油、95%的铜、99%的铅、88%的铁矿石、90%的谷类、85%的肉类、93%的食油全要靠海路运输进来，每年海运货物总量多达6800万吨。为此，英国拥有一支规模世界第一的商船队伍，总排水量超过2100万吨，占当时世界商船总吨位数的30%以上，海上交通线的总长度达15万千米，它们既是大英帝国强大国力的动脉，同时也是大英帝国最为敏感的神经。只要德国掐住这个命脉，英国就得乖乖就范。

但说起来容易做起来难。作为老牌的海洋大国，通过几个世纪的扩张，英国已成为当时最为强大的海洋帝国，正是靠着这些从各大殖民地奔波往返的商船队，英国才得以维持着帝国中心地带的稳定与安全，而为了保护这些商船和航线，英国不惜血本维持着一支最为强大的海军力量。

战前，英国的主力舰队规模是排名第二位的德国和排名第三位的美国总吨位的一倍以上，英国遍布全球的殖民地，让其成为第一个具有全球军事打击能力的国家，此外，英国还有一套深不可测的外交秘术，令任何强敌都不能小觑。

有意思的是，直到第一次世界大战开始，陆地战场各条战线打得如火如荼了，海洋上还是一片寂静，因为双方都怕——德国怕的是，英国舰队实力是德国的两倍，水兵素质更不是德国陆地长大的水手能比的，一旦开战，德国输了的话，英国就能海陆同进了；而英国怕的是，因为英国的陆军少得可怜，唯一能拱卫英伦的就是这支舰队了，万一舰队有失，英国就只能屈膝投降。因此，尽管双方都是坚船利炮，但一直保持着神秘的默契，很少有狭路相逢大打出手的时候。

但掌握海权之力的英国还是比德国有话语权，其巡逻编队不时地在世界各地围捕德国商船、扣押德国侨民，甚至还切断了德国通往美洲的海底电缆。同时，由于德国在大洋上的偃旗息鼓，世界各地的运输船几乎都被英国承包了，运兵、运粮、运援助物资，在各条战线附近的海面上穿梭往来。甚至国际外交风向也受到英国制海权的影响，美国人和英国人交头接耳的次数更多了，阿根廷这些比较亲德的国家，现在也开始和英国人套近乎了。

不行，德国海军必须要做点什么，才能遏制住这股"歪风"。但德国海军武器库里，除了象征意义远大于实际用途的袭击舰外，拿得出手的家伙，就剩下了皇帝不喜欢的潜艇了。

也难怪威廉二世那样一个热爱海军的发烧友不喜欢潜艇，威廉二世对海军的喜爱，都集中在了10多艘战列舰上，爱到什么程度？每一艘战列舰上，都有一间经过精装修的威廉二世的小行宫，便于他登舰时使用，大部分这类房间从没有启用过，但没事，留着这房间就意味着德皇的恩典与此舰同在。

相对于排水量数万吨、威猛有加的无畏级战列舰，当时的潜艇实在是太寒酸了。排水量不过几百吨的小艇，还要空出老大的空间来装空气、装油料、装补给、装鱼雷，而且成员不过几十人，武器更是简陋得没法说，除了艇艏的一门小炮，就剩下装填费力、造价高昂的鱼雷了。而当时的潜艇由于技术限制，更多的时候都要在水面航行，与鱼雷相比，甲板上的火炮是他们更常用的海上武器，不夸张地讲，当时的潜艇更像是能潜水的袭击舰。凭这点火力，潜艇要想在大洋上与动辄排水量上万吨的巨舰较量，在当时的人看来，无异于痴人说梦。不过，第一次世界大战刚一开始，初生牛犊的潜艇部队就让英国人吃尽了苦头。

2. 鲸虾之战

第一次世界大战的海上战场，最吸引眼球的就是英德双方虎视眈眈的各型巨舰，而及至开战，巨舰编队反都被纷纷雪藏了起来，真正大显身手的，竟然是毫不起眼的小小潜艇。

1914年9月5日，德国的U-21艇首开纪录，把英国轻巡洋舰"探险者"号送进了海底，不到半个月，一个更可怕的梦魇袭向了大英帝国海军。

9月20日，3艘1.2万吨级的英国巡洋舰"阿布基尔"号、"霍根"号、"克勒西"号相互以两海里的间隔正在洋面巡逻，这时，一艘掉队的德国潜艇U-9艇恰好途经此地，刚升起潜望镜就发现了3艘战舰，可双方距离几百米，英国人竟然没有发现它。

在这场对决中，双方舰艇数量比是3∶1，吨位比是1000∶1，人数比是50∶1，3艘英舰只要打一个齐射，就能把潜艇附近完全覆盖掉。可该艇艇长韦迪根只是气定神闲地下令调整潜艇方位，从容进入最佳射击角度，首先向离潜艇最近的"阿布基尔"号施放了鱼雷。

一声巨响，"阿布基尔"号轮机舱炸开了个大口子，汩汩而入的海水蒸腾出大片的浓烟，"阿布基尔"号转眼间就要沉入海底了。旁边的"霍根"号见状，还以为"阿布基尔"号是触了水雷，所以没有采取任何反潜措施就匆匆忙忙跑过来搭救落水人员，这给了U-9艇一个新的机会。

10分钟后，U-9艇向300米外的"霍根"号巡洋舰齐射了两枚鱼雷，同时命中，"霍根"号水线以下几乎被撕烂，很快就沉入了大洋。这么近的距离施放鱼雷，对U-9艇来说也是种冒险，海水涌入破洞产生的吸附力差点把U-9艇也灌入"霍根"号体内，好在韦迪根经验老到，潜艇摆脱了死神的召唤，与即将倾覆的"霍根"号擦肩而过。

3枚鱼雷，换两艘巡洋舰，对于刚上战场的潜艇来说，这已是巨大的成功，可韦迪根这时还没心思回去喝庆功酒，仅存的巡洋舰"克勒西"号正以反潜的"Z"字航线一路杀来，U-9艇紧急下潜，这才躲过致命的舰炮打击。"克勒西"号舰长眼看着敌人潜艇逃之夭夭，于是取消了反潜措施，下令搜救海上落水人员。

此时，1000米外的水下，潜望镜后面的韦迪根看得一头雾水：明知道潜艇就在附近，英舰为什么不先反潜而先救人呢？战机稍纵即逝，韦迪根顾不得多想，下令一边把所有的鱼雷都装进空出来的鱼雷管里，一边掉转潜艇，用艇艉鱼雷向"克勒西"号发射。正转向时，"克勒西"号发现了潜艇的踪迹，一连串炮火呼啸着砸向了U-9附近的海面。

枪林弹雨中，U-9艇边转向边瞄准，两枚鱼雷拖着从容自信的航迹笔直撞向不远处的"克勒西"号。因为救人、开炮忙得一团糟的"克勒西"号这时才想起规避，但为时已晚。又是一声巨响，"克勒西"轮机舱中弹，发动机停车，成了漂在海面上的活靶子。U-9艇一不做二不休，干脆把剩下的最后一枚鱼雷也送给了"克勒西"号。

巨大的爆炸力将排水量达1.2万多吨的"克勒西"号砍成了两截，最后一艘英国军舰在水面上消失了，3艘巡洋舰上共有2200人，其中约1500人阵亡，仅有700余人被后来赶到的舰船搭救起来。

一艘小潜艇，不到一小时内打沉3艘万吨巡洋舰，此役堪称潜艇在世界战争舞台上最为精彩的亮相。但这仅是昙花一现，在此之后的几乎整个第一次世界大战期间，潜艇在直接的军事冲突中并无太大的建树。德国海军部两次想用潜艇偷袭英国重要军港斯卡帕湾，结果均以折戟沉沙而告终。毕竟，正面抗衡大型水面舰艇，吨位小、航速慢、火力弱的潜艇需要99分的运气才有胜算。德国海军在付出了昂贵的学费后，很快也明白了这一道理。

对付英国的军舰实力不济，但对付缺乏护航舰艇保护的商船，潜艇的实力却绰绰有余。

为了节省宝贵的鱼雷，大多数情况下潜艇都是大摇大摆地浮到水面上用火炮直接把商船打沉。尽管最多时也仅有十几艘德国潜艇在英国附近"狩猎"，但它们造成的影响却是深远的，严重到每4艘出港的商船中，就要有一艘被德国潜艇或水面舰艇击沉。

手握世界首屈一指的强大舰队，自家的海上贸易线路居然让德国的潜艇搞得天翻地覆。1917年2月，有86艘、总计排水量25万吨的英国商船被德国潜艇送入大海；到了3月，英国损失的商船数达到了破纪录的103艘；4月，也就是美国参战前夕，英国有155艘各类船只沉入了大海。

比船只损失更令英国人心疼的是，大批经过严格训练的优秀水手也随着海上的一声声巨响而葬身海底，仅4月份的人员损失就高达1000多人。英国以海上贸易立国，这些经验丰富的水手正是整个国家的生命力所在。

继欧洲大陆之后，远离战场的英国本土也尝到了战争所带来的苦味，物资不足，人心惶惶，因为要优先生产反潜武器、修补受损商船，甚至远在欧洲前线的部队也要饱受物资匮乏之苦。第一次，人们感觉战争离自己是那么近，近到触手可及，举目可望——在天气好的日子里，近海的人们甚至可以亲眼看到德国潜艇肆无忌惮地攻击商船的可怕场面。

面对德国的潜艇攻势，英国人自然不肯善罢甘休，他们想出种种方式对付德国的潜艇，大西洋上一场前所未有的战斗即将打响。

一个陷入绝望的民族，它的创造力是异常惊人的。为了摆脱德国潜艇的困扰，英国人想出了种种办法。商船不足，他们就拖出了早已废弃不用的旧船、平底船，甚至风帆时代的木帆船；为了打击德国潜艇，他们开发出了水下听音器、深水炸弹、深水反潜炮等反潜利器，同时采用了布雷反潜、飞机反潜，甚至想出了用武装商船护航反潜的高招，1917年，更在潜艇的"锁喉"威胁下，开创性地发明了船团体制。后世几乎所有的反潜手段，在当时都已被英国人发明了出来，这些手段，直到今天几乎仍是世界各国通行的反潜方法。

与此针锋相对，德国的战争机器也全力开动了起来，新型潜艇不断下水，各种与无限制潜艇战相匹配的方案也纷纷出台：一艘潜艇在港修整，一艘出港作战，一艘在战区巡逻，一艘在回港途中。精密的德国人发明的这套潜艇轮战方法，大大提高了潜艇的出击效率，几乎将当时技术条件下潜艇的功效发挥到了极致。而为了躲避深水炸弹、听音器等新东西，在德国工程师的帮助下，后来的潜艇潜得更深了，水下的噪音也更小了，而它们的"死亡之吻"也狠之又狠。

恰在此时，美国参战了，如果不是美国的及时出手，或者德国的潜艇绞索更早一点勒紧，那么世界历史势必将改写。那么，是什么因素把一直作壁上观的美国拖进战争的呢？关键时刻，一群不穿军装的英国战士挽救了英国，他们战斗的地点是远离战场和潜艇威胁的美国，他们凭借的武器不是大英帝国的坚船利炮，而是巧妙的心理战和舆论战，他们的战绩是，为协约国增加了200万披精执锐的生力大军和当时世界上最强大的盟国——美国。当然，美国并不是傻子，在德国的主力舰队仍旧存在的时候，他们是不会蠢到这么早就摊牌的。英国的当务之急，就是消除德国舰队的威胁。

3. 风雨日德兰

战端一开，英德两国海军显然都知道"国之利器不轻以示人"的道理，任你陆上打得尸山血海，双方花重金尽全力建造的海军主力却基本上都躺在军港里晒太阳。不过，双方的高级将领们可都没闲着，他们在紧锣密鼓地寻找着战机——按照海权理论，能在一场决定性会战中彻底打垮对方海上力量的机会。

最终，还是德国人绷不住劲，先想出了"钓鱼执法"的招数来诱惑英国人上钩。1916年1月，德国用3艘战列巡洋舰和1艘重巡洋舰作为诱饵，前往北海英国渔场拿英国渔船开刀，企图引出英国深藏军港内的"大鱼"。战列巡洋舰是第一次世界大战前夕英德两国造舰竞赛中出现的新品种，用以弥补无畏级或超无畏级战列舰和重巡洋舰之间的火力空白，它的火力堪比战列舰，但装甲防护稍逊一筹，却因此获得了良好的海上机动能力，用它来当吸引英国战列舰队上钩的诱饵，显然是再合适不过的了。

德国舰队出发后，发现英国人很爽快地上钩了，但唯一美中不足的是，英国人迎向"钓钩"的不是什么"大鱼"，而是"鲨鱼"——

英国无畏舰上的主炮

由戴维·贝蒂中将率领的5艘战列巡洋舰组成的编队。在英国人的迎头痛击下，德国海军溃不成军，最终以牺牲掉"布吕歇尔"号重巡洋舰为代价才逃出虎口。

德国人一计不成，1916年5月，另一个加强版的"钓鱼执法"计划又出台了——不是德国人想象力匮乏，而是当时海上强国装备的主力战舰全是体量庞大的大家伙，主力战舰的单一功能，决定了战术的单一。说来说去，无非就是谁先把谁引进包围圈，然后好整以暇地利用优势兵力吃掉对方，容不得他们另辟蹊径。

这次，德国企图用几艘战列舰当诱饵，把英国的舰队主力引出来，再让德国的战列舰主力跳出来打扫战场。可没想到的是，英国人也是这么想的，而且计划如出一辙，就这样，双方的钢铁巨兽冲撞到一起，日德兰海战打响了。

按照计划，德国弗朗茨·冯·希佩尔海军中将率领的5艘战列舰，成功地引诱英国的戴维·贝蒂海军中将的6艘战列巡洋舰及4艘无畏舰进入德国舰队主力在丹麦日德兰半岛附近海域所设下的陷阱。但就在德国主力舰队贪婪地等待即将到嘴的美味时，他们却不知道，眼前的美味其实也是英国人故意抛出的诱饵，英国的主力舰队就在诱饵后面不远的地方尾随而至。

原来，英国诱饵舰队一驶出斯卡帕湾，就被德国侦察潜艇发现，并通报给了舰队。而微妙的是，英国人根据俄国人在1914年的一次意外收获，此时已掌握了德国的海军密码，从而截获了德国潜艇发送的这份情报。

就在英国主力舰队接到指令纷纷拔锚起航的时候，一个小插曲发生了。本来舰队司令部应该把出战的命令通知给舰队唯一的航空母舰"坎帕尼亚"号，但直到舰队开出去很久了，"坎帕尼亚"号这才发现舰队司令部居然把自己给忘了。孤零零的航空母舰本想马上赶上去参加战斗，但舰队司令杰里科担心沿途的德国潜艇会把自己这一疏漏演变成一场灾难，只好将错就错拒绝了"坎帕尼亚"号的参战请求令其返航回港待命，"坎帕尼亚"号和它所搭载的12架舰载机就这样错失了改写历史的机会。

由中将贝蒂率领的充当诱饵的英国舰队也配有一艘水上飞机母舰，但满脑子巨舰大炮思路的贝蒂中将面对这一新武器，显然不知道该怎么使用，既不用它去侦察敌情，也不用它去搜索前方海面情况，而是让它远远地跟在辅助舰船里充当联络员。

发现德国诱饵舰队后，贝蒂按照计划，派6艘战列巡洋舰插向德国舰队的前方，企图断其归路，却没想到这6艘舰一路撞到了德国公海舰队主力的嘴边。公海舰队只要轻轻"咬一口"，这6艘战列巡洋舰就会石沉大海，而英德两国间本已相差无几的海上实力对比将倒向德国一方。但德国人也没有抓住这次战机——赌本下得越大，胃口也就越大，这是赌徒的通病——相对于眼皮底下这6艘战列巡洋舰，德国人更青睐不远处的那4艘无畏级战列舰，于是暂时按兵不动，只等着那4艘无畏舰也进入包围圈。

英国两支分舰队汇合后，德国认为时机已到，各舰开足马力冲上前来，开始了收网行动。此时，成功引诱出德国公海舰队主力的英国分遣舰队却发现，由于德国潜艇的肆虐，本来紧随其后的英国主力舰队竟然被自己远远抛在了后面，自己将不得不面对倾巢而出的德国公海舰队主力。英军诱饵舰队加上战列巡洋舰才10艘，德军一方仅无畏级战列舰就在10艘以上。但来不及多想，德国舰队已张开血盆大口冲到了眼前，隆隆炮声中，巨舰时代最激烈也最为壮观的海战开始了。

很快，德舰精准的炮火就将英舰"雄狮"号艉部两座炮塔摧毁，由于没有像德国人那样将发射药和弹头分开放置，中部的Q炮塔中弹后更是引发了弹药爆炸，305毫米口径的大炮弹接二连三地在舰内引爆，危急关头，一位英军军官拖着残腿打开了进水阀，用生命的代价阻断了火势的蔓延，"雄狮"号这才逃过一劫。

为了阻断英军的退路，德舰"冯·德·塔恩"号甩开战团，直奔负责英军殿后的"坚决"号，两舰建造时就是互相以对方为假想敌而建造的同级舰，下水年代相近，火力相当，排水量均在两万吨上下，如今，一个是舰队后卫，一个则冲着封门而来，仇人见面分外眼红。鏖战多时，一发德国炮弹正中"坚决"号炮塔，引发了炮塔内的爆炸，重达千吨的炮塔被炸上了天，大团浓烟破空而起，在惊天动地的爆炸声中，"坚决"号翻滚着沉入了海底，全舰1000余人仅有两人生还。

此时，正面战场，英国战列舰"玛丽女王"号已到了最后时刻，在两艘德国战舰的夹击下，"玛丽女王"号连龙骨都被打碎，一折为二后带着1200多名官兵沉入了大海。

转瞬间，英国舰队两沉一伤，剩下的也只有招架之功，毫无还手之力了，德国人的计划似乎已接近圆满收官阶段了，而就在这最后一刻，姗姗来迟的英国主力舰队终于赶到了战场，双方实力陡然发生了逆转。

大人打架，小孩儿自然要躲远些——德国驱逐舰队和鱼雷艇队此前一直在外围负责警戒，眼下看到英国人的战列舰队踏浪而来，而不远处的己方舰队主力仍陷在苦战中不能自拔，于是顾不得舰小体弱，靠着航速优势冲上前来连放鱼雷，想要给主力争取时间。英国一方的驱逐舰见状也冲上来，开炮还击。双方的小舰们这边正斗得不亦乐乎，那边的英国战列舰队已凭借射程优势，抢先向德国战列舰队开了火。

猝不及防的德军战列舰连连中弹，"塞德利茨"号炮塔甲板中弹，火光冲天。"冯·德·塔恩"号水线以下则被英军的382毫米炮弹炸开了一个巨大的口子，海水滚滚而入，转眼间舰艉就沉入了海底。好在提尔比茨战前一直强调的隔舱化防水设计发挥了作用，虽然小半个船身都已浸入水下，甲板上也是一片火海，但"冯·德·塔恩"号居然奇迹般地控制住了进水，在烟雾掩护下摇摇晃晃地退出了战斗。

见援兵赶到，英国的先遣舰队顿时士气大张，最早被打残了的"雄狮"号居然也再次返回了战场，裹创再战。德军一方，则逐渐收拢队形，边打边撤。英军见状，鼓起勇气冲上前来，受伤严重的德舰"吕措夫"号落在后面，成了英舰练习射击的活靶子，但任凭来来往往的英国舰艇把各种口径的炮弹都送到了它的舰体上，千疮百孔、动力全无的"吕措夫"号居然一直屹立不倒。而就在英舰纷纷惊诧于对手顽强生命力的同时，德国人的"拖刀计"又上演了——冲到前面的战列巡洋舰"无敌"号首当其冲，被一枚炮弹击中了弹药库，很快就沉入了海底。重巡洋舰"防御"号也被当头而来的弹雨轰成了碎片。

此时，夕阳西下。见己方连损数条战舰，英军总司令、海军上将杰里科忌惮德军的威力，没敢夜战，决定先把敌人围住再说，于是派遣巡洋舰利用航速优势抢先占据了德舰回港的海路，将德国主力舰队彻底围在了方圆不过两百平方千米的海域内。

5月31日晚，双方上演了一出鱼雷对轰的好戏，驱逐舰和鱼雷艇大显身手，要么施放鱼雷偷袭敌舰，要么壮士横戈以身挡雷。眼看着德国公海舰队的处境岌岌可危，德国海军司令舍尔上将决定连夜冒险突围，带领海军精华逃出这片死亡之海。

6月1日凌晨1时许，德国公海舰队冒着空中猛烈的炮火和海里密如蛛网的鱼雷航迹，撞向英国舰队的封锁线，开始了悲壮的突围之战。老式战列舰"波迈伦"号连中两枚鱼雷后，燃烧成了一束灿烂的火炬。动力尽失的"吕措夫"号和受伤的"埃尔滨"号为防止落入敌手，不得不饮恨自沉。付出了巨大代价后，德国公海舰队主力终于摆脱了英舰的追击与拦截，顺利进入威廉港。

在这场第一次世界大战时期最大规模的海战中，双方一共有250多艘战舰集中到了日德兰附近的这片海域里，总排水量达到了200万吨，参战人员达到了10万人以上。是役，德军击沉英国战列巡洋舰3艘、巡洋舰3艘、驱逐舰8艘，自身损失战列巡洋舰2艘、巡洋舰4艘、驱逐舰4艘。德国海军凭借出色的战术和指挥，重创英军后，又从具有压倒性优势的敌人手中冲出了重围，单从这两点来看，德国无疑是胜利者。但经过此战，德国的战列舰舰队却成了内河部队——一直到第一次世界大战结束，战前花费巨资打造的德国公海舰队再也没有开出威廉港一步。

德国最让人心惊胆战的猛虎被关在了笼子里，英国不仅掌握了制海权，同时还消除了另一个隐形战场上的潜在对手。长期以来，美国对欧洲战争之所以默不作声，很大的原因是在于美国再寻找看人下菜碟的机会，而德国舰队的存在，则让美国不得不秉承中立的原则，对双方虚与委蛇。而一旦德国的主力巨舰被关进了港口里，美国的外交只能越来越向协约国方面倾斜了。

4. 没有硝烟的战争

为了拉来更多的国家来对付邪恶帝国德国，英国人早在开战之前就开始了默默无闻的铺垫与造势，除了丘吉尔客串外交大臣搞砸了的奥斯曼土耳其外，几乎所有的协约国都是被英国的这套看不到一丝硝烟的战术手段拉下的水。林林总总的国家中，英国最看好的就是隔着大西洋与英伦诸岛隔海相望的美国。但美国人和英国人沾亲带故，英国那点小算盘怎么能看不透？另外，德国也是美国的另一大主要移民基地，德国温情攻势的加入，更使得美、英、德之间的这场

"三角恋"妙趣横生。

美国有着严重对立的两张面孔，一张是东部13州以西的农场主们的面孔，热情、天真，喜欢独来独往，而另一张则是华尔街精英们古板苛刻的英国绅士面孔。前者代表的是美国广大群众，对他们来说，遥远的战争只是和自己无关的报纸新闻而已，其对自己的影响，远不如新奥尔良一场洪水过后冲到民居里的鳄鱼可怕；而对于后者来说，战争则意味着财富的积累或亏损，市场的扩大或减少，资源的丰富或流失。前者代表的是美国表面上的民意，而后者，才是真正能左右政客观点的操纵者。恰恰是后一类人，他们和欧洲的关系也是千丝万缕的。

美国的主要贸易伙伴全集中在欧洲，因为在当时的世界上，只有欧洲才有足够的购买力来大宗购买美国的石油、粮食、机械和武器。

同样，美国也需要欧洲及其殖民地。作为一个新兴的发达国家，美国发展经济所必需的各种原材料，都要通过欧洲各国的调度，才能源源不断地运进美国境内。

而另一个不争的事实是，世界的金融中心在伦敦，无论美国人在天涯海角赚到了多少钱，最终仍要靠伦敦交易所里的某个小职员通过电报或电话、用英镑或黄金来转账或者汇兑。

现实如此，情感上同样也是这样。美国的移民大多来自欧洲，欧洲各国历史上的恩怨，也在遥远的大洋这头深深反映了出来。

在美国国内，反感英国的人大有人在，其中既有美国独立战争时英国人搞"三光"打下的基础，也有1812年英国远征军火烧白宫后留下的旧伤痕。此外，爱尔兰人的立场则不用说了，100年前的爱尔兰人富尔顿早就已经证明了自己种族的好恶。

那么战争之初坚决支持英国的族群呢？

当时在美国，除了没和英国人打过什么交道的爱斯基摩人因地方偏远、态度不明朗外，几乎没有。美国大多数人都对大洋彼岸的战争漠不关心，或是闷头做生意，猛赚战争双方的钱。

美国人可以不关心欧洲战争，但欧洲人却不得不关心美国的态度。到了20世纪初，美国已成为任何一个欧洲国家都不能忽视的角色：美国的工业产值已遥遥领先于自己原先的宗主国英国，全球首屈一指；美国的领土之广袤，几乎可以与整个欧洲相比；美国有9000万人口，几乎是英、法、德三国人口的总和，无论美国加入哪一方，无疑会对战争起到决定性的影响。

为了把美国拉下水或者避免把美国拉下水，在家门口打仗的同时，英德两国的代理人在美国也开始了宣传战。第一次世界大战是国家软实力角逐崭露头角的历史时期，一小群并不穿军装的英国人、德国人甚至是美国人，在大洋彼岸远离硝烟战火的和平国度里同样上演了一出出精彩纷呈的外交战、舆论战、情报战。

英国一方很务实，他们知道，想用血浓于水来下手，肯定会适得其反，于是他们的宗旨定在了"在美国的理想与协约国战争原因之间寻找共同点"上，同时，努力把德国描绘成一个邪恶、残忍、一心想统治世界的魔鬼。

偏偏在这后一个问题上，原本还领先几分的德国却栽了跟头。

德国是一个思维严谨，却缺乏外交远见的国家。为了破坏协约国的军火生产，德国人精心策划了一系列间谍行动。

1915年，一位神秘的旅客登上了从奥斯陆开往纽约的轮船。他护照上的名字叫爱弥尔·加舍，是来自瑞士的德裔，而他的真实身份则是德国海军军官弗兰茨·林杰伦。在纽约当地德乔的帮助下，他很快就扎下了根，并开设了一家商行。不过，弗兰茨·林杰伦的兴趣点可不在做买卖上，他的日常工作是带领一群同情德国的志愿者，将一种化学配方的自动点火装置安放到美国开往英国的商船上，派人一面跑到美国的军工厂里破坏给协约国生产的武器弹药，一面大搞间谍情报工作。

由于当时英国人控制了海洋，中立的美国只能同英国一方做生意，德国人干这种事很难不留下马脚，英国的情报部门很适时地公布了他们截获并破译出来的德国密电：德国人在南美国家运往英国的骡子身上散布瘟疫，还打算向途经美国港口、最后运往英国的粮食中散布鼠疫病毒等情况一一遭到了曝光，很快美国的舆论和英国的舆论就互动了起来，德、奥间谍行动中这些下三滥的手段自然让美国群情激愤，政府立即驱逐了德国驻美陆军武官、海军武官及奥匈帝国的驻美大使。

这对德国来说不是个好的兆头，但如果亡羊补牢的话，德国的结局绝不会像1918年那样凄惨，但德皇威廉二世是个见识极为短浅的人。

这次，美国本该是威廉二世积极努力争取的对象，可威廉二世仍旧想当然地认为对美国做点手脚没什么。做事丝毫不顾及对方的感受，这是当代中国独生子女的普遍问题，曾是父母掌上明珠的威廉二世把这种缺点发扬光大了。当战争一开始德国军队涌入中立国比利时时，世界舆论哗然，英国对德国的妖魔化攻势应势奏效，使美国原本中立的态度开始了慢慢的偏转。而要想让美国彻底倒向协约国一方，英国和德国都还需各自做很多工作，在这方面，威廉二世付出的"努力"不比英国少。

5. 德皇的愤怒

在争取美国的斗争中因为头脑不灵光而落在下风的德国，不是改弦更张，而是在犯傻的路上继续一路飞奔。

战争一开始，英国的庞大舰队就把德国的港口围的围、困的困，对驶往德国的船只一律查的查、打的打，德国人投桃报李，也开始用潜艇战来封锁英国，要封锁英国可以，但要遵守100多年来几乎是英国人一手炮制出来的"捕获法则"才可以。

这套法则并无成文规定，由来已无可考，内容繁复无比，其主要原则大致有以下几点，其中英国的影子处处可见。

一是严禁不加警告就攻击任何具有商业性质的船只；

二是对中立国船只，要严格遵循检查条例才能实施拦截，检查条例包括打信号、鸣炮让其停船，派舢板跳帮检查，确实需要击沉的，还需先营救全部船员；

三是对有争议的船只，要交由中立国一个特殊的仲裁法庭来裁决是否载有违禁物，或是否该没收；

四是对船员，要求要严格尊重人权，确有必要击沉的敌方船只，交战方要先将人员全部救出后才能实施沉船作业，然后还要将转移出的船员安全地送到中立国，或者对其补给足够的淡水食物和航行信息后予以放行。

任何一方违反以上规则，都将被视为残忍的海盗行径，并将受到严厉惩处。

明眼人都可以看出来，这套繁文缛节对英国这样的海洋大国来说何其便利，而对德国这类大陆国家的有限海军来说，这不亚于一道无形的枷锁。这就像两个身高极不对称的拳击选手间的较量，身高体壮的一方先制定了规则：不许打击腰部以下，否则就犯规；而矮小的选手跳着脚都未必能够到对方的肚子，却硬要按规矩比赛，这比赛还会有悬念吗？威廉二世的海战之道就是这种宁要面子也不要里子的"矮子打法"。

开战之初，英国本土的物资储备极为有限，如果德国全力压制英国、封锁其运输线的话，那么第一次世界大战很可能就像以往发生的那些小战争一样马上结束了。但威廉二世却不顾德国海军将领们的意见，坚持要打道义之战。

好大喜功的威廉二世的目的在于不仅要赢得对英国的战争成为新的世界霸主，还要通过骑士般的高风亮节，来赢得全世界的口碑。于是他命令德国海军一边要对英国的海上运输线严防死守，一边要严格遵守海上捕获法则。为此甚至不惜临阵换将，撤换了激烈反对这一做法的海军将领，强力压下了军方的抵触情绪。

其实这也不能全怪威廉二世，历来愚蠢的统治者哪个不是好大喜功的呢？而精明务实这个词，对于自小长在深宫妇人之手、深受欧洲封建传统教育熏陶的威廉二世来说，理解起来确实是有难度的。

皇帝的面子保住了，可仗却不好打了。一直到1915年年初，由于德国潜艇不得不遵循严苛的捕获法则来实施破交战，一共仅击沉了10艘英国商船，总吨位2万吨上下。即便如此，英国还是鸡蛋里挑骨头似的予以了严厉谴责，跟风行动的还有世界各国的保险公司和航运公司。德国人打造潜艇是可以的，以至于能后来居上，让自家潜艇制造技术遥遥领先于各国，但要打嘴仗，德国人显然不是习惯爱咬文嚼字的英国大律师们的对手。

英国人不仅打嘴仗可以，打海仗同样有一套。仗着船坚炮利，1914年11月，英国人率先抛开了原本就极有利于自家的捕获法则，宣布整个北海地区都是战区，所有开往德国的船只都要接受英国军舰的检查，包括中立国的。在海军将领们一片愤怒的咆哮声中，威廉二世随即转了风向，既然英国舅舅"率先垂范"了，那么德国也将废除捕获法则，实施无限制潜艇战，对可疑船只一律打了再说。

德国中招了，亦步亦趋地被英国牵着鼻子走，英国人偷乐不已。此时，英国人在美国的外交宣传攻势仍不见起效，美国总统一味地在两方中间找平衡，英国非常需要有外力给美国以必要的刺激。很快，英国的奇谋就见到了成效。

1915年3月28日，一艘英国客轮"法拉巴"号未经警告即被德国潜艇击沉，船上一名美国乘客溺水而亡；5月1日，一艘美国油轮被德国潜艇的鱼雷击中，3名美国人遇难。两起事件刚引起美国的一阵骚动，随后就被更惊人的惨剧冲淡了。

1915年5月7日，正在北海西航道实施警戒的德国潜艇U-20艇艇长沃特·斯维格发现了一艘大型运输船，经过比对，他认为该船是协约国的武装商船，立刻开近到700米距离处用一枚鱼雷将其击沉。然而事后发现，这是一艘没有任何武装的英国豪华客轮"卢西塔尼亚"号，乘客全部是平民，一共有1200人在这次袭击中罹难，其中有128名美国公民。

美国怒了，英国乐了，德国傻了。

美国总统威尔逊一面严厉谴责，一面要求德国立即停止无限制潜艇战。英国舆论紧跟着推波助澜，利用遍布全球的新闻网络，大肆渲染"卢西塔尼亚"号乘客的悲惨命运，控诉德国屠杀妇孺的惨无人道行径。8月28日，德国首相不得不硬着头皮向美国保证，德国将重新回到捕获法则的框架内行动，德国潜艇将确保中立国船只和客轮的海上航行安全。

谁知一波未平，一波又起。

刚刚过了10几天，9月9日，又一艘客轮被德国潜艇击沉，船上32名平民葬身大海。在美国看来这是德国不折不扣的毁约，新一轮更强硬的外交攻势过后，德国不得不宣布在英国周边的潜艇全部收兵，转而到地中海一带进行破坏战。当然，选择地中海作为新战区，是因为这里的美国船少，美国人来的更少——惹不起，还躲不起吗？

但是，躲着事走，事还会不会轮到自己头上呢？

6. 最后的摊牌

为了极力避免美国的参战，德国方面做出的牺牲同样巨大，甚至为此不得不忍气吞声忍耐着英国强加给自己的封锁而不去报复。但越是如此，德国的败象就越是显著，而美国的天平就越是倾向着看似胜利者的那一方。

美国这边的怒火暂时平息了，可英国人的封锁仍旧继续着。过了不到3个月，德国皇帝权衡再三，又变卦了，决定恢复对英国周边的潜艇行动。因为他得到一个精确的数据，只要德国潜艇每月能击沉英国16.25万吨船只，就能迫使英国因运输船只无法弥补而接受和约。精密的数字对于德国人来说，永远是最有诱惑力的。当然，德皇怕再惹了美国，再三强调，战区的船只可不经警告直接摧毁，战区外的一定要看清了再打，另外，客轮谁也别动。可这话刚一说完，载着美国人的英国船就又一次撞到了德国枪口上。

1916年3月24日，德国潜艇UB-24在位于战区的法国某港外发现一艘武装运兵船，当即予以击沉。事后发现，这又是一艘客船，船上又载着没事爱来战场闲逛的美国人，死难的80多名乘客中，又有25名是美国公民。

美国怒了，总统以断交和战争相威胁，英国的妖魔化攻势则如虎添翼。德国皇帝一脸诚惶诚恐地向美国表示，以后将坚决遵守捕获法则。接下来的4个月里，德国潜艇的捕获量明显减少，这并非德国水兵们故意磨洋工，实际上，潜艇一旦失去先发制人的优势，单艘潜艇、茫茫大海，谁敢冒死去逼近、检查一艘身份不明的海上巨轮呢？

德国潜艇的威胁暂时化解了，英国那边却加紧了对德国港口的封锁。

战前的1909年，德、法、英、俄、奥等国在伦敦签署过一个海战法宣言，规定在战争期间禁止把食物和原料列为禁运品，英国议会尚未批准该宣言，战争就爆发了。此时，英国借势宣布此宣言无效。在德国潜艇撤退、英国封锁继续的

1916年的冬天里，英国当年的外交反悔行为结下了硕果——1916年冬天，成了德国历史上最著名的一个冬天，它的出名在于千千万万的德国人和一种植物结下了不解之缘——萝卜，汤里漂着的是它，菜里炖的是它，士兵在前线战壕里啃的是它，甚至炉子里烧的还是它。因为当时除了萝卜，德国粮食已经全部吃光，而海运来的则统统被拦在了英国封锁线外。

在如此严峻的形势下，一直在外交战略上翻云覆雨的德国皇帝权衡再三，终于下令重启无限制潜艇战。这一次，深深被萝卜所感染的德国拿出了全部家底，公海舰队驶向英国海域，所有潜艇也升火待发，目的地——英国周边。

就是在这段日子里，德国潜艇创下了每4艘英国船打掉一艘的纪录，更把德国人对萝卜的痛恨原汁原味地传递给了英国人。1917年春天成了英国人的土豆之春，英国人从自家的餐桌上、衣橱中、身上、马路上，处处都感受到了德国潜艇的威胁。但是，这纪录、这印象都来得太迟了。

就在德国再一次开始对英国交通线的打击的同时，威廉二世却偏偏忽略了一个重要的信息：美国总统刚刚宣布要在欧洲实现一个以美国为主导的和平体系，这个体系不存在胜利者也不存在失败者；是"无兼并无赔偿的媾和"。总统话音未落，德国的第三次无限制潜艇战却应声而起，鱼雷所到之地哀鸿遍野，很伤面子的美国愤然宣布：断绝与德国的外交关系。

事已至此，美德之间本还有一定回旋的余地，但恰在此时，英国人破译了德国外交部长的一封电报，更耐人寻味的是，电报译文竟然辗转送到了白宫。这一次，威尔逊坐不住了。

这封充满威廉二世风格的电报表明，德国正密谋和墨西哥结成联盟，一旦美国结束中立向德国宣战，得到德国支持的墨西哥军队将越过美墨边境，收复几十年来被美国大片割走的领土。尽管德国口若悬河，但墨西哥人不是傻子，一来，南北美洲的军火工业全在美国人那里，二来，德国答应给墨西哥那么多"果子"，可英国封锁着海洋，德国怎么给墨西哥呢？尽管明知这封电报无果而终，威尔逊仍命令把这封电报向民众公布。什么都不用说了，宣战吧，白头鹰就这样走上了第一次世界大战的舞台。

接下来的事就毫无悬念了。

附录：战地明星谱

作为一场席卷了几乎全人类的战争，在第一次世界大战的战场上，无论是海上还是陆地的堑壕里，我们总能看到20世纪熟悉的身影。

如果有一幅能超级微缩的1915年东线战役地图，我们会看到一队战俘队伍正向欧亚大陆的深处艰难跋涉着，沙俄军队正押解着一队奥匈帝国的伤兵走向俘虏营，伤兵中就有一位大家的老熟人——来自克罗地亚的约瑟夫中士，他曾是奥匈军队全军闻名的击剑冠军，却在形近地狱般的东线战役中负伤被俘，送到了西伯利亚的战俘营里。战后，他回到了祖国，开创了他从苏俄学到的新事业，同时又有了一个新的名字——铁托。在日后林林总总的传说中，他还有一个迹近传奇、甚至中国人都耳熟能详的别名——瓦尔特。

对于铁托所服役的大杂烩般的奥匈军队，有人从来都是嗤之以鼻，宁肯翻越国境到德国去当兵，也不愿意在这个"乱炖"般的部队里受煎熬。在铁托被俘不远的地方，这个越境者创造了他一生中最早的壮举，冒着敌人的枪林弹雨，从战场的中间地带将他们负伤的连长抢救了回来，尽管连长最后伤重不治，他却凭借战地的英勇，获得了第一枚铁十字勋章。

德国第一次世界大战后悲惨的境地，深深刺激了他，使他和所有德国人一样，萌生了向协约国复仇的强烈情绪。在一场临时起兴的辩论中，他赢得了自己生平第一批支持者，总共不过10余个人，大多是穷困潦倒的失业者或退伍兵，但从此他踏上了一条不归路，直到将整个世界扯入了无底的深渊。他就是阿道夫·希特勒。

正当希特勒下士在第一次世界大战的战壕里沉沦的时候，离他不远的协约国战地后方，有一位明星般的绅士正煞有介事地指挥着手下一个营的战士脱光了衣服捉虱子。除了营长，他的身份还包括"世界上掌握英语单词量最多者"桂冠拥有者、前海军大臣、名列英国十大公爵爵位之列的马尔巴罗公爵的名誉拥有者、前财政大臣之子等光环。而在这些光环之下，则是一个充满着奇思妙想和好斗细胞的大脑袋——温斯顿·丘吉尔。

温斯顿·丘吉尔对世界的影响，正是从第一次世界大战开始的，不过，第一次世界大战之中，他对自己的祖国最无害的时期，正是当下。1916年的索姆河战役，英军派出了有史以来最庞大的陆军部队，看到这一幕的人，除了因种种原因置身战场之外安全区域里的丘吉尔外，还有身处前线另一端的希特勒，他正为眼前壮阔的英军冲锋场面所折服，甚至跪下来感谢上帝让他有生之年看到如此壮阔的景象。

不过，如果他得知对面冲锋过来的英军中有一个叫蒙哥马利的少尉将来会将他的事业搞得七零八落的话，那么想必在祈祷上帝和瞄准死敌开枪射击之间，他肯定会选择后者。

蒙哥马利因为有一位不称职的母亲而矢志从军报国，他曾说过，自己天生就是当炮灰的命，而上帝显然给了他一个机会——初战就是尸山血海的索姆河战役里，在这里，英军尉官的死伤概率是80%，而他竟然奇迹般的毫发未损。

奇迹同样发生在同一片战场上一个叫隆美尔的德军少尉身上，他带着3名德军与一个排的法军缠斗在一起，最后，他赢了，并成为西线这场微乎其微的小战斗中唯一未受伤的幸存者。20年后，出于前下士希特勒的战略考虑，他再一次身处险境，地点是北非，对手则是同在索姆河作战过的少尉蒙哥马利。英国的少尉让他从巅峰跌入了谷底，而本国的下士则让他丢掉了性命（1944年，隆美尔元帅因涉嫌参与刺杀希特勒计划，而被秘密处死）。

索姆河战役如火如荼进行的同时，英国本土仍是一派祥和。当然，德军战俘营除外。在周围村民充满敌视目光的俘房营里，一位德国潜艇艇长坐井观天啃土豆之余，已经开始在脑海中勾勒战后德国海军的新战术了。自己指挥的潜艇单枪匹马进攻英国船团失利的教训，使他深深意识到局部保持优势兵力的重要性。他所构想的战术，颇似狼群围猎，并以此得名为狼群战术，该战法20年后将让英国险些窒息，让美国大惊失色。这位身陷囹圄却已开始考虑如何东山再起的艇长，就是日后闻名遐迩的德国潜艇部队指挥官、后来接任希特勒的德国末代元首卡尔·邓尼茨。

显然，并不是所有的潜艇军官都像他这样能学有所成的。在英国潜艇部队里，就有这么一位堪称另类的年轻军官，他出身皇室，是维多利亚女王的曾外孙，却毫无贵胄子弟的大架子，他总是埋头作着笔记，工作中却总以笨拙见长，以至于他的同事对他的普遍印象是，勤奋有加，但严重缺乏灵气。幸亏此时德国的战舰大多都封锁在了港口里，他所在的潜艇执行的是外围警戒任务，从来都是有惊无险。不过，30年后，他的笨拙却终于酿成了大祸。因导致了200万人死亡、间接挑起了数场战争、让十几亿人不得消停而臭名昭著的印巴分治方案，就是以他的名字命名的，他就是最后一任印度总督——路易斯·蒙巴顿勋爵。

第一次世界大战，就像是一个超级庞大、学科繁复的大课堂，无数我们耳熟能详的名人、伟人或恶魔在这里接受着终极的教育，而在日后的世界舞台上，他们或叱咤风云，或兴风作浪，让我们这颗蔚蓝色的星球饱受了一个世纪之久的煎熬与洗礼。

第十章大事记

1. 1914年9月5日，德国潜艇击沉英国轻巡洋舰"探险者号"，开启了海上潜艇战时代的先河。

2. 1914年9月20日，德国潜艇再次创下单艇一次击沉3艘英国重巡洋舰的战绩，沉重撼动了英国所主导的巨剑大炮为主流的海权时代，从此潜艇成为德国挑战英国海权的最佳武器。但受英国制定的捕获法则的限制，德国潜艇斩获不大。

3. 1914年11月，迫于德国潜艇的威胁，英国单方面宣布废除捕获法则，整个北海海域为战区，英国可以随意检查过往船只，并对中立国开往德国的商船进行查扣。德国的回应是废除捕获法则的限制，德国潜艇可不经警告任意开火击沉任何疑似开往英国的商船。

4. 1915年3月28日，英国客轮"法拉巴"号被德国潜艇击沉，船上有一名美国籍乘客。5月7日，已改为武装商船的战前豪华邮轮"卢西塔尼亚"号再度被潜艇击沉，1200人遇难，其中有128名美国人。德国无限制潜艇战引发美国强烈抗议。德国只得改弦更张，派潜艇到尽量远离美国的海域进行捕获。

5. 1916年3月24日，德国潜艇在法国港口外击沉一艘运兵船，船上25名美国公民遇难。此举再度引发美国抗议，德国被迫进一步压缩潜艇活动范围，而英国则趁机加紧对德国沿海的封锁。

6. 1916年5月31日至6月1日，英德主力舰队在北海海域日德兰水域爆发了开战以来最大规模的战列舰会战，双方共投入250艘主力战舰，参战人员10万人以上。此战双方都声称取得了胜利，德国击沉了更多的英国战舰，而英国则成功将德国主力舰队封锁在港口里难以出入。德国主力舰队的被封锁，也让美国的中立立场发生了偏移。

7. 受1916年"萝卜之冬"的刺激，德国于1917年宣布重启无限制潜艇战，创下每4艘英国出港商船就能击沉1艘的纪录，英国饱尝潜艇封锁之苦。

8. 1917年1月，美国总统威尔逊提出由美国来主导一场"无兼并无媾和"的和平，促使欧洲各国结束漫无时限的战争，欧洲和平曙光初现。

9. 1917年3月，英国将德国驻美大使与墨西哥的外交密电破译后转送美国总统。该密电中，德国鼓动墨西哥向美国开战，此系"齐默曼事件"，最终促使美国于1917年4月决定向德国宣战，全面介入第一次世界大战。

第十一章　长河落日图

　　1917年，战争进入第三个年头，战争胜负的天平仍旧摇摆不定，经过1916年的浴血搏杀，德国似乎在各大战场上站稳了脚跟；相反，倒是人口最多、兵员最多、国家最多的协约国倒越来越撑不住劲了。海上，德国潜艇的威胁时刻存在着。陆地上，西线仍旧毫无希望，无论进攻还是防守，再多的炮灰、再先进的武器都无法摧毁双方坚固的防线；东线，塞尔维亚在德奥联军的联合打击下，军队主力撤退到了希腊萨洛尼卡，意大利军队仍在伊松佐河和奥地利边境部队进行着毫无前景可言的第N次伊松佐河战役……更悲剧的是，刚刚参加协约国的罗马尼亚被德奥联军的铁锤砸成了碎片；作为交换，俄罗斯帝国则连续爆发政变，亲爱的读者们非常熟悉的罗曼诺夫王朝倒台了……

　　而对英法来说，恰恰是最为风雨飘摇的这一年，胜利女神的光辉已开始笼罩他们。

1. 王朝末日

"戍卒叫，函谷举，楚人一炬，可怜焦土……"

正如拉斯普京所预言的那样，俄国一旦参战，必将失败。

1915年，西部会战失利，俄国被迫丢掉了西部工业最发达的省份，接着，奥斯曼土耳其的封锁又让俄国丢掉了南部最重要的出海口，然后，俄国就开始乱了。

混乱最初从火车运行时刻表开始，三分之一的火车头因为缺乏零件而无法动弹，接着，各地工厂隆隆作响的机器停止了工作，因为要么生产配件和零件的工厂已在德国的统治范围内了，或者从海外进口的零件现在还在某个协约国港口堆

第一次世界大战时德国人创意绘制的描写东线胜利的宣传画

积着，只能等到开春海冰解冻后才能运进来。

没有了工业品，没有了运输，农民的农产品缺乏交换所需的工业品，又无法运到加工地，只好烂在地里。城市里得不到粮食，也没有就业机会，俄国全国开始陷入恶性的物资短缺和通货膨胀之中。

沙皇政权本就腐败丛生，如今又在战争的泥沼中负重前行，王朝的基层统治已开始土崩瓦解。面对从沙皇到地方政要的无能为力，各地的士绅们只好自己组织临时性的组织来维持当地社会的基本运行。各地的红十字会取代了卫生部门；城市联盟和地方自治会们取代了省长，直接和前来索取给养的部队军官打交道；工厂主们则成立了"战争工业委员会"，以讨价还价的方式与军方合作。

国家失控了，沙皇在干什么？他以代替尼古拉大公出任俄军总司令的名义，离开了首都，却又没有去前线，而是乘坐着他的专列到处东游西逛。没有人知道沙皇到了哪里，接下来会干什么。尼古拉二世只是借着专列来逃避本该由他负起的责任，他满心以为皇后会担负起自己的工作，但皇后早就丧尽人心。实际上，沙皇政权之所以没有在1916年倒下，并非他们统治的牢固，而是各路反对派一盘散沙，对怎么处理罗曼诺夫王朝这个累赘还没有达成一致意见。

1917年2月，严寒中饥寒交迫的人们再也等不下去了。这一年，彼得格勒当局宣布给市民发放补给卡，但兴冲冲拿着补给卡去商店购买面包的市民发现，所有的商店几乎都空空如也，他们拿着的卡片连一片面包都换不来。而恰在此时，又一个突发事件将大家的情绪点着了，自黑海被封后几乎承担了俄军全部军火生产任务的彼得格勒兵工厂由于原材料短缺，开除了几万名工人，这些失业工人和家属也加入到了街头的购物大军里，形势越发严峻了起来。

3月8日国际劳动妇女节，几万名妇女高喊"要面包"和"打倒沙皇"的口号走上街头，并抢劫了富人区的一些商店。令人吃惊的是，面对骚乱，负责维持秩序的哥萨克骑兵竟然无动于衷。第二天，游行的规模从几万人变成了几十万人，成员也从单一的妇女群众变成了市民各阶层。

偏巧在这个时候，一个冬天都在专列上东游西逛的沙皇尼古拉二世给彼得格勒军区司令发来了电报："在明天之前用武力制止彼得格勒的混乱。"

3月11日，连续几天对游行和小规模抢劫都不管不问的沙皇军队开始行动了。在涅瓦大街上，军警向游行队伍开枪，当场打死了150多人，街头一片混乱，面包没等来、反而等来子弹的几十万群众顿时做鸟兽状散去，驻军司令趁机还解散了煽动此次游行的议会。

眼看着沙皇政权又能像1905年时那样度过此劫了，可一个戏剧化的转变彻底扭转了这一切。

当天下午5时许，巴甫洛夫团的部分士兵发动了兵变，但他们只有30支步枪和不到100万子弹，因此很快被政府军弹压下来。但消息已经不胫而走。第二天一早，另一支昨天参加过镇压行动的部队，亲手处死了当时下令开枪的军官后，再次举起了义旗。附近军营的士兵闻讯，也纷纷加入到起义的行列里，几个小时后，彼得格勒当地大部分驻军都发生了哗变。

第二天，哗变士兵和示威群众攻占了军火库，抢走了10万支步枪，占领了邮局、火车站和电话局，将少数仍旧忠于沙皇的军警打散了。接着，他们学习法国大革命时攻占巴士底狱的传统，攻占了彼得格勒的中心监狱，却发现里面只关了十几个哗变士兵。搞这么大动静，才这么点成果，一高兴，他们把全市的监狱全解放了。杀人的、强奸的、抢劫的、诈骗的，8000多刑事犯一下子全涌上了街头。

一片混乱中，50多名各党派的代表聚在一起组成了一个苏维埃委员会，负责全市的管理。而在苏维埃成立大会的隔壁，刚被沙皇勒令解散的议会议员们也正召开着类似会议，决定组织一个临时委员会来负责城市的运行。前者是小知识分子、工人、士兵、商人、各界群众代表拼凑起来临时组织，后者则是大知识分子、大资本家、将军、富商、贵族、教会领袖的集合体。两下里信仰不同、追求各异，纲领更是截然相反，又各组各的班子，但双方坐在一起共同商议的时候，发现大家有一个看法出奇地一致——沙皇尼古拉二世得滚蛋！

于是，双方共同签订了一个《一号法令》，赋予士兵参政议政的权利，从而获得了军队的支持，接着又成立了第一届临时政府。

沙皇哪能同意？他连下诏书，解除了处理动乱不力的彼得格勒驻军司令的职务，重新任命了自己在彼得格勒的军事代理人，可没想到，这新司令也不是傻子，刚一上任就和临时政府组建的士兵委员会走到了一起，转过头来逼沙皇退位。

沙皇尼古拉二世"失业"了！

本来，尼古拉二世完全可以通过发布通电的方式宣布政变非法，然后调集外省兵力来围剿彼得格勒的革命，但是，得知老婆孩子都落在政变者手中，几个孩子连惊带吓纷纷病倒，皇后亚历山德拉只能自己照顾孩子的消息时，他的心软了。

一边是老婆孩子,一边是家族世代相传的沙皇宝座,专列上,老大不情愿的沙皇算来算去,力不从心,只好退而求其次,打算自己退位,由自己的弟弟米哈伊尔大公来继承皇位。

这一要求又引起了轩然大波。米哈伊尔虽是出了名的浪荡子,可这沙皇皇位眼下则是绑了炸药包的火山口,关键时刻他当然知道孰轻孰重,于是毫不犹豫地拒绝了哥哥的苦苦哀求,还没继位就毅然签下了退位诏书。这下,沙皇皇位无人继承,罗曼诺夫王朝也就寿终正寝了。此时为1917年3月15日,兴高采烈的人们涌上街头,用法国国歌《马赛曲》来表达心中的狂喜之情。

克伦斯基

这就是历史上著名的"二月革命",它以1400人的生命为代价,推翻了一个长达700余年历史的古老帝国,从而使沙皇俄国成了第一次世界大战中最先倒下的国家。而对这个结局,无论同盟国还是协约国都乐不可支。

老对手倒台了,德国马不停蹄放出储存已久的大批俄国流亡者,让他们火速赶回彼得格勒收拾烂摊子,期望大乱之后的俄国能建立起一个亲德的同盟国政权。

可同样眼看着昔日的盟友沙皇一家落难,英法政界和舆论界居然也乐不可支,这又是为何呢?原来,对配合极度不力的俄国政府,英国和法国的忍耐已不是一天两天了。

就像一场病毒一样,彼得格勒发生的事情以超过春风的速度,迅速席卷了俄国全国,前线的俄军开始瓦解。因为士兵们无心作战,在士兵委员会的恫吓下,军官的权威甚至生命都开始受到了威胁。农民们则一面把自己的存粮偷偷埋藏其来,以备不时之需,一面派出自己的请愿团,将自己降低地租、分掉大地主采邑田地等诉求送达彼得格勒。

协约国与同盟国的代理人恰在这个时候先后来到了彼得格勒,双方各自展开工作,并很快就在议会中找到了自己的同盟者。

从5月份起勉强开始执掌全国政权的克伦斯基政府,是一个类似于法国第三共和国那样的温和政权,他们同意继续留在协约国阵营中与德国作战,从而获得

列宁

了英、法、美等国家的支持。从长远来看，这是比较符合俄罗斯利益的决定，毕竟3年的战争已经使俄罗斯付出了巨大的代价，而此时随着强援的加入，协约国最终取得胜利只是时间问题而已。

从另一个角度看，克伦斯基政权具有较强的兼容性和过渡性，内阁中既有沙皇指定的末代首相，又有立宪民主党人、共和党人等各党派人士，阁员职业则包括了贵族、银行家、军人、自由知识分子及大土地主等阶层。同时，这个内阁要在一个由工人、士兵代表组成的类似议会一类组织的监督下开展工作。如此一来，无论是沙皇时代的贵族还是普通的工人和农民，都能在这个政府的阵容中及所制定的各类政策中找到自己的利益点。

但遗憾的是，这个从争吵、妥协中孵化出来的政权太脆弱了，这个以旧式官僚、知识分子为主体的政权，更擅长的是勾心斗角、尔虞我诈，或闭门起草文件、东施效颦，而不是在街头田间接近人民、了解人民、鼓舞人民，而他们的对手——以列宁和托洛茨基为首的布尔什维克们来说，街头政治这套恰恰是其强项。

布尔什维克，俄语意为"多数派"，与之相对的"少数派"则是老一辈人耳熟能详的孟什维克。但回国伊始，无论是布尔什维克还是孟什维克，他们是由各类组织汇成的"委员会"大海中极不起眼两支小股力量。其中布尔什维克的支持者全国仅有2.4万人而已，但布尔什维克却是俄罗斯政治海洋中最有力量的那支小股力量。作为一个崛起于阡陌、生长于民间、长期在沙俄政权打压下小心翼翼发展壮大起来的政党，布尔什维克拥有所有底层社会组织所需要的一切本领——鼓动力、说服力、诱惑力、美好的愿景以及强大的执行力。

对布尔什维克后来居上的态势，临时政府感同身受，特别是列宁等人和工人士兵打成一片的作风，具有超级鼓动力的街头演讲风格，更是让他们如芒在背。一个士兵或工人，只要听了5分钟列宁的演讲，就会变成一个布尔什维克党人，转过身来再邀请3个同伴一起去听列宁的演讲。仅一个晚上，列宁就能将一广场的工人、农民、士兵变成自己的同志。

此时，远在西线的英法盟友又发来邀请，英军和法军已在西线取得了新的突破，为防止德军集中兵力反攻，希望俄军在东线发动牵制性攻势。这对临时政府来说，无疑是个加入协约国获得国际认可的投名状。

临时政府一心想对德作战，但克伦斯基并没有自己的军事人才积累，只能借力于三心二意的沙皇将军们，偏偏他身边的高参阿列克谢耶夫上将、博罗西洛夫骑兵上将都是不折不扣的进攻主义者。他们认为，要想让新政府站住脚跟，必须要有一场前线的大捷作为支撑，而这场大捷作战的地点、对象当然要"老太太吃柿子——挑软的捏"，谁呢？读者们想都不必想就能猜出来——奥匈帝国。

2. 总理的妙算

当时的俄国政府在错误的时间和错误的地点选择错误的对手打了一场错误的战争，并随后又在国内树立了一个错误的敌人。

克伦斯基和将军们的计划是在加利西亚一线重新投入两个集团军发动进攻，以实际行动和一场辉煌的胜利，向英国和法国表明新政府的姿态和力量。

想法是好的，但总理和将军们显然忽略了一件事，在二月革命中获得了前所未有权力的士兵们现在已不再是往日那些任劳任怨的"灰色牲口"了，特别是《一号法令》的出台，让士兵组成的士兵委员会有权凌驾于军事主官之上，甚至有权决定部队是否服从军官的命令。在这种情况下，克伦斯基政府为了取得英法的信任而发动的大规模攻势，几乎还没开始就面临着被厌战的士兵们集体唱衰的命运。

此时，东线两侧，无论是德军还是俄军，都已疲惫不堪，双方士兵隔着战壕对空鸣枪以蒙混主官已成常态，很多地方的守军甚至相互串门、互通有无到不分彼此的程度，俨然成了跨越阵营的患难兄弟。特别是经过了长达3个月的革命洗礼之后，俄军更是兵骄将惰，沙皇的权威固然荡然无存，新政府的权威更是无从谈起。为了重肃军纪，克伦斯基政府甚至解散了4个集体拒绝开往前线的步兵团，逮捕了大批反战士兵。

1914年7月1日，清静许久的加利西亚战线再次炮声隆隆，在骑兵上将博罗西洛夫的指挥下，俄军两个集团军的几十万大军向当面的奥匈帝国战线发起了总攻，此即东线战史中有名的"克伦斯基攻势"。

一开始，一切顺利，在俄军强大的炮火覆盖下，奥军两个集团军迅速撤退，俄军顺利占领了斯坦尼斯劳、逼近利沃夫等战略要地。

但好景不长，由于俄军前进速度过快，弹药补给没有及时跟上，导致前线士兵很快就失去了炮火支援，反而只能在敌人的炮火下展开军事行动，而崇尚进攻、又是骑兵出身的博罗西洛夫上将显然不肯放弃眼前追击敌人的机会，但他忘了，他催动的并不只是座下有专人照料、保养良好的纯种马，而是背负着30千克给养弹药用两条腿跋涉了上百千米疲惫不堪的几十万士兵。一下子，俄军又变成了沙皇时代的"灰色牲口"。

随着战局的日渐胶着，一开始还能举着红旗、高喊着"乌拉"冲向敌阵的俄军士兵士气急剧跌落，有的连队集体当了逃兵，营级以上规模的哗变前线至少发生了9起，拜革命所赐，很多士兵委员会成了军官下达命令时的最大障碍，老兵们拒不执行军官的命令，还鼓动士兵集体反抗军官。

7月19日，德国援军开到了，他们迅速补上奥军防线的缺口，并找准俄军软肋，发动了凌厉的攻势。正在战壕里互相吵成一团的俄军马上陷入了灭顶之灾中，仅仅两天，俄军全线崩溃，他们努力了半个月才占领的阵地全部丢失。又过了两周，仓皇逃窜的俄军已经在他们出发地240千米之外了，大片领土被德奥联军队占领，俄军伤亡总数达到40万人以上，其中战死者就达6万人之多。

在第一次世界大战的背景下看，这并不是一场结局特别惊人的战争，索姆河战役，仅英军一天的损失数就达6万人之多，而在俄军以往的惨败史上，"克伦斯基攻势"也并不比其他的败仗更有意义，但这场惨败对于一个新生政权来说，足以致命。

为了弥补前线的损失、稳定住阵线，克伦斯基政府打算征调二月革命中出力甚伟的彼得格勒卫戍部队前往南部前线驻防，这引起了以革命功臣自居的卫戍士兵的强烈不满。在他们的鼓动下，彼得格勒再一次成了游行的天堂，除了几万名士兵外，还有50万工人、一万多专程赶来助阵的波罗的海舰队水兵，几十万人的游行队伍浩浩荡荡塞满了整座城市。

同样是在涅瓦河大街,游行队伍与忠于临时政府的警察部队、民团组织间爆发了激烈的枪战。与二月革命不同的是,这次,双方都是拥有强大武力为后盾的军事集团,因此破坏力也更为惊人。

经过一系列子虚乌有的指认和伪证,克伦斯基政府发布了对布尔什维克领导人的通缉令,并将克伦斯基攻势的失败全部推诿到了布尔什维克人身上,以便让这个令临时政府寝食难安的团体背负着叛国的罪名永难翻身。

在临时政府的花招下,7月事件有惊无险地平息了下去,彼得格勒又有700余人在枪战混乱中死亡。在克伦斯基的大军压境下,全俄工兵代表苏维埃通过决议,宣布拥护临时政府。

临时政府恩将仇报的举动,给布尔什维克们上了生动的一堂政治课,革命时期的政治本就是一场有你无我的豪赌。7月事件中,布尔什维克本有大把的机会能带领武装士兵和工人对临时政府取而代之,但却以妇人之仁放弃了这一机会,以后,经过此次教训的列宁等人终于对政权又了全新的认识。4个月后,他们将卷土重来,而到那时,将再无其他力量能阻止他们的行动了。

3. 帝国重生

旧的俄罗斯帝国土崩瓦解了,新的俄罗斯帝国第一次世界大战之后又再度浴火重生。它的崛起,昭示了一个古今不变的真理,求人永远不如求己。而第一次世界大战带给俄罗斯人的远不止这些,他们对西方发自内心的仇恨与敌视,自第一次世界大战而始,至今仍在俄罗斯总统普京的眼神中闪烁着。

限于篇幅,有关第一次世界大战中俄国的故事就到此为止。在长达4年的第一次世界大战中,俄国付出了800万人伤亡的惨重代价,却毫无收益,反倒有大片国土或变为荒地,或在战后成为协约国筹划世界版图的牺牲品。俄国人付出巨大的代价却一无所有，新生的苏维埃政权甚至还招致了前协约国盟友的武装讨伐和阴谋颠覆。第一次世界大战结束后，俄国被迫又卷入了一场时间长达3年之久、战区几乎遍布大半国土、死伤以千万计的大规模内战之中。

在一连串险象环生的内战中，苏俄军队越战越勇，并逐渐找到了自信，一批在行伍中经过百战锤炼才脱颖而出的将领取代了帝俄时期的珠光宝气的将军们，成了这支军队新的灵魂。在20年后进行的另一场对德战争中，苏俄军人终于摆脱了第一次世界大战时泥足巨人的阴影，从莫斯科一路打到柏林城下，并在德国议会大楼上插上了自己的旗帜，拉斯普京故作玄虚所说的斯拉夫人无法对抗日耳曼人的预言也在这一刹那灰飞烟灭。此后，以俄罗斯人为主体的苏联人以更加咄咄逼人的态势出现在世界舞台上。

对于世界来说，苏联的建立，使得人类社会在君主制、民主制之外，又多了一种选择的可能，而当后人循着列宁的脚印筚路蓝缕开始建设自己的苏维埃政权的时候，苏联则以先行者的姿态，给予了后者无数珍贵的经验和教训。无论是以计划经济为主体的经济结构，还是优先发展重工业的独特发展模式，无论是文化艺术发展过程中成败得失的经验教训，还是与西方"和平演变"方式的碰撞与妥协，无论是民族宗教政策所导致的利弊兴衰，还是自由思想泛滥后的异化与侵蚀，列宁所缔造的苏联的建立、壮大、强盛及至衰败、解体的过程，犹如一部史诗，从治乱兴衰的各个维度，不断给予着我们弥足珍贵的启示与教训。

而对于俄罗斯人来说，第一次世界大战犹如一道分水岭，将他们的历史分成了两半。第一次世界大战之后，协约国的见利忘义使他们从此后有了一样天然的诉求：对西方的不信任从此像基因一样在俄国一代代领导人的血液里传递着。无论是二战前的苏德亲近，还是二战结束后的铁幕拉开，无论是华约与北约的剑拔弩张，还是近年来在车臣问题、格鲁吉亚问题及乌克兰问题上的严重对立，可以说，俄罗斯人的近代史，正是从第一次世界大战翻开了崭新的一页的。在此之前，彼得一世及其后继者，都是将西方奉为效仿的老师；而在此之后，西方则成了他们永恒的天敌、一切阴谋的渊源。从这个角度看，第一次世界大战的阴影仍时时激荡着东欧的大地，从没有远去过，双头鹰望向西方的目光，从此充满了警惕与敌意。

第十一章大事记

1. 1917年3月8日,俄国彼得格勒爆发大规模民众抗议活动,虽遭到军警残酷镇压,但声势仍不断扩大,沙皇尼古拉二世下令限期弹压下去,结果引发彼得格勒驻军哗变,资产阶级临时政府建立,沙皇统治被废除,沙皇一家遭软禁,罗曼诺夫王朝从此灭亡。新的临时政府宣布继续在协约国阵营内对德奥作战,引发群众不满。

2. 1917年4月,列宁等流亡海外的革命领导人返回俄国国内领导革命,提出改革、退出第一次世界大战等要求。

3. 1917年7月,临时政府拼凑部队向德军进攻,遭到惨败,俄军损失总数达40万人以上,临时政府内政外交颜面扫地。

4. 列宁等人提出的停止战争的口号深入人心,引发临时政府镇压,列宁等人被迫流亡国外,继续遥控国内局势。

5. 1917年11月7日,彼得格勒再次爆发流血政变,亲布尔什维克的军队、武装工人推翻了克伦斯基领导的临时政府,世界上第一个社会主义政权成立,随即与德国签订了《布列斯特条约》,以让出大片国土为代价,换来了从第一次世界大战全身而退的结局,随后集中精力转入国内各地的武装平叛战争中。从东线解放出大批人马的德国准备将这支力量用于西线,实现跨越式突破。

第十二章　末世危言录

俄罗斯帝国爆发了内乱，退出了战争，英法军队在西线展开的一连串进攻都遭到了可耻的失败，贝当再次临危受命收拾起尼韦勒的烂摊子，恰在此时，德国又发起了针对英国的无限制潜艇战，不过这回，英国有了十足的把握，拉一个大家伙下水的把握。

1. 人性之战

1917年，对第一次世界大战来说是决定性的一年，在这一年里，双方战线虽然仍停留在1914年开战之初的地域里，德军仍然保持着进攻的态势，甚至美国总统威尔逊孜孜以求的没有赔款不会割地的停战斡旋眼看就要水到渠成了，但协约国总体实力的分量在战争的天平上终于压倒了德国战争机器的精细，总体战经过实践检验后终于要成为了真理。而在这一切成为真理之前，协约国一方必须要有人用自己的肩膀扛住一记记沉重的打击。

1917年，闹得最欢实的除了彼得格勒的工人和士兵外，就该属独掌大权的法国新任西线司令尼韦勒了。作为本国士兵恨之入骨的屠夫，尼韦勒丝毫不在乎底层的感受。因为母亲是英国人的缘故，他英语流利，又受过良好的英式教育，在英国贵族眼中，他是风度翩翩、沟通毫无障碍的不可多得的法国绅士。因此，别的法国军官要看英国人脸色行事，而尼韦勒不用，甚至唯独他才有面子邀请英军参加法军的军事行动，就冲这个，哪怕风评再差，他也能官运亨通。况且，尼韦勒还是霞飞与福熙爱如掌上明珠的接班人，无论是军事理论还是实践操作，他都堪称是霞飞的一路货色，只不过霞飞长相面善，才没把"屠夫"的帽子抢过来而已。

在英国的劝说下，法国民众的抗议声中，老迈的霞飞终于退出了战争的舞台。无论是法国人还是英国人，都对这个勤勤恳恳任劳任怨却始终缺乏灵气的陆军元帅失去了耐性。但值得霞飞欣慰的是，尼韦勒成了他的接班人，英国新首相劳合·乔治得知这一消息后高兴得手舞足蹈，忙不迭地给英国远征军司令黑格下令，让他所指挥的120万大军听命于尼韦勒。一下子，尼韦勒成了英法两国双料看好的香饽饽，尽管他指挥的战役没有一次不是伤亡惨重、战果寥寥的。

黑格一向以桀骜不驯著称，当年连自己的顶头上司佛伦奇的账都不买，如今

彼得格勒的工人武装

让他听命于尼韦勒,可能吗?这边黑格正运着气,那边的尼韦勒正为自己谋划了一个天才般的主意而兴奋不已。

此前,霞飞曾制订过一个未来得及实施的攻击作战计划,打算1917年2月英法两军从索姆河两侧分别出击,席卷过索姆河的旧战场后,进逼开战后就一直由德国占领的法国香槟省。作为法国世外桃源般的乐土,如果能收复香槟,无论对提升士气还是鼓舞民心都是一件大好事。可霞飞没等计划实施就被迫退休了。临退休前,他以行近托孤的方式,把这个计划托付给了尼韦勒。

对这个大而无当的计划,法国内部不少人都提出了异议。有人指出,尼韦勒从不上前线视察,事实上,德军已经将他们的防线推到了后方,大约3000平方千米左右的原德占区已经被德军经过细致的破坏后放弃掉了。因此,尼韦勒的这次攻势很大程度上要扑个空。况且,以往的经验证明,如果集中兵力于一点是有可能突破德军防线的,而如果背道而驰,把兵力像放鸭子一样散放在这么宽的区域里,面面俱到,必定头破血流。

但尼韦勒此时正是志得意满,当年在贝当的治下他都没服过软,如今自己平步青云了,还能听得进谁的话呢?

为此,他连反驳都懒得做,就直接向黑格下达了第一道命令:英军尽量往南延伸,接替部分法军的防线,以便法军的右翼尽可能向外延展。

4月9日,尼韦勒独立策划的这起攻势启动了。为了这次战役,英国做了最充分的准备,光是用于给炮兵铺路的碎石就运了200多列火车,重炮更是布置了2000多门,攻击正面上,平均每10米就有一门大炮伺候着。

在惯例的炮火覆盖后,英军士兵冲出了掩体,似乎尼韦勒的预言成了真。最初几天,德军的反抗微乎其微,英军进展顺利,甚至攻占了制高点维米岭,而伤亡比索姆河那次少很多。但很快,英军的幸福生活就到了头,离德军阵地越近伤亡也就逐渐大了起来,这个数字很快攀升到了每天5000人的水平,而且整条防线越来越难以突破,就这样,一次预料中的突袭,又变成了令人苦恼的攻坚战。

到5月中旬战役被迫停止时为止,英军伤亡15万人,德军损失18万人,英军防线只是向前推进了3000~5000米左右,虽然占据了比较有战略价值的维米岭,但却始终无法与右翼的法军会师、实现对德军的合围。

放下垂头丧气的英军不谈,法军那里又如何?

尼韦勒悲剧了!

战前,好大喜功的尼韦勒为了追求战役的效果,特意将原定的攻击正面从100千米增加到160千米。但不幸的是,德军的新防线设在一处高兀的山岭上,植被茂密,而法军的进攻路线经过德军撤退前的细致修改后,变成了一条条横向的窄道,很难大范围展开兵力。

更可怕的是,鲁登道夫根据以往的经验,对西线的德军工事进行了全面的改进,加大了三条防线间的距离,以避免两条以上的防线同时遭到炮火的打击,同时,还在三条防线的旁边设置了预备队,以便及时封堵任何一个方向上敌人的突破。此外,德军还特意设置了很多巧妙的诱敌点,法军延着看似隐蔽物很多的路线前进到德军机枪射程时才会惊讶地发现,自己周边没遮没拦,完全暴露在德军暗堡的机枪枪口下。更要命的是,由于黑格的掩护性攻势已经结束,鲁登道夫得以从容调集了38万人的防守兵力。

对这些,尼韦勒毫不知情,刚刚也发动了战役并碰了一鼻子灰的黑格发现了德军的门道,但选择了沉默。就这样,尼韦勒麾下的120万法军在120辆坦克的支援下,向着鲁登道夫精心构筑的钢铁防线一头撞了过去。

德军防线前堑壕密布、沟壑纵横,法军的坦克不是掉了链子就是陷进了坑里出不来,而鲁登道夫还专门设置了远程大炮来招呼这些坦克。第一天,这些坦克几乎没放一炮、没见到敌人的影子,就已被炮火击毁52辆、击伤28辆、40辆陷入泥地或深坑里而全部报废。

步兵的攻势更可怜,由于当天下起了雨夹雪,法国步兵的前进道路上充满了泥泞与坎坷,大部分部队还没等接近德军的阵地,就遭到炮火的无情打击,一小部分说不上幸运或更不幸的部队靠近了德军防线,却被倾盆大雨般的子弹打得整营整连地死在战场上。匆忙败退下来的法军企图在山脚下稍事休整继续攻击,可德军竟然推着轻型火炮往前移动,再次把他们纳入到炮火打击范围内,猝不及防的法军死伤众多。

这一幕,如同西线以往发动的任何战役一样,都想靠突袭取胜,最后却都变成了死人无数的拉锯战、阵地战或攻坚战。好歹索姆河战役还能使用一下坦克,这里山高林密,坦克不用敌人打都能自己报废掉。

此时,尼韦勒进退维谷,本来如果就此收兵的话,法军的损失还可承受,新司令官上任第一把火就烧成了这样,说不过去啊。尼韦勒天生就是个赌徒,他一再下严令,命令部队从各个方向撞向鲁登道夫的防线,企图用无数的人命试探出一处可供突破的薄弱地点。可没想到的是,鲁登道夫的战略预备队处处皆是,一点突破,马上封堵。伤亡惨重却被迫重新一次次投入攻击的法军一片片陈尸雨雪交加的森林之中。德军阵地前,层层叠叠摞满了好几层法军的尸体,尸堆甚至一直延伸到数千米之外德军炮火的极限处。

到最后,法军巨大的伤亡,让法国的战争部长都急了,强行勒令尼韦勒停止进攻,但尼韦勒这个混蛋赌徒,不管不顾,仍一味地把部队一批批整营整连地扔进眼前黑黢黢的山林中——几乎没人能活着回来。

4月21日,攻击终于停止了——一批即将被尼韦勒亲信、同样以"屠夫"著称的曼京驱赶进死亡森林的非洲黑人士兵在最后一刻急了,他们高喊着:"结束战争!让那些对战争应该负责的人去死!"

随后,犹如雪崩一般,整个前线的法军不约而同地同时拒绝进攻,这是第一次世界大战中最壮观的一幕,远比3年来那些打着爱国名义进行的无谓的自杀式攻击要高贵百倍。长期以来,一直命比马贱、在军官的皮鞭和督战队的枪口下向死而生的士兵们,终于迸发出了"不"的吼声。以往,他们的性命只是高级军官们眼前战役报表上冰冷的数字,而如今,他们的情绪经过后方的口耳相传,变成了席卷全国的抗议浪潮。

两天后，迫于社会各界的压力，普恩加莱总统亲自下令停止进攻。在此次为期仅一周的攻势里，法军伤亡高达27万人。

尼韦勒此时也很明白自己目前的处境，于是想到了丢卒保帅的妙招，先将一向和自己朋比为奸的曼京当作替罪羊革了职，一看不能过关，又想拿其他的将领开刀，以求保住自己好不容易坐上来的总司令宝座。但这时，就连将领们也都看穿了他的嘴脸。一直对这次攻势持保留态度的米歇尔受到尼韦勒的指责后，怒不可遏："我从来没有停止警告你，你竟敢让我为你的失败担责？你知道你这种行为叫什么吗？这叫怯懦！"

尽管德皇没有给尼韦勒颁发勋章，但稍通数学的人都能算得清，第一次世界大战之中，杀伤法国士兵最多的，不是克鲁克、比洛，也不是鲁登道夫这些德军将领，而是法军总司令尼韦勒。但此时，法国官官相护的风气占了上风——毕竟把这个人渣推上高位的，正是从普恩加莱到霞飞等一干高官，甚至还有劳合·乔治这样的国际友人的情面在里面，总得给大家个台阶下。

于是陆军部长提议，由在士兵中威望甚高的贝当担任法军的总参谋长一职，负责指挥法军的作战，同时让尼韦勒主动辞去总司令之职，待俩人稍稍过渡一下，尼韦勒再悄悄退役，从此淡出公众视野。这本身已是对其最大的偏袒了，指挥如此低能，造成法军如此巨大的损失，又闹出这么大乱子，没把他押送到军事法庭上进行审判，绝对算是法外施恩了。

尼韦勒的心理素质真不是一般的硬，就是不辞职。众人见状，只得一纸令下，将其踢走了事。

贝当上任后，任务空前艰巨，各处法军受尼韦勒攻势的影响，纷纷拒绝出战，甚至连督战队都出于同情而站在了士兵一边。整个前线，只有几个师的法军仍忠实地履行自己的责任，坚守在战壕里，其他地段很多都已空无一人。不仅如此，1914年开战之初，法军仅有400多例逃亡事件，而拜尼韦勒所赐，在这个春天，有两万多法军士兵当了逃兵，其中不乏作战英勇的老兵、骨干，他们甘愿四处逃亡，也不愿意回到注定要送死的囚牢中去。

为了重新唤起法军的士气，贝当开始了艰苦的努力，他就像一个保姆一样，对法军士兵们循循善诱。同时，他把自己在凡尔登战役期间曾采取的措施推广到了所有法军部队里，包括能拉到前沿阵地的野战炊事车、士兵轮换制以及最重要的以钢铁而不是血肉进行战争的军事观点。

另一边，德国终于迎来了开战以来最好的时期，各条战线凯歌齐奏：英国尽管仍在死撑，但潜艇战的枷锁令其勉强自保而已；深陷革命漩涡的俄国早已无力再战，"泥足巨人"已彻底融化成了一堆烂泥；最危险的则是法军，其前线部队大部分卷入了哗变之中，整个军事机器基本已经停摆，有的战壕甚至已无人防守，只有几个师的兵力仍在忠实地履行着自己的职责，而贝当的一系列安抚措施刚刚到位，效果还尚不明显。德军如果了解了这一切，只要迈开步子走上两天，就能抵达此次世界大战的终点站巴黎了。

幸运的是，鲁登道夫对法军的情况并不知情。倘若德军了解到法军尸山的背后发生了什么的话，他们可以轻而易举地沿着尸体铺就的血路一路走到巴黎，中途不会有人阻拦他。但是，尽管对尼韦勒、曼京这样的将领充满了仇恨，对法国政府的战争举措充满了愤怒，但法军士兵仍不约而同地坚守着法兰西最后的秘密。因此，尽管鲁登道夫手中新近抓获的数千法军俘虏中不乏带头哗变、对法军情况了如指掌者，尽管向来重视情报工作的德军情报部门一直没放松过对俘虏的审问甚至是拷打，但自始至终，没有一个法国俘虏告诉德国人，法军已崩溃，他们可以单车匹马直捣巴黎。在俘虏的口中，鲁登道夫得到的唯一情报是，美国人真的来了。

2. 黑格的妙算

当协约国士兵第一次看到满载美军士兵的卡车疾驰而过时，恐怕没人会觉得欣慰，因为那情形像极了今天社会一个招摇过市的暴发户开着陆虎车溅路边农民工一身泥的景象——衣衫褴褛的协约国士兵面黄肌瘦，目光呆滞，这场持续了3年的战争对他来说就意味着生活的全部，而卡车上的美国青年们穿着崭新的咔叽布制服，面色红润，有说有笑，这场战争对他们来说就像是一次寻常不过的踏春之旅。而在当时欧洲民众的心目中，美国仍只是那个偏远蛮荒、野牛遍野的地理概念。美国的军队首次出现在欧洲战场，这事还真拜我们的老熟人威廉二世所赐。

进入1917年，英德之间的海上斗法日趋激烈，在德国潜艇的严密封锁下，英国每4艘货船中就有一艘被德国潜艇击沉，这年春天成了英国历史上少有的饥饿之春、土豆之春。

就在德国加紧对英国交通线打击的时候，英国人破译了德国的一封电报，译文很快送给了美国总统威尔逊。

这封电报表明，德国正密谋和墨西哥结成联盟，一旦美国向德国宣战，得到德国支持的墨西哥军队将越过美墨边境，进攻美国后方。美国就这样走上了第一次世界大战的舞台。

美国大军出现在欧洲，尽管做这个决定前，美国陆军仅有13万人，而且没有坦克、没有飞机，机枪也少得可怜，部队的最大建制才是团，更关键的是，美国士兵都没有经受过第一次世界大战的洗礼，对于这场已经蔓延了近3年的战争来说，他们太年轻了，因此饱受质疑。

质疑者之一就是黑格，或许是因为他的远祖曾经在美国独立战争中与美国民兵交过手而且没赢的缘故，在各种场合，这位英国远征军的司令从不掩饰他对美国人的轻蔑。光是言辞上的挖苦看来还不够，他打算在美国远征军投入战斗以前，通过一场战役来充分体现英军才是这片大陆主宰的事实。

法国人靠不住，无论是尼韦勒还是霞飞，从来如此，美国更是这样。黑格相信自己的军队有能力独立完成一次大规模的进攻，从而突破伊普尔的德军防线，把战争推进到佛兰德平原一带，那里将是他的新宠——坦克部队的乐园。黑格的想法得到了皇家海军的支持，因为比利时海岸具有很高的战略价值，因此同意必要时利用舰炮的火力对黑格的进攻提供掩护，这样就能省去黑格在泥泞的佛兰德平原上拖拉火炮之苦。

佛兰德平原是比利时西南的一片地势低洼的土地，很多地区的海拔甚至低于海平面。在古代，由于长期内涝盐渍，这里是片不毛之地，直到为躲避封建主压榨的比利时先民们来到这里，他们用勤劳的双手先是把这片不毛之地变成了一个人工的盆景——到处是拦海的水坝和超级复杂的排水工程，然后，这里变成了著名的鱼米之乡——佛兰德地区成了西班牙王冠上最为璀璨的明珠，并因此成为西班牙国王实现征服世界的"提款机"。当然，所谓富饶是指经济生产而言，作为战场，佛兰德地区并不合适，因为海拔太低了，随便在哪里铲上两锹土，水就会汩汩地冒出来。而在烂泥中打仗，显然是任何军队都极力避免的苦差事。

对此，黑格有自己的打算，他的参谋人员告诉他，每年佛兰德地区有一个时间不长的旱季，在这个季节里步兵和骑兵可以轻松地开过这片平原。此外，除了海军的支持，黑格显然还掌握了一种秘密武器——地道，从1915年开始挖掘的这个地道系统，已经一直通到了德军制高点梅西岭的地下，里面塞满了炸药，一旦拔掉这颗钉子，英军就能一举突破德军的防线。正是因为有了这么多的保证，黑格丝毫没有理会包括贝当等人在内提出的各种反对意见。

7月7日，英军独自主演的尚斯帕尔战役上演了，史称第三次伊普尔战役。英军强大的炮火覆盖了德军阵地，然后，19条埋在德军脚底下的地道同时引爆，数千名英军连同他们所在的山岭瞬间变成了一片巨大的烟云，隆隆的声响甚至传出了数百千米之外，随后几天，英军在海军的配合下，向德军的防御纵深发射了包括10万发毒气弹在内的400万发炮弹，仅死在炮击下的德军就多达3万人。

随后，英军开始了蓄谋已久的攻势，然后，他们陷入了无穷无尽的烦恼之中——战役开始前，贝当曾经苦口婆心地劝过黑格，佛兰德平原脆弱、精密的排水系统是经不住大规模炮击的，否则法国军队早就这么干了，但黑格仅把这话当成是百废待兴的法军不想让英国独揽战功的表现之一。而当下，贝当的劝告全变成了现实：从天而降的雨水与自下而上涌出的地下水共同构成了英军最可怕的敌人，天上地下纷纷淌水，士兵们不得不在齐腰深的水中行军、作战、甚至是睡觉，苦不堪言。

正当英军在泥水中苦苦挣扎的时候，德军已在后方重新构建起了新的防御工事。等英军好不容易爬出佛兰德平原的泥沼，正庆幸今晚不用睡"水床"的时候，迎面而来的竟是德军好整以暇的密集炮火。英军只得连滚带爬地转身又钻进刚刚爬出来的水窝子里暗自饮泣。

此时，屋漏偏遭连夜雨，原来的雨水只是前奏，佛兰德平原真正的雨季开始了，让黑格和他的英军们充分领教了佛兰德平原的威力——每一个弹坑都注满了水，士兵一旦掉进弹坑就面临着灭顶之灾，以前还能勉强通行的地方则成了一片片沼泽，坦克难以开进，飞机无法起降，甚至连骡马也无法动弹。英军士兵整营整团地泡在水里，忍受着德军无休无止的炮击和扫射。

就算如此，黑格仍勒令英军向当面的德军一次次发起进攻，说进攻，其实就是一场场泥地爬行比赛，德军居高临下，英军手足并用，以每爬一米得滑下去50厘米的速度与烂泥和德军的子弹抗争着。

3. 铁血康布雷

经过佛兰德平原的"洗礼"，黑格总算明白了一件事，不仅盟友是靠不住的，上司是靠不住的，同僚是靠不住的，甚至连脚下的大地都是靠不住的。为了把德军主力从伊普尔地区引开、把自己的部队从水里捞出来，黑格准备在9月份发动一次攻势。在总参谋部富勒上校的建议下，他选择了富勒圈定的一块地方进行新的攻势，这个名叫康布雷的地区也是水网密集的地区，而且宽度仅有10千米，并不适合大兵团作战，但富勒选中这里有一个最充分的理由——因为地下有一层白垩岩石的阻隔，这里的土地是干的。

这个位于法国北部佛兰德平原上的名为康布雷的小镇从此一战成名，而和第一次世界大战时期一连串各类规模庞大、方式相近、指挥老套、指挥官智商始终未见提升的战役相比，康布雷之战尽管规模不大、效果不明显，但却凭借卓越的想象力成为第一次世界大战中最具现代战争特点的战役。

英军第三集团军司令宾将军奉命指挥此次作战，他的目标所在是德军离此不远的兴登堡防线。受宾的指挥用于这次进攻的有19个师，其中最主要的就是一批刚从英国运过来的坦克。对面的德军司令则是读者朋友们的另一个老熟人、茜茜公主的嫡亲侄子、巴伐利亚皇储鲁普雷希特，他的手下一共有6个师，其中有3个步兵师和224门火炮布置在康布雷一线。德军防御纵深达9000米，由3道各筑有2~3条战壕的阵地构成。

拜富勒上校周密的事先考察所赐，英军的计划周密翔实，其主要方式是使用坦克突破德军的防线，然后撒出去几个步兵师和骑兵师扩大坦克突破的战果，从而一举消灭两条运河间的敌人并攻占康布雷镇。

为不让敌人知悉英军的这一攻势，英军开始注意到战略隐蔽的重要性，英国防线后面的一处森林，正好为大量坦克提供了掩蔽。进攻之前，所有坦克都不准驶近德国的前哨视野范围内。不仅如此，为了隐蔽坦克的行踪，他们还专门派出了飞机在前线上空低空盘旋，用发动机的噪音来掩盖坦克开动时的轰鸣声。美术家则用最新的迷彩技术伪装车辆和大炮，在德军空军侦查员看来，下面只是一些略显古怪的农田和村舍而已。

事实证明，这种精心策划的战术欺骗，远比用大炮轰炸敌方阵地几天几夜要有用得多。

11月底，英国第3加强集团军破天荒地在没有大规模炮火准备的情况下，仅依靠步兵、航空兵和炮兵的协同，在宽达12千米的正面以476辆坦克为先导，突破德军的防御阵地，占领康布雷，向瓦朗谢讷发展。

11月20日凌晨6时许，英军的400余辆坦克在炮火的掩护下，在步兵的伴随下，向德军阵地发起冲击。坦克以每3辆为一组（1辆在前，2辆在后），相互保持100~120米的间隔，组成冲击队形。奇怪的是，坦克上还绑着大堆的柴捆，让周围的步兵迷惑不已——莫非因为德国潜艇的封锁，我们的燃料都不够了，连坦克也需要烧柴了吗？尾随坦克的步兵也分成三部分，第一部分负责配合坦克夺取战壕，第二部分负责封锁战壕，第三部负责增援。

由于省掉了以往双方均作为大规模进攻的"开场歌舞"使用的弹幕射击，英军的突然进攻一下子打乱了德军的部署，前线的德军甚至还来不及通知后方的司令部，坦克就冲到了近前。

轰鸣的坦克向德军堑壕前进，以往让步兵们望而生畏的带刺铁丝网被坦克履带压成了铁丝。为了防备英国坦克，德国的堑壕在鲁登道夫的统一规划下，已达4~5米宽，在前不久的那次伊普尔战役里，这种战壕灌满水后竟然生生淹没了几十辆英军坦克。眼看着战友在炮弹都打不透的钢铁堡垒里被活活淹死，德国新堑壕从而成为英军坦克手的心理阴影。

为了对付这个障碍，在富勒的提议下，这回英国坦克都携带着大捆的柴束，长度正好是一辆坦克的宽度，把它们投在堑壕里，很快便形成了一道能让坦克和步兵快速通过的通道。

看着古板的英国军队居然敢不按常理出牌，一下子就神兵天降到了自己的前沿阵地前，猝不及防的德军士兵非死即降，剩下的纷纷放弃阵地掉头就跑，几道防线几乎未经大战就轻易易手了。

正是在这精心策划、周密准备的基础上，英军在付出4000人伤亡、坦克毁伤200余辆的代价后，仅用一天时间，就在德军10千米宽的战线上推进了7千米之多，消灭德军上万人，仅俘虏就抓获了7500人，创造了第一次世界大战陷入堑壕战以来单日突破最快、距离最长、伤亡最少、俘虏最多的一连串纪录。

得知这一消息，伦敦所有教堂自发鸣钟庆贺，钟声响彻云霄——上回因为对外战争的重大胜利而全城敲钟，还是1588年的时候，那一年，西班牙想要入侵英格兰的无敌舰队遭到了彻底的覆灭。4年来，尽管战事频发超越前代，死伤枕藉更是几乎家家垂孝，而对英国人来说，还从未有过如此重大的胜利。

第一次世界大战之后，法国的贝当、戴高乐，德国的曼施坦因、隆美尔，苏联的朱可夫、美国的巴顿、史迪威等军事家都系统总结梳理了第一次世界大战的经验得失，康布雷的余味才再度被发掘出来，并形成衍化为各国二战爆发前一系列以坦克突击为主要手段的闪电战思想。炮火短暂覆盖后以坦克突击、步坦协同为主要手段的诸兵种协同作战模式，不仅广泛应用于二战时期的东线、西线与北非的战事，甚至在二战结束后仍一直深深影响着世界各国的军事发展思路。可以说，在20世纪的历次战争中都不断闪现着康布雷之战的余风。

然而，这么重大的成果、划时代的突破，却被英军白白错失过去了。原因还是黑格。他以协约国军队要援助意大利前线、兵力不足为由，停止了康布雷方向的军事行动，从而让德国从容化解掉迫在眉睫的危机。

于是，尽管手中掌握着上百万精锐，法军也在贝当的领导下重新恢复了士气，美军也已整师成军地开拔到了法国，但黑格居然仍以兵力不足为由，拒绝给康布雷增加兵力，这不是嫉贤妒又能是什么呢？

在黑格的身体力行与潜移默化下，康布雷的创造性成果很快就灰飞烟灭，战争重又回到堑壕对堑壕、血肉换血肉的低级消耗战状态。德军不失时机地从他们在佛兰德的第四集团军那里得到了增援。其他后备军也从俄国革命爆发后再无战事的东线调集回来。康布雷前线，战争再度退化为传统的堑壕战。由于这里地处平原、地势低洼，并不利于英军的防守，因此在11月30日的反击中，德军夺回了第一天失去的战略要地。到12月3日，英军被迫后退，康布雷突击所取得的战果几乎损失殆尽。

12月，暴风雪终于让康布雷战役画上了句号。持续两周的战事，英军伤亡4.5

万人，德军损失大致相同。有1.1万名德军被俘，其中大部分都是战役发起第一天被俘的，而英军被俘的约9000人则几乎全部是黑格改弦更张后的牺牲品。

当康布雷失利的消息传来，伦敦陷入一片沮丧之中。议会对此展开了调查，但就和往常一样，调查团断定一切灾难都是下级军官和军士们的过失。将军们当然都是无可指责的，据说，黑格在此阶段甚至还得到了一枚勋章。

在黑格的"不懈努力"下，英军终于成为1917年西线的"绝对明星"，总共有40多万协约国士兵在这一连串徒劳无功的战役中或死或伤，伤亡数字之所以比尼韦勒时期的有所减少，并非将领领导有功，而是双方都已拿不出更多的兵力了。而战线仍旧与1914年时的一样，唯一的变化则是，英军也被打残了，士气低落，几个月以前尼韦勒的遭遇差点加诸于黑格的身上，在英国，他成了妇孺痛骂的对象。

4. 最后之战

尽管最重要的奥匈帝国已成了堆不起的烂泥，东南欧的奥斯曼土耳其也在英军的煽风点火持续打压下奄奄一息，但1918年的新年，仍让鲁登道夫等人看到了一丝胜利的曙光。曙光来自东方——外有步步紧逼的德国东线部队，内有风起云涌的白卫军叛乱，俄国新建立的苏维埃政权面临着内忧外患的局面，列宁、托洛茨基等领导人果断决定，与德国签订停战协定，让红军抽出身来对付国内的叛乱。签字仪式甫毕，苏德双方代表都长舒了一口气，对列宁来说，这意味着俄国已结束了第一次世界大战的噩梦，对鲁登道夫而言，这意味着80个几乎齐装满员的步兵师能投入到西线的攻势中来。1918年的早春，就在鲁登道夫的磨刀声中开始了。

整整3个月的时间，西线一直沉浸在静谧的气氛中，连黑格这样感官极度迟钝的人都预感到了事态的严重——这种不寻常的宁静是暴风雨即将到来的前兆，德国人必定在策划一场新的攻势,而且是规模空前的。但是,雷神之锤何时落下,只有老天才知道。

实际上,不仅老天知道,在德军总参谋部所在地的布鲁塞尔,连街上的孩子都知道,德军将在3月21日发动新的攻势的事。由于破译了德军的密码,参照各地间谍的回报,这个消息甚至早就传到了伦敦并得到了确认。但是黑格并不想就此有什么反制举措,只是将前线炮兵的弹药增加了一些,每门大炮得到了包括300发毒气弹在内的1200发炮弹。他认为,无论德军有什么动作,只要英国大炮有弹可用,一切进攻都将是徒劳的。

鲁登道夫的指挥部里,参谋们日夜工作着,正为200个师的柴米油盐、衣食住行忙碌不已。按照鲁登道夫新的计划,德军将于近期展开一次规模空前的攻势,由东线抽调回来的80个师将成为西线德军粉碎一切抵抗、直捣巴黎的铁拳。

至于突破的地点,鲁登道夫老辣地选择了英法军队防线交界的英军第五集团军,这支部队战线最长、防卫最薄弱的地方,而且根据以往的经验判断,一旦这里遭到进攻,离此最近的法军是不会马上过来救援的——所有的结合部都是最脆弱的,无论是人体还是防线,都是如此。

1918年3月21日凌晨,德军传统的炮火准备开始了。80千米宽的战线上,6000门火炮冲着远处英军的阵地开始了饱和式轰炸。与以往不同的是,这一次,德军的大炮不像以往那样只是专注于英军前线的障碍与堑壕,而是直接奔着英军前线后方的炮兵阵地去了。刹那间,英军的炮兵阵地变成了一片火海,烟石乱飞,拜黑格所赐,堆积在炮位附近的大批炮弹纷纷爆炸,毒气乱冒,侥幸没被炸死的英军炮兵被自己的毒气熏得死伤累累。

上午9时许,德国的第二轮打击又接踵而至,由前沿部队发起的这次迫击炮攻势,投入了3500门迫击炮,它们发射的弹雨像雨点一样砸向当面堑壕里的英军。

9时40分,数百架德国战斗机飞临阵地上方,以超低空俯冲轰炸的方式,对刚刚饱受国德军两轮炮火袭击的英军前沿阵地进行攻击。在德国飞机飞过头顶的瞬间,上百万德军士兵冲出隐蔽了多日的堑壕,发出排山倒海般的吼声,冲向英军阵地。

眼看着自己的阵地已成一片废墟,英国第五集团军司令高夫连忙向附近的法军求援,但法军司令贝当要求邻近部队坚守阵地,不得擅动。

原来,就在几天前,法军前线部队刚刚截获了一份德军的绝密文件,文件披露，德军将于3月26日对法军进行一次大规模的进攻，而在进攻之前，会先向英军邻近部队发起佯攻，以此搅乱协约国视线。对这封情报，贝当格外重视，英军高夫的电话更让他对这份情报的准确性确信无疑了，尽管电话那头高夫已是歇斯底里，尽管自己手头有50个师可供调遣，但贝当坚信这只是情报所说的佯攻而已，始终按兵不动。贝当没有想到，法军俘获的气球、气球内的情报以及当下他的按兵不动，全都是鲁登道夫西线攻击计划的一部分。

高夫的部队仍在负隅顽抗，但源源不断的德军正使得越来越多的英军部队或是已经崩溃，或是濒临崩溃的边缘。

而直到此时，贝当才蓦然警醒过来，发现自己上了鲁登道夫的当，他连忙让友邻的法军部队前往支援，同时收缩防线以防德军包抄，但为时已晚。刚用自家的炮弹炸飞了自家的炮兵阵地后，黑格来不及懊悔就接到了高夫的告急电话，安排高夫所部和临近的第三集团军赶紧撤退到索姆河一线就地防御。顽强抵抗了一天的高夫所部全线撤退，通往后方的公路上到处是逃散的部队、物资、伤员，在他们身后1000米远，已能隐约看到意气风发的德军先头部队的身影。

按照鲁登道夫的计划，德军突破防线后，将不再像以往那样掘壕固守、给英军喘息之机，而是轻装前行，不断打击敌军侧后，让敌人的战线无法稳定下来，同时攻占一切战略要点。概括而言，鲁登道夫这套战法的要点就是"追尾、卡腰、掐头、占点"——30多年后欧亚大陆的另一端、冰天雪地的朝鲜半岛上，一支中国军队将这第一次世界大战法发挥得更为淋漓尽致，打得当时素有天下第一劲旅之称的美军陆战一师狼狈不堪，从而取得了入朝之后的首战大捷。如今，德军的紧贴打法让英法军队丢盔弃甲狼狈不堪，连喘息之机都没有，别说坚守索姆河防线了，估计一路得撤到西班牙去了。

英军且战且退，法军首尾难顾，德军如影随形，眼看索姆河防线也要落入敌手了，尽管离前线还有100多千米之遥，但远在后方的巴黎此时也陷入一片忙乱之中，恰在此时，一颗颗巨型炮弹从天而降，打乱了巴黎的宁静。

原来，就在协约国大军前线面临崩溃险境的同时，德军又使用了一种新奇的武器来瓦解后方敌人的士气，这就是赫赫有名的巴黎大炮。与其相比，先前的"大伯莎"攻城炮都显得娇小玲珑——巴黎大炮拥有10层楼一样高的临时炮架，它能将数吨重的炮弹打到40千米高的太空中，然后落在120千米外的目标区域里，而120千米，正是德军前线到巴黎的距离。

一片混乱中，最终还是法军总参谋长福煦发现了端倪：如果英法两军联手抗敌，德军势孤，肯定不会得逞，但眼下黑格是在往北撤退以保护英军最后的退路海港，而贝当的法军正在往南撤退以保护巴黎，德军正是抓住了英法军队截然不同的战略底线，采用如庖丁解牛般中路突破的方式，才让协约国军队溃不成军的。眼下，要想挡住德军的致命一击，英法之间必须要建立更高等级的联合军事指挥司令部协调行动才行！

3月26日，英法两国代表在距离前线仅30千米的杜郎召开了会议。在会议室里，远处德军隆隆的炮声依稀可闻。鲁登道夫做梦也没想到，正是他狂飙突进的炮声帮了大忙，最终促使两国代表放下成见，达成了一致：由法将福煦协调指挥英法两军的军事行动。

还没等福煦做出新的部署，美军指挥官潘兴将军就主动找上门来请战，并主动要求将美国远征军置于福煦的统一指挥之下，如此一来在，在法国的各国军队将成为一体，单凭数量上的优势就能彻底压倒德军了。

可事实证明，福煦的运气比他的思想要好得多。在军事学院里，他作为"攻势邪教"的教主，培养了一批诸如尼韦勒、曼京这类光会祸国殃民的蠢货将领，给法国带来了巨大损失。但作为一个常年沉浸在军事学术研究中的学者，他看待问题的精准的确不同凡响，正是他，抓住了鲁登道夫看似完美无缺的攻击计划的薄弱环节。可是，还轮不到他发威，德军的攻势就因动能耗尽、急需休整，在离巴黎60千米处停顿了下来。

此役，德军推进了60余千米，占领了3000平方千米土地，消灭英军26万人，法军7万余人，缴获大炮仅千门，取得了第一次世界大战开战以来最辉煌的胜利。列宁的停战决定挽救了俄国，激励了德国，却使英法两国差点陷入深渊，恐怕直到此时，以前一直拿俄军当炮灰使、拿尼古拉二世当乞丐打发的英法两国才会依稀念及沙皇尼古拉二世一家的好处吧？

整整两个月的时间，德军似乎又回到了以往堑壕战的状态里，除了在协约国军队匆匆驻防的战线上打开了两个缺口外，一直处于静态防御的态势。莫非英国对德国的海上封锁见效、德军补给耗尽精疲力竭了？

非也，全因鲁登道夫又发现了新的宝地——在两军前沿一个叫夫人路的山脊背面，有一条直通巴黎的大路，而这条山脊陡峭嶙峋，山谷中荆棘密布，难以通行，协约国军队做梦也想不到，德军会在这里发动新一轮大规模进攻。而一旦攻占了这条山脊,就可沿这阳关大道直通巴黎了!

5月27日,攻击继续开始,果不其然,不到两个小时,法国守军就被德军凌厉的攻势赶下了夫人路山。不到一天的时间,协约国军队匆忙构建的防线就被撕开了一条宽达40千米的大缺口,两个月前的灾难性一幕再度上演,只不过,这次离巴黎更近、状态更惨而已。英国人又开始考虑诸如让200万远征军被德国俘虏会有何危险一类的话题,而法国人则开始谈论迁都北非的具体事宜。总之,受此战所累,南北两方向上数百千米内的协约国防线再次面临着崩溃的危险。

在马恩河边,一支精锐的美军部队及时堵住了协约国防线上的缺口,在临近的贝洛森立里,他们和气势汹汹志在必得的德军展开了短兵相接,尽管在这里美军部队以巨大的伤亡阻止了当面德军的突破,尽管此战日后被美国和法国渲染成了美法友谊的象征,但马恩河不只这一小段河道却是不争的事实,在其他地段,鲁登道夫的军队正源源不断度过马恩河向巴黎挺进着,前锋已达巴黎郊区的贡比涅森林。

这时,上任两月一直焦头烂额的福熙也恍然大悟了,与其让鲁登道夫牵着鼻子走,不如寻找战机主动出击,和德军展开对攻:一来,德军远道而来,志在必得,因此防线不像以往那样坚不可摧;二来,德军离巴黎越近、可供战略选择的进攻方向就越明朗;三来,此次战役开战以来一直是德军进攻协约国防守,德军做梦也想不到法军百败之余会主动发动攻势。福熙研究了一辈子的"攻势邪教"误导了无数的良家子弟,这次才终于找对了路。

在德军有可能发动攻势的兰斯地区,福熙用美法联军布下了一个四门兜底阵,顾名思义,就是一个大口袋,等着德军钻进来再封口狂攻。果不其然,没两天鲁登道夫的部队就来了,总共48个师的德军钻进了这个大口袋,福熙美中不足的是,做口袋的布料太少,只有来自3个国家的43个师,但协约国军队却占据这数量上的绝对优势——平均每个师兵员都在1.7万人以上,而德国的这个数字仅有7000人。

一路凯歌高奏的德军做梦也想不到,他们打败了这么多英军、法军,却在离巴黎这么近的地方遇到这么多的敌人。两天之内,德军丢弃了4个月来他们流血流汗得到的所有土地和梦想,再次远离了马恩河,一路重新回到3月底之前他们打败英国人的旧堑壕中。

但协约国军队显然也从此前的战斗中学会了鲁登道夫的追尾战术,丝毫没给德军喘息之机，在福熙的指挥下，一连串组合拳频频发出。8月8日，由英军主导的反击战开始了，在430辆坦克的引导下，20万英军扑向德军刚刚就位的阵地，喘息未定的德军，既无重炮支援，也无深壕可守，只好继续跳出战壕向德国的方向玩命狂奔，这一天，德军遭到了开战以来最惨重的损失，8月8日也以历史性的决定意义载入了协约国各国的史册之中。

1个月后，在坦克的前导下，英国军队率先突破了兴登堡防线，兵锋直插德国境内。就像《指环王》第三部所描写的那样，正义的人类王国与精灵王国联手，向邪恶的魔都发起了一连串致命的打击。

此时，曾经称霸欧洲大陆、威风不可一世的德国已陷入孤家寡人的境地。

在奥地利尚未断气之前，它的孪生兄弟匈牙利抛弃了它，宣布了独立，奥匈帝国末代皇帝卡尔大公宣布帝国内各民族可自行决定去留的消息后，悄然流亡海外，立国长达千年之久的奥匈帝国就此瓦解，奥匈帝国的军队几乎一夜之间就消失殆尽了，克罗地亚人、捷克人和匈牙利人纷纷返回了自己的祖国。在意大利前线，协约国派出了50多个师的登陆部队，准备帮助意大利军队进行第13次伊松左河战役，但不用打了，对面的50万奥地利军队一夜之间就消失得无影无踪了。保加利亚、奥斯曼土耳其这两个小兄弟见风向不对，早就在一夜之间通过一场闹剧般政变的方式完成了他们由同盟国向投降国的转变。

9月28日，得到兴登堡防线被突破的消息后，鲁登道夫与兴登堡两人面面相觑。在以往四年的时间里，俩人联手创造了一系列的奇迹与辉煌，俄国革命、英法的无数次窘迫，意大利军队的痛苦呻吟，全都因这一对梦幻组合而来，他们也因此成为德国战无不胜的象征。而如今，面对协约国挺进德国所能带来的报复，他们却都不约而同地陷入了沉默。良久，鲁登道夫又像以前每一次提出一个大胆设想时一样，说出了自己的提议："事已至此，必须要求立即停战。"兴登堡则像以前那样又一次点头同意了搭档的意见，唯一不同的是，这一次，他眼中噙满了泪水。

停战协定签订前后的岁月，是德国历史上最为悲惨的时期。德国海军水面舰艇几乎都被困在了军港里，饥饿、战乱使得军心涣散，军队内部发生了此起彼伏的革命和骚乱，就连柏林也面临着随时被叛乱组织占领的危险。外有协约国的海上封锁，内有不同政见者的同室操戈，连战连捷的德军垮了，威廉二世的霸主梦也醒了，只好急忙跑到另一个亲戚家——荷兰去避难，德国临时政府成立后第一件事，就是向协约国投降。

在一片混乱中，唯有一支部队成建制地履行了自身效忠国家的誓言，那就是德国潜艇部队。在德国投降前夕的动荡时期里，潜艇部队官兵仍秉承了普鲁士军人一丝不苟的职业作风，尽管他们中不乏同情革命者，但潜艇部队特殊的战史和荣誉感，让他们直到最后关头仍紧密地团结在一起。投降前，他们中的很多人仍在执行着任务，或是在军港内遵守临时政府的指令弹压叛乱，他们是唯一成建制坚持到战争结束的兵种。他们日后也因此而坚信，自己从未被打败过。

11月11日，在巴黎郊区的贡比涅森林——半年之前德军前锋曾一度兵临此处，旋即被法军击退，此地也因此成了德国心中永远的块垒、法国心中永远的骄傲——德国代表在苛刻的停战协定上签了字，就此结束了4年之久的第一次世界大战。

战争结束了，在付出了数千万人死伤、失踪的代价后结束了，在无数次恶战连连、尸山血海的战役之后结束了，在无数个家庭垂泪低泣、痛殇爱子的无眠之夜后结束了。

参加完帝国王宫举办的欢庆胜利的豪华晚宴，英军总参谋长意兴阑珊地返回他的寓所。途径白金汉宫的门前时，趁着酒兴，他要求司机放慢车速，以便分享一下路边无数喜气洋洋的伦敦群众载歌载舞的欢庆之情。这时，他在路边发现了一位衣衫褴褛的老年乞丐正悄悄地哭泣着。

他推开车门走上前去俯身询问道："夫人，您有什么为难的事？需要我帮助你吗？"

"谢谢，我是在高兴，我在战争中死去的3个儿子没有白死。"

第一次世界大战期间主要国家军队死亡情况总表

单位：万人

德国	奥匈帝国	奥斯曼土耳其	保加利亚	塞尔维亚	俄国	法国	英国	日本	中国	希腊	意大利	澳大利亚	新西兰	比利时
200	120	80	9	100	180	140	100	0.05	0.5	1	80	6	1.6	10

注：因数字来源不同，部分数字中含有平民死亡数字。

附录：第一次世界大战影视导航

历史上的第一次世界大战，大家多少有些陌生，而银幕上的第一次世界大战，却曾经一次又一次感动过我们。无论是《列宁在十月》、《夏伯阳》这类红色经典电影，还是《阿拉伯的劳伦斯》、《魂断蓝桥》这类永恒经典，其实都是以100年前的那场战争为背景的。在那遥远的战争中，人类第一次面临着世界末日的恐惧，也第一次在灵魂深处真正发现了对美、对自由、对幸福、对和平的由衷憧憬。正所谓"气之动物、物之感人，故摇荡性情行诸舞咏"，电影成了抒发人们这种种情感的舞台，在长达百年的时间里，人们一次次地将发生在第一次世界大战时期的各类故事搬上大银幕，并沉淀出了一部部永恒的经典。笔者试从中撷取部分华章，一来通过电影的介绍使读者更真切地感受到第一次世界大战的氛围，二来通过相关影片的点评，使读者在光影与史实间自如地飞架起一座小桥。

《大阅兵》（上映时间：1925年　出品：美国）

故事梗概：影片通过3个出身迥异的美国士兵在欧洲战场的遭遇，对第一次世界大战进行了深入的反思。

点评：自电影诞生以来，战争片往往难逃一个窠臼，那就是极力渲染战地的浪漫，各种挥舞着白胖手臂的曼妙女郎把战场装点得宛如情人节的世贸天街，却罔顾战争年代人连饭都吃不饱何谈化妆这类问题。值得注意的是，近90年前出品的这部美国影片则在浪漫之中独辟了一条蹊径：战争的可贵在于人们能发现平时难以发现的美丽，马放南山之际，人们最难忘的则是枪林弹雨中摇曳生姿的战地黄花。

《西线无战事》（上映时间：1930年　出品：美国）

故事梗概：一群初出茅庐的学生在老兵卡特的带领下走上了战场，在和敌人进行着殊死较量的过程中，这些年轻士兵的心理也渐渐发生了变化，他们没有在

向往巳久的战场上找到梦寐以求的荣光，而是被无尽的痛苦和死亡所困扰。在停战协定即将生效的最后一刻，本片主人公保罗在跳出战壕、追逐一只蝴蝶的过程中被对面的法军狙击手命中。

点评：本片是世界上第一部有声战争片，在枪林弹雨的映衬下，前线士兵在战壕中的恐惧与彷徨，让人过目难忘。

《夏伯阳》（上映时间：1934年　出品：苏联）

故事梗概：影片讲述了苏俄国内革命战争时期传奇英雄夏伯阳的传奇经历。作为在战争中成长起来新型指挥员，夏伯阳虽然出身农民，却是天生打仗的好手，在与沙俄残余势力的斗争中屡建奇勋。

点评：请注意本片的出品年代，这是一部为斯大林进行党内清洗而刻意进行舆论引导的特殊电影，塑造的是一位有血有肉却无大脑的战斗机器的人生。事实上，当时大清洗的倾巢之下，苏军内部恰恰是这一类文化程度不高、思想又极其单纯的指挥官活到了最后。他们仍迷信着骑兵的冲锋能包揽一切，他们仍相信单凭铁一样的意志能打破机枪的火力，他们甚至迷信领袖的声威能让敌人不战自溃。当然，随之而来的二战则成了这类人的噩梦，正如第一次世界大战成了粗鲁的骑兵汉们集体退役的典礼一样。

《魂断蓝桥》（上映时间：1940年出品：美国）

故事梗概：1917年，英军上尉罗伊在躲避空袭的过程中认识了美丽的舞女玛

拉，俩人迅速坠入爱河，这个迷人的夜晚结束的时候，俩人已到了谈婚论嫁的程度。但造化弄人，两人的闪婚计划一波三折，罗伊重返前线后，玛拉误以为他已阵亡，身心憔悴，被单位开除，穷困潦倒。第一次世界大战结束，罗伊重返伦敦，终于见到了已沦为妓女的玛拉，玛拉不忍心上人名誉因自己受辱，选择在铁路桥上结束了自己的生命。

点评：一片名利场，一场生死恋，将第一次世界大战时期英国泾渭分明的社会对立描写得淋漓尽致，更对普通民众的悲惨生活进行了白描式的刻画。当人们津津乐道于前线武器装备的突飞猛进、各路名将的运筹帷幄时，恐怕鲜有人能提及这些同样饱尝战争苦难的后方百姓所付出的巨大代价。

《静静的顿河》（上映时间：1957年　出品：苏联）

故事梗概：影片根据肖洛霍夫同名著作改编。讲述了顿河一户哥萨克人家在第一次世界大战及随之而来的国内革命战争中的悲惨遭遇。战争开始前，主人公格里高利一家在顿河边过着幸福宁静的生活，而等到6年后战争结束时，昔日偌大的家族就只剩下了他和儿子两个人。

点评：在影片中，观众能体会到闻名遐迩的俄国哥萨克骑兵发起攻击时排山倒海的气势，领略到曾令欧洲人战栗的"俄罗斯压路机"的无穷威力。但同样是在第一次世界大战战场，机枪的睥睨一切、堑壕的横空出世、空中扫射和重炮轰击的立体打击，却标志着骑兵这一古老兵种的自此衰亡，勇敢的哥萨克骑兵们从此一去不返了，正如片尾劫后余生的格里高利投射在大地上形单影孤的身影一样。

《好兵帅克》（上映时间：1957捷克斯洛伐克版、1960年西德版）

故事梗概：两部影片都取材于捷克知名作家哈谢克的同名小说改编。讲述了第一次世界大战时期，奥匈帝国小市民帅克在军中服役时的种种怪诞不经的遭遇与见闻，同时深深讽刺了当时奥匈帝国统治阶层的腐朽。帅克因胡说八道而被密探送入军队服役，成了某神父的勤务兵，却在一次赌博中被神父输给了一个军官。为了投新主子所好，帅克偷了一条狗，没想到这竟然是将军的狗。帅克和主人被发往前线，阴差阳错间，竟然又与倒霉的将军乘上了同一列火车……

点评：影片的风格部分也借鉴了这部优秀小说的特色，那就是借插科打诨之机，将富有洞察力的思辨带给观众和读者。而帅克显然是个中的高手，他的种种历险、见闻，不动声色间将奥匈上层社会的腐朽与混蛋揭露得淋漓尽致。作者哈谢克本人就曾在奥匈军队中服役，对此有着大量感同身受的感悟，因此格外地酣畅淋漓。

《阿拉伯的劳伦斯》（上映时间：1962年　出品：英国）

故事梗概：第一次世界大战开始后，为了从土耳其手中夺取阿拉伯地区，英国当局派遣素有"阿拉伯通"之称的年轻中尉劳伦斯前往阿拉伯半岛从事颠覆活动。劳伦斯蹈死地、藐生死，以未来美好的独立前景激励、团结起了大批阿拉伯部落共同反抗奥斯曼土耳其的残暴统治，屡屡挫败土军的军事计划，劳伦斯也因此闻名遐迩。然而，第一次世界大战结束后，阿拉伯各部落之间根深蒂固的矛盾再度死灰复燃，而英国当局也一反初衷，将阿拉伯地区看成是到手的肥肉。理想的破灭和对现实的不满，让劳伦斯心灰意冷，只好急流勇退。

点评：影片创造了许多影史之冠，沙漠戏拍得如梦如幻、登峰造极，以至于多年来没有导演敢再在沙漠取景拍片；人物刻画入木三分，将一个有血有肉、有情有义的现代传奇英雄描摹得淋漓尽致；战争场面恢弘有致，既有空前绝后的千军万马冲锋陷阵的大场景，也有描写屠杀战俘时一笔带过，既有

对残酷战争于无声处的艺术再现,也有"废池乔木犹厌言兵"的苍凉之美。

点评:究其实质,这是一部政策反思片。1956年,英法为夺取苏伊士运河发动了第二次中东战争,结果以灰头土脸撤退而告终。此片问世,立刻引发巨大争议,有人认为这是对英国殖民政策鞭辟入里的嘲讽与反思,也有人认为,这是在歪曲丑化众所周知的民族英雄和民族功业。究竟孰是孰非,如今已不再重要。一代影帝奥图尔已驾鹤西去,而大英帝国的神话与传奇也早已成了明日黄花,妖娆难再。

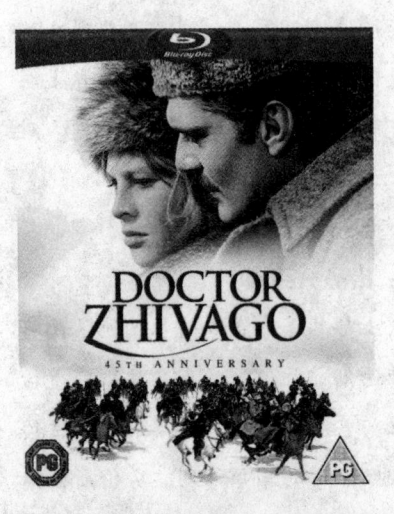

《日瓦戈医生》(上映时间:1965年 出品:苏联)

故事梗概:沙俄知识分子日瓦戈医生,在第一次世界大战时期邂逅了美丽的护士娜拉,从此开始了不顾一切的追逐爱情之旅。

点评:作为一部经典电影,该片讲述了一个知识分子在第一次世界大战及随之而来的革命年代里的自我救赎过程;而从战争片的角度来看,该片也恢弘绚丽地展现了当时东线战场和苏俄内战时期的真实景象。

《战壕》(上映时间:1999年 出品:英国、法国)

故事梗概:1916年夏,英法军队准备对当面德军展开大规模进攻,然而,错误的情报和战略误判,让英军迎来了有史以来最血腥的一天。

点评:第一次世界大战过程中,对战争双方而言,最凶恶的敌人并非对方,而是每个士兵都不得不面对的战壕岁月。此片所反映的战争似乎应是西线以"血肉磨坊"著称的索姆河之战,而其实,哪一场战役重要吗?整个第一次世界大战，无论东线还是西线，哪一处战场不充斥着士兵的诅咒与哀怨？

《失落的战场》（上映时间：2001年12月　出品：美国）

故事梗概：1918年秋，协约国军队向德军展开反攻，在一处名为阿拉贡森林的地带，由于情报有误，美国远征军第77师一营的800将士深陷重围。在没有支援、弹尽粮绝的情况下，美军士兵坚守住残缺的阵地，打退了德军数次进攻，经过5天的激战，以伤亡600人的代价，最终拖住了敌人，为战役的胜利做出了贡献。

点评：第一次世界大战电影中名声不大但拍得较好的一部，战争片爱好者的必看。但话说回来，此战的意义在战史中真的不大。

《勾魂谷》（上映时间：2002年　出品：法国、德国、意大利）

故事梗概：1917年，一队英军士兵奉命进驻一段德军弃守的堑壕，但在堑壕中，他们发现了令人毛骨悚然的秘密——旷日持久的战争，激活了沉睡地下的邪灵，而这段堑壕正是邪灵吸食人血的菜园……

点评：此片从叙事到悬念的堆砌都恰到好处，尽管打着第一次世界大战的幌子和史实毫不沾边，但却发人深省，韵味悠长。

《空战英豪》（上映时间：2006年　出品：美国）

故事梗概：第一次世界大战爆发后，空战很快成了一件非常时髦的事，吸引来了诸如美国西部牛仔、富家子弟、黑人拳击手等各色人等前来参军，38人组成的航空队抵达战区，而等待他们的，是导演认为最荡气回肠的空战与军人至高的荣誉。

点评：影片穿帮之处很多，故事也充满了好莱坞式的肤浅，但作为一部为数不多的第一次世界大战空战片，凑合着可以一看。

《卡索之战》（上映时间：2007年　出品：意大利）

故事梗概：第一次世界大战末期的伊松左河前线，勇敢的士兵马里奥遇到了美丽善良的护士爱博蒂娜，一段美丽的爱情故事就此展开。但是，爱博蒂娜竟然是将军之女，在那个崇尚门阀的年代里，这种跨越阶级的爱情是不被许可的。为了得到心上人，马里奥不得不面对来自军方上层的各种特殊"关照"，而爱情也成了支持这名士兵在各种险境下艰苦求生的唯一支柱。

点评：从堑壕战、山地战、地道战、单兵肉搏，这是部刀刀见血肉的不错的战争片，尽管影片所讴歌的是第一次世界大战中表现最差的部队——意大利军队，而影片所反映的则是本书中提到的那漫长的一系列伊松左河战役。

《海军上将高尔察克》（上映时间：2008年　出品：俄罗斯）

故事梗概：影片讲述了海军杰出将领高尔察克充满悲情色彩的一生。作为一名优秀的海军将领，他在第一次世界大战中率领黑海舰队与土军巧妙周旋，屡建奇勋。二月革命后，他辞职游历欧美，却在远东获知十月革命爆发的消息，他作为沙俄军队在当地的最高指挥官，开始了新的征程。但是，他是一个优秀的将军，却不是一名优秀的政客，下辖的各股势力心怀鬼胎，而如火如荼的革命烈火正越烧越近。最终，这位原本应该在最后一场对外战争中倒下的英雄，却成了内战的牺牲品，价格为一车皮黄金。

点评：沙俄的军队中不都是夏伯阳那样的高大全式英雄，也不全是莱宁坎普那样的庸人混蛋，同样也有高尔察克这样的军事天才，只是时运不济、命途多舛，他们的聪明才智没有机会在对外战争的舞台上得以应用，而一旦应用时总要加上这样那样的附加条件。影片色暗味沉，极似一部未经雕琢的纪录片，却从无声无息处，让人感受到一代将才面临不可知命运时的绝望与惶恐。

《帕斯尚尔战役》（上映时间：2008年　出品：加拿大）

故事梗概：影片讲述了在残酷的西线伊普尔战争中，一个英国军官与一名战地护士间的浪漫爱情故事。

点评：伊普尔战役共进行了三次，基本可理解为英国为了保障本土与本国远征军间的海陆通道畅通所进行的有限战争，但尽管如此，在英国指挥官愚蠢的指挥下，仅影片所反映的第三次战役，英军就付出了几十万人死亡的代价。

《奇袭60高地》（上映时间：2010年　出品：澳大利亚）

故事梗概：影片讲述了一群澳大利亚士兵在西线所执行的特殊任务，相对于其他操枪弄炮的战友，他们的武器却是铁锹与十字镐，而地底永恒的黑暗与未知的恐惧则是他们主要的敌人。

点评：地道战是人类最古老的作战方式，而影片便将镜头对准了地道战背景下几个小人物的命运。

《战马》（上映时间：2012年　出品：美国）

故事梗概：艾伯特的父亲为了经营农场，不得不把儿子心爱的马乔伊卖给军方。转眼间，第一次世界大战爆发，乔伊作为军马来到了前线，而它的冒险故事这才刚刚开始。

点评：近年来少见的精品战争电影，全片以一匹马的视角描写了第一次世界大战西线战场的方方面面，各色人等也得以在一匹马的观察下露出本来的面目。

第十二章大事记

1. 1917年1月，法军"屠夫将军"尼韦勒接替霞飞出任法军统帅，上任伊始发动了臭名昭著的"尼韦勒攻势"，在德军精心准备的火力网前，英法联军损失惨重，尼韦勒仍不肯罢休，单独驱策法军进攻，法军士气低迷，"集体罢工"，尼韦勒下台，贝当接任。

2. 1917年7月，英军统帅黑格发动了尚斯帕尔战役（又称第三次伊普尔战役），结果因为炮击破坏了佛兰德地区脆弱、重要的水利设施而使全军陷入一片泥泞沼泽之中难以动弹。

3. 1917年11月20日，为了挽救战局，英军发动了康布雷之战，首次实现了坦克与步兵的密切协同，同时还运用了战场欺诈等手段，开启了机械化战争时代的真正先河，还开创了一种新的、日后被命名为"闪电战"的作战模式，收获巨大。

4. 1918年3月21日，与苏俄签订了《布列斯特条约》后得以从东线抽身的德国，倾全国之力在西线发动了规模空前的攻势，再次兵临马恩河流域，并用远程大炮轰击巴黎，造成巨大恐慌。协约国一方虽然损失惨重，但凭借人力和物力之优，最终艰难地挽回了败局。

5. 1918年9月，协约国军队突破原德法边境的兴登堡防线，挺进德国腹地。

6. 1918年秋，德国的败相已显，奥匈帝国解体，奥斯曼土耳其帝国发生政变，新的共和政府宣布退出战争，保加利亚也向协约国投降。

7. 1918年11月11日，德国代表在法国贡比涅森林与协约国代表签订了停战协定，第一次世界大战正式结束。

主要参考书目

1. 罗斯图诺夫斯基. 一战风云[M]. 钟石，译. 上海：上海译文出版社，2000.
2. 李德·哈特. 第一次世界大战战史[M]. 林光余，译. 上海：上海人民出版社，2010.
3. 富勒. 西洋世界军事史[M]. 钮先钟，译. 桂林：广西师范大学出版社，2004.
4. 马丁·吉尔伯特. 丘吉尔传[M]. 马昕，译. 武汉：长江文艺出版社，2013.
5. 温斯顿·丘吉尔. 第一次世界大战[M]. 吴良建，等，译. 广州：南方出版社，2005.
6. 雷根. 皇室的谬误[M]. 马茂祥，译. 济南：山东画报出版社，2007.
7. 毛元佑，等. 第一次世界大战大参考[M]. 北京：京华出版社，2006.
8. 梅尔. 一战秘史[M]. 何卫宁，译. 北京：新华出版社，2011.
9. 芭芭拉·W. 塔奇曼. 八月炮火[M]. 尤利，译. 北京：中国友谊出版社，2011.
10. T·E. 劳伦斯. 智慧的七大支柱[M]. 史惠风，译. 北京：团结出版社，2003.
11. 约翰·托兰. 希特勒传[M]. 郭伟强，译. 北京：国际文化出版公司，2010.
12. 雷根. 人类陆战史上的重大失误[M]. 陈海宏，译. 济南：山东画报出版社，2007.
13. 希尔. 铁甲舰时代的海上战争[M]. 谢江萍. 译. 上海：上海人民出版社，2005.
14. 乔治·杜比. 法国史[M]. 吕一民，等，译. 北京：商务印书馆，2010.
15. 克莱顿·罗伯茨. 英国史[M]. 潘兴明，等，译. 北京：商务印书馆，2013.
16. 阿伦·马林森. 英国陆军史[M]. 胡坚，译. 桂林：广西师范大学出版社，2013.

17. 何蓉. 奥匈帝国[M]. 西安：三秦出版社，2001.

18. 兰普. 南斯拉夫史[M]. 刘大平，译. 上海：东方出版中心，2013.

19. 古德温. 奥斯曼帝国[M]. 郭金，译. 南京：江苏人民出版社，2011.

20. 梁赞诺夫. 俄罗斯史[M]. 杨烨，译. 上海：上海人民出版社，2007.

21. 吉尔斯·麦克多诺. 世界战役史[M]. 巩丽娟，译. 北京：金城出版社，2013.

22. 陈海宏. 欧陆烽烟[M]. 北京：北京大学出版社，2010.

23. 杰弗里·帕克. 剑桥战争史[M]. 傅景川，译. 长春：吉林人民出版社，1999.

24. 查攸吟. 日俄战争[M]. 武汉：武汉大学出版社，2012.

25. 卡尔. 两次世界大战间的国际关系[M]. 徐蓝，译. 北京：商务印书馆，2008.

26. 维勒. 德意志帝国[M]. 邢来顺，译. 西宁：青海人民出版社，2009.

27. 艾伦·帕迈尔. 俾斯麦传[M]. 北京：中共中央党校出版社，2000.

28. 保罗·布特尔. 大西洋史[M]. 刘明周，译. 上海：东方出版中心，2011.

29. 梅耶. 第一次世界大战时期士兵的日常生活[M]. 项颐倩，译. 上海：上海人民出版社，2007.

30. 埃泽曼. 美国人眼中的第一次世界大战[M]. 孙宝寅，译. 北京：当代中国出版社，2006.

31. 马奥尼. 捷克和斯洛伐克史[M]. 陈静，译. 上海：东方出版中心，2013.

32. 保罗·库比赛克. 乌克兰史[M]. 颜震，译. 北京：中国大百科全书出版社，2009.

33. 鲁克瓦斯特. 波兰史[M]. 常程，译. 上海：东方出版中心，2011.

34. 奥康纳·波罗的海三国史[M]. 王加丰，等，译. 北京：中国大百科全书出版社，2009.

35. 阎京生，刘怡. 塞尔维亚的轮回[M]. 北京：中国华侨出版社，2011.

后记　癫狂岁月

　　第一次世界大战是一场在人类最美好的年代里进行的最愚蠢、最惨烈的战争。第一次世界大战颠覆了以往的战争传统，更以跨越式的步伐，让人类机械时代的文明过早地诞生在硝烟炮火之中。第一次世界大战让电线的力量战胜利了钢铁，第一次世界大战让君王的意志从此一蹶不振。

　　就在第一次世界大战结束后不久，退位后一直被苏联秘密监禁的沙皇尼古拉二世一家被红军处死，但他的死并没有终结俄国的苦难，他身后的俄罗斯大地此时依旧战火纷飞，还将用无数人的死亡换取一个浴火重生的崭新帝国。

　　佛朗茨皇帝早在1916年就已与世长辞，与他过早离世的爱妻合葬一处，他们静静地看着传承千年的奥匈帝国在他死后两年内瓦解成了一堆碎片。

　　奥斯曼土耳其帝国在德国彻底投降前的1918年10月30日签订了停战协议书，关于签字地点的选择，英国人考虑了很久，最终选择了在"阿伽门农号"战舰上举行，从而给此次英土战争赋予了特洛伊之战延续的盎然古意。第一次世界大战后，奥斯曼土耳其结束了名存实亡的苏丹制，转而成为共和国。拜丘吉尔那次拙劣的战役筹划所赐，在加里波利战争中脱颖而出的凯末尔成为土耳其共和国的开国元勋，他带领人民除旧布新，坚持和平崛起、四邻和睦的外交方针，结束了土耳其历史上征战四方或是被四方所征战的状态，使版图大大缩水后的土耳其成为了真正的现代国家。

　　从奥斯曼土耳其帝国旧有版图上分裂出来的地区和国家则面临着迥异的处境。在阿拉伯地区，英国特工劳伦斯以英国将支持阿拉伯地区彻底独立建国为号召，指挥当地反土耳其统治的酋长与战士与土军展开了长达3年的浴血奋战，并成功收复了加沙、大马士革等名城。但战争结束后，英国出于地缘政治的考虑，一反前诺，将这些领土全部收入了囊中，从此与阿拉伯人结下了世仇。对西方的不信任，从此深深植根于世代阿拉伯人的心中。在现当代的历史演变中，这种根深蒂固的仇恨至今仍在。

德皇威廉二世投奔荷兰，因为这是周边邻国中他唯一没有得罪过、侵略过的国家，当年他甚至为此不惜冒着与容克地主集团翻脸的风险，强行勒令小毛奇修改了"拂袖海峡计划"，让德军绕过荷兰、只通过比利时侧击法国，结果导致拥挤不堪的部队被迫屯兵列日要塞下，错过了横扫法国的大好时机。但此举却给他晚年找到了一个如花园般静谧安详的归宿。在远房亲戚、荷兰女王威廉明娜的悉心关照下，荷兰回绝了协约国提出的引渡德皇回国受审的要求。威廉二世在这里成了一位人畜无害的老人，他唯一的过分要求就是侍从们天天必须戎装上班，并随时接受他的检阅。

作为第一次世界大战中唯一走到了时代前列、享尽了凯旋荣耀，最后却不得不黯然辞官亡命他乡的鲁登道夫，在他的流亡地瑞典受到了英雄般的礼遇。在这里，鲁登道夫试图潜心学术，开始撰写他日后闻名遐迩的著作《总体战》，为未来的另一场战争提供了夺取更多生命的理论基石。不过生性好动的鲁登道夫在老搭档兴登堡成为德国总统后，再次返回了故土。在这里，他除了享受英雄般的礼赞外，还发掘了一位"人才"希特勒，并和他并肩奋斗，直到希特勒的政党登上德国权力的巅峰。幸好，1936年，鲁登道夫及时地去世了，这使得他免受未来一场更大规模失败的羞辱，并让他尚能因生前的著作而仍旧享誉至今。

作为和平时代来临的象征，1919年6月28日，英、法、美、日、意等协约国与德国在法国首都巴黎凡尔赛宫正式签订了《凡尔赛和约》，该和约共15部分、440条，于1920年1月20日正式生效。

在英国和法国的主导下，第一次世界大战后的德国面临着可怕的命运：青壮年在战争中损失惨重，国内百业萧条，大片领土和人民被《凡尔赛和约》割让了出去，损失了7.3万平方千米土地和700万人口，丧失掉了全部的海外殖民地，举国背负上巨额的战争赔款。这些无不让德国人恨之入骨，因此就连协约国善意的举动，在德国人看来也充满了罪恶。

在巴黎和会上，协约国代表们也为德国的未来进行了充分的考虑与规划。在他们的亲切关怀下，一个人类历史上唯一的人造政权正式得以建立，这个名为魏玛共和国的政权，基因里涵盖了人类有史以来所有的良好希望——民主选举、议会制度、多党制度、几近完美的宪法等。协约国在狠狠地处罚了德国后，企图让德国的人民饿着肚子来接受这一套看似完美绝伦、花哨无比的礼物，以表达对这个国家未来无限美好的愿景。但事与愿违的是，这个人造的政权唯一缺少的就是人民的认可，而《凡尔赛和约》的签订则使得魏玛共和国自诞生之日起，就与德国人心目中英国和法国等仇敌的形象画上了等号。

《凡尔赛和约》规定，作为对德国未来军事性崛起的预防性手段，德国国防军只能维持10万人的规模，几乎没有任何重武器。德国仅存的舰艇大部分被拖曳到了英国重要军港斯卡帕湾——战争期间德国人两度想潜入偷袭却未能得手的重要军港，面临着被一一凿沉的命运。

一边处理德国，协约国之间一边又为重新划分势力范围，展开了一场明争暗斗。

损失惨重的法国极力主张削弱德国，而英国出于欧洲大陆力量均衡的考虑，一开始对此不置可否，而拥有大量德裔人口的美国则反对过分削弱德国。见美国开了腔，英国也加入了法国的阵营里，他们认为，现在欧洲已经和平了，内部事务已用不着美国插手，该是到了让美国人把手缩回美洲去的时候了，于是欧美两方刚刚还把酒庆功、亲如兄弟，一下子就又开始纠葛不断。

尽管在这场战争的后期，美国出力甚伟，但在国际外交舞台而言美国还是个新人，相对于外交手段老辣、政治智慧充盈的英国和法国，美国不过是个体格发育异常强健的小学生而已，在欧洲的200万大军并不能增加美国在巴黎和会上的一丝话语权。

不仅在欧洲问题上矛盾重重，为了拉拢日本这个新伙伴，英国在中国问题上也不准备卖给美国面子。

第一次世界大战时期，美国为了争取中国参战，威尔逊总统曾当面向中国方面许诺，要在第一次世界大战后为中国争回德国在山东的主权。第一次世界大战中，为了威尔逊总统的这句承诺，中国向欧洲派出了数万名青壮年华工，他们远渡重洋，从事战地物资搬运、抢修工事等危险工作，西线历次战役中，都有华工出生入死的身影，有时甚至还要直接以血肉之躯参与战斗。

为了协约国最后的胜利，整个第一次世界大战过程中，有5000名华工永远倒在了异国的土地上。

但是,第一次世界大战后一切全变了。

英国为了巩固英日同盟关系、制约美国发展的考虑,竟然执意要把德国在中国山东的利益原封不动地转给日本。权衡再三,美国总统威尔逊屈从了英国的意见,但这在美国国内却掀起轩然大波。美国人同情弱者、痛恨强权的国民性,使英国在美国一夜之间完成了从舆论同情者到舆论抨击者的转变,各大报刊纷纷抨击总统牺牲弱国、取媚英国的行径,这一风波直接影响了美国的总统大选。

带领美国赢得了第一次世界大战的威尔逊总统,本该作为林肯之后最杰出的英雄而载入史册,但对第一次世界大战后问题的处理不当,却让他黯然下野。

随后,在战争债务偿还上,英国人也紧随法国人的脚步,开始向美国赖账,声称战败国还多少,他们才会还美国多少。这种用着人时脸朝前,用不着人时脸朝后的市侩嘴脸,给美国朝野上下留下了恶劣的印象,甚至直到20多年后二战全面爆发了,美国大多数民众仍旧没忘英国当年的这份龌龊,以至于后来的英国首相丘吉尔和美国总统罗斯福不得不花费更大的代价来打破这层坚冰。

日本凭借此战之胜,再次证明了自己的实力,在以往20年的崛起史上,日本靠着三次并不光彩的不宣而战,打败了中国、俄国,这次又偷袭了德国在远东的地盘,又一次在中国的领土上获得了完胜的战绩,终于在仅供列强表演的舞台上站稳定了脚跟。从此,日本彻底丢弃了廉耻,只拜伏"强权即真理",任由欲望摆布……

最可怕的是,第一次世界大战之后英国主导的以民族自决为基础的和平体系,也打开了"潘多拉的魔盒"。

理论上说,以民族划分疆域看上去很对,但这是从西欧比较稳定的形态来看的,但人类除了血缘这一个属性外,还有许多其他的属性,比如语言文字、宗教信仰、生活习惯、文化认同等,只取一样而不及其余地将一片片土地人为地割裂为国家,为以后的纷乱与战争埋下伏笔,这正是第一次世界大战给后世人们造下的最大的冤孽。

奥匈帝国、奥斯曼土耳其帝国本身是欧洲最腐朽的两个王朝,长期以来,它们最令人诟病之处就是境内容纳了那么多的民族和信仰,但也正因如此,这两个帝国客观上限制了欧洲种族主义的蔓延,庞大的帝国疆域也经受住了内部各个民族间的冲突与摩擦，而第一次世界大战后这两个奇怪帝国的瞬间消失、各小国的纷纷独立，却让这些麻烦统统成了国际问题。更有甚者，各国间犬牙交错的民族人口状态，反倒为日后的冲突留下了无尽的伏笔。当20年后，希特勒以民族自决的口号找上门来要求领土时，凡尔赛体系的继承者们既不敢否认，也不能接受，战争就成为唯一的选择。

甚至直到今天，欧美所主导的民族自决制度仍时时引发着各类规模不等的政治地震。

作为第一次世界大战事实上的肇事者，战前的小国塞尔维亚在巴黎和会上成了最大的赢家，虽然自己的靠山沙皇俄国已不复存在了，但英国和法国仍对这个巴尔干的小兄弟给予了力所能及的照顾，让塞尔维亚实现了几乎所有的梦想，兼并了奥匈帝国的大片领土，一跃成为了东南欧一带首屈一指的强国。

但这个以南斯拉夫人为主，名叫南斯拉夫的国家并不幸福，各个族群间矛盾尖锐，特别是克罗地亚、斯洛文尼亚这些曾长期接受奥匈统治的地区，文化发展程度更高。虽然同为南斯拉夫人，但他们却对日耳曼文化有着更高的认同度。这个"强扭的瓜"一直存在了80年，直到20世纪90年代，各族群间的裂痕才最终演变成一场让全世界揪心的种族大战。

第一次世界大战前，乌克兰人散居在奥匈帝国、保加利亚、俄罗斯境内，民族特征并不明显，第一次世界大战结束后，协约国人为地复活了波兰。2013年年底，乌克兰地区爆发了新的政治冲突，族群分裂，社会动荡，其何去何从成为人们关注的焦点，俄罗斯与美国在乌克兰问题上也是隔空舞剑，各不相让。其实，乌克兰西部亲西方的那部分，以前正是奥匈帝国的传统领土，第一次世界大战之后才并入了波兰，而乌克兰东部则长期处于俄罗斯统治下，二战后，两个乌克兰才合二为一，但两方各自接受了两种迥然不同的文化形态，习俗不同、文化各异，非按民族划分、人为地掺和一块去，能捏得起来吗？

在遥远的中国，《凡尔赛和约》激起的轩然大波改变了这个古老国家文明嬗变的步伐。当发现自己作为战胜国却被盟友出卖后，整个国家掀起了救亡图存的热潮——当民族主义在欧洲主导了100年之久、并因过度的滋养而引发了一场骇人听闻的世界大战之后，在中国重新焕发出别样的生机。从此之后，这个古老没落的老大国家以西方的各类方式，开始了脱胎换骨的转化与实验。面对这个古老对手的再度觉醒，在第一次世界大战中获利甚丰的新贵国家日本开始坐卧不安，从此开始了两国间漫长的血拼。

1919年6月28日，《凡尔赛和约》正式在法国签署。当时任协约国联军总司令的法国元帅福煦得知该和约内容后仰天长叹道："这不是和平，这只是20年的休战！"一语成谶。

甚至该和约墨迹未干，世界上已经打成了一团，靠着协约国之力人工复活的波兰，民族情绪极度高涨，先是与苏俄大打出手，接着又和陆军缩减到10万的魏玛德国打成了一团。协约国人为建立的其他各个小国间围绕边境、人口无不陷入了一场场纠纷之中，巴尔干地区甚至上演了多起惨绝人寰的大屠杀，各国间也因此埋下了仇恨的种子。

而这一切也正好中了《凡尔赛和约》幕后推动者英国和法国的心意，他们就需要一个并不太平的欧洲，需要一个到处一盘散沙、各国争相讨好他们的欧洲。

英国在大陆问题上的一意孤行和对美国的排斥，反倒使德国战后意外获得了转机。亲眼目睹英国的势利表现，美国气不打一处来，自己费了半天力气，却因为英国的排斥，自己连欧洲的精英俱乐部都没挤进去，商业利益更是无从保障，特别是第一次世界大战后复员回家的上百万军人，他们的生计问题，若干年后差点颠覆了美国的立国基础。

此外，美国总统战前一再宣扬的和平体面的停战没有实现，被妖魔化的德国在战后显示出的脆弱无助，使美国上下都对德国抱有深深的同情。客观而言，德国战后经济的恢复美国出力不小，德美之间，无论是民间还是官方，因为这场战争反而走得更近了。1924年的"道威斯计划"，将美国的投资引入了德国，帮助德国重新走向繁荣。而随着经济的恢复，对凡尔赛体系深恶痛绝的德国人又开始了重新武装的步伐。

英、美、德、法、俄之间这场妙趣横生的"列国演义"，历时四年的第一次世界大战仅是开场歌舞而已，接下来的一个世纪里，他们还将以各自不同的表现演绎着或慷慨激愤、或凄苦悲凉、或卧薪尝胆、或笑里藏刀的各类春秋故事。打开电视，国际新闻里尽是他们的最新剧集，而如果想看看"前情提要"，就请在此书中寻找答案吧。

2014年7月于北京西便门

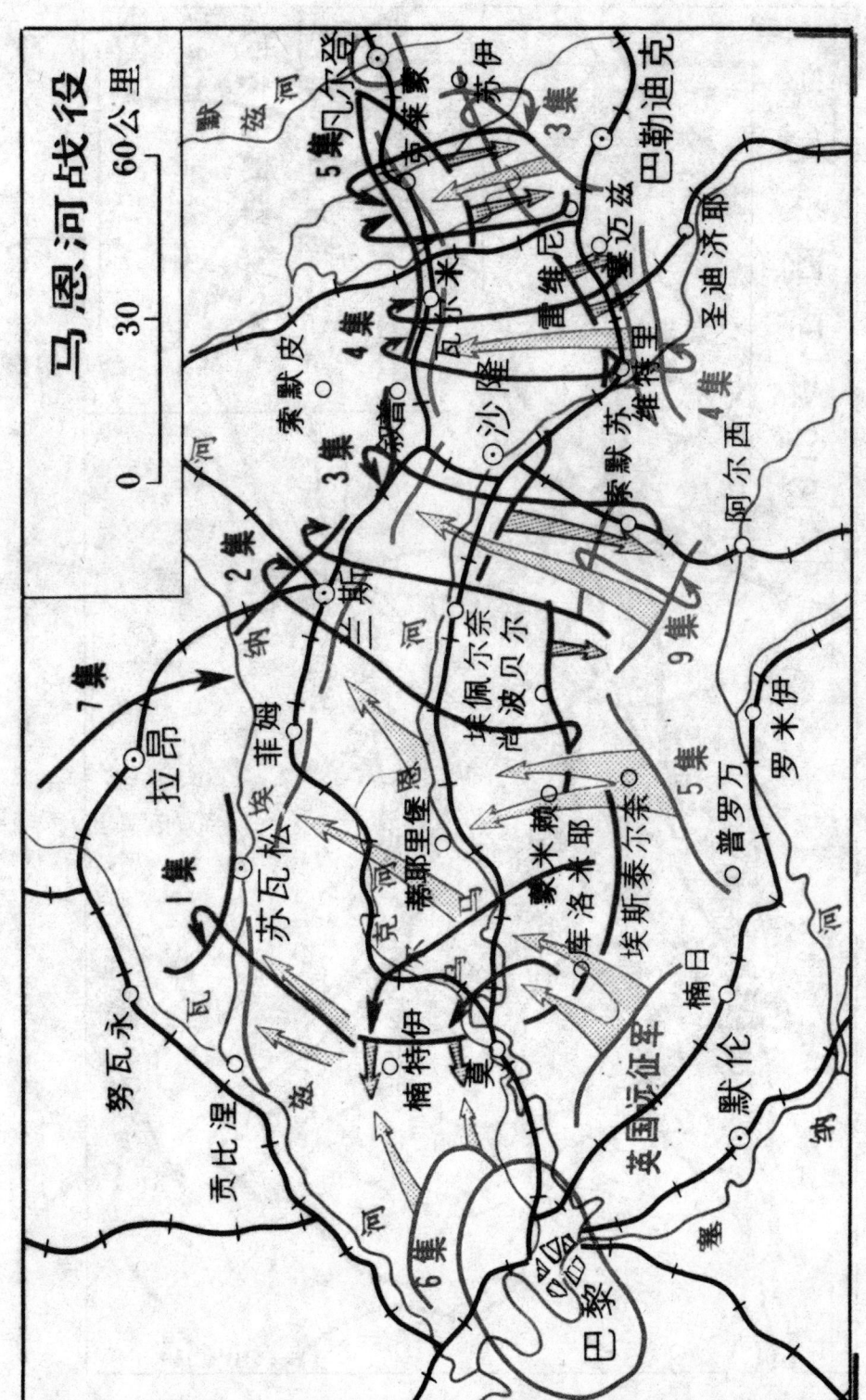

1914年马恩河战役

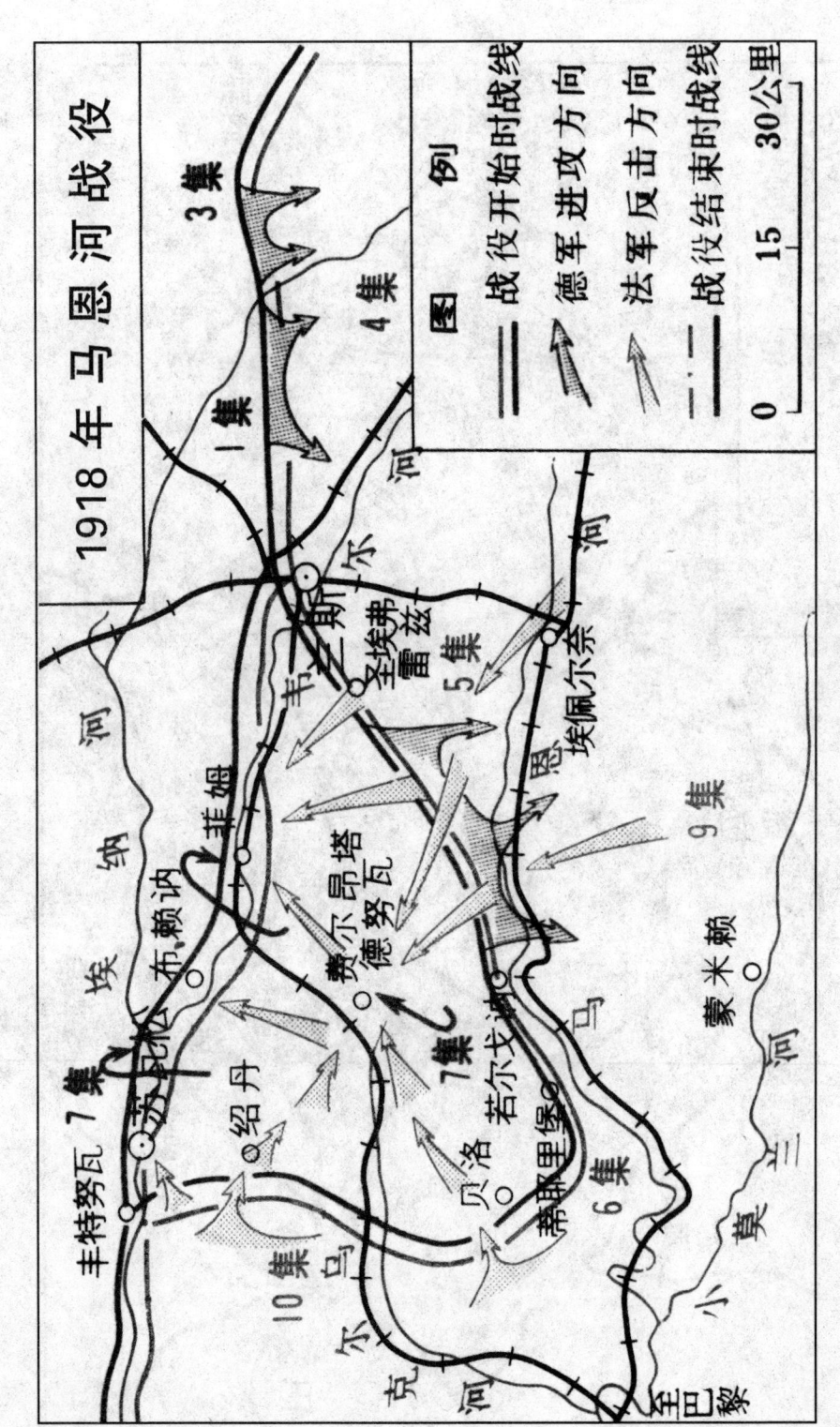

1918年马恩河战役

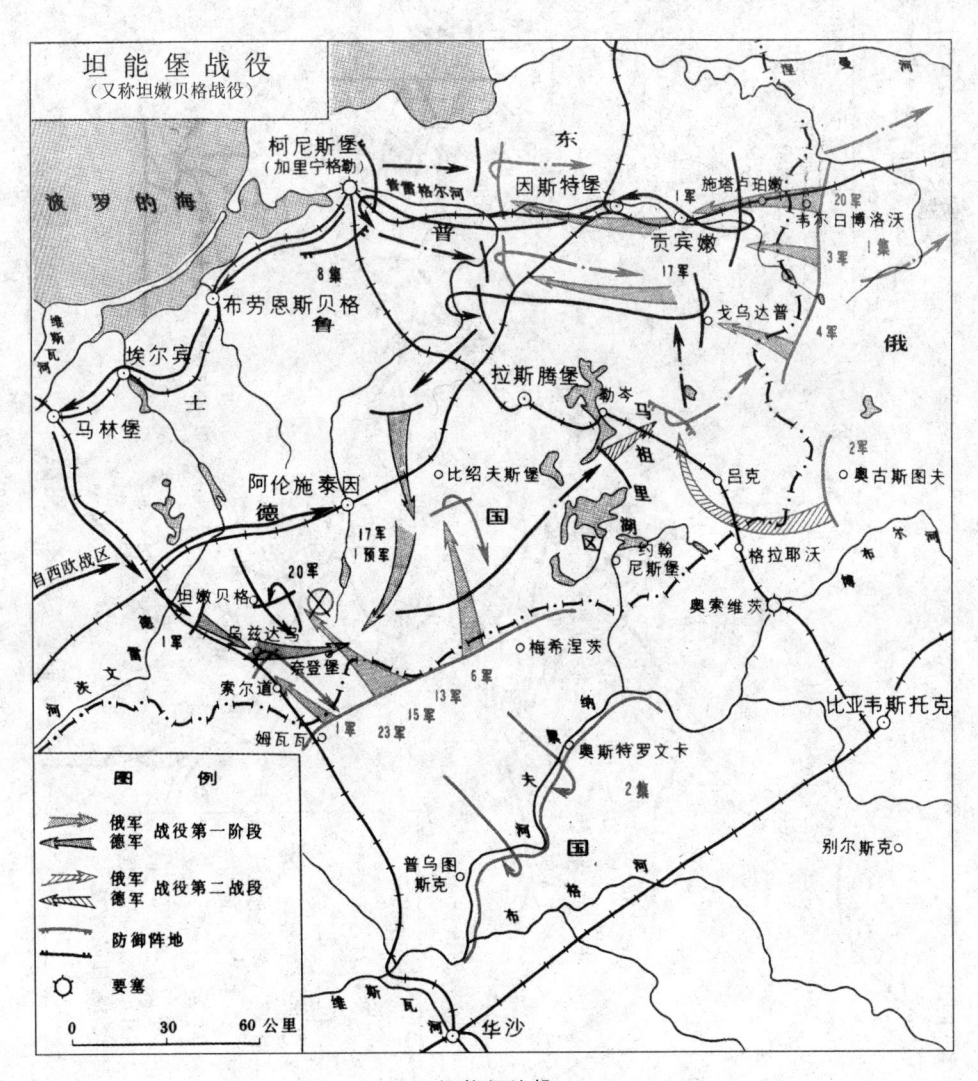

坦能堡战役

凡尔登战役

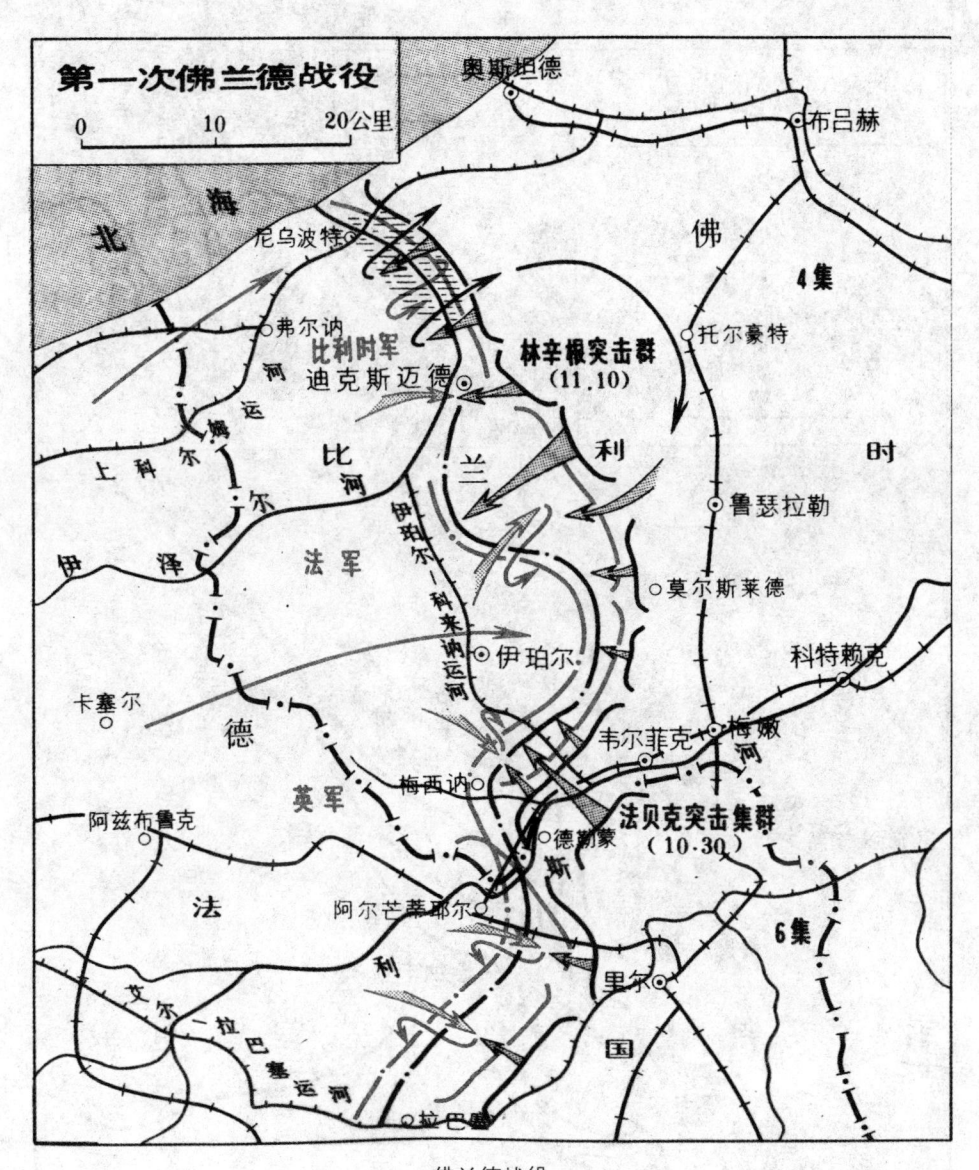

佛兰德战役

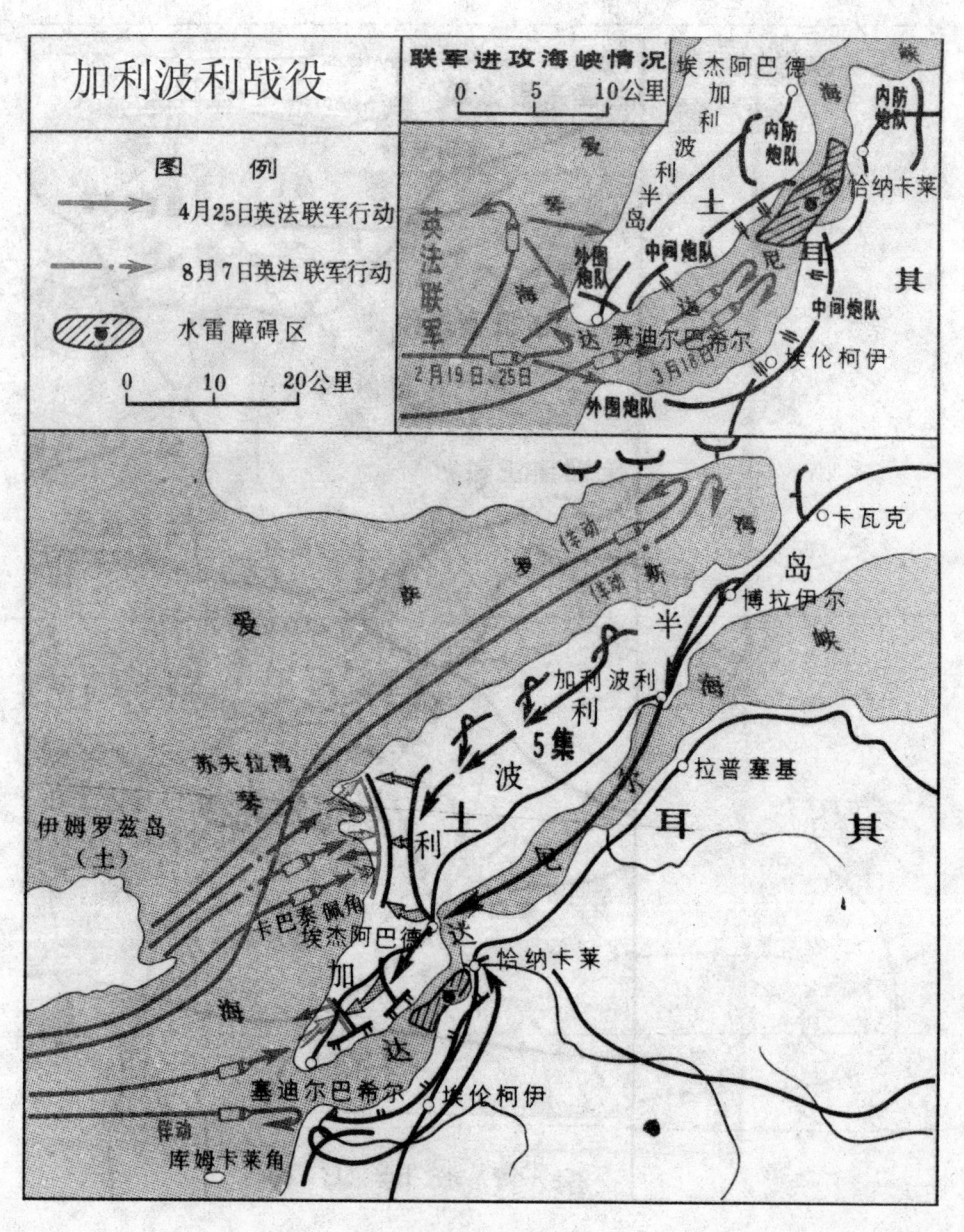

加里波利战役

加利西亚会战

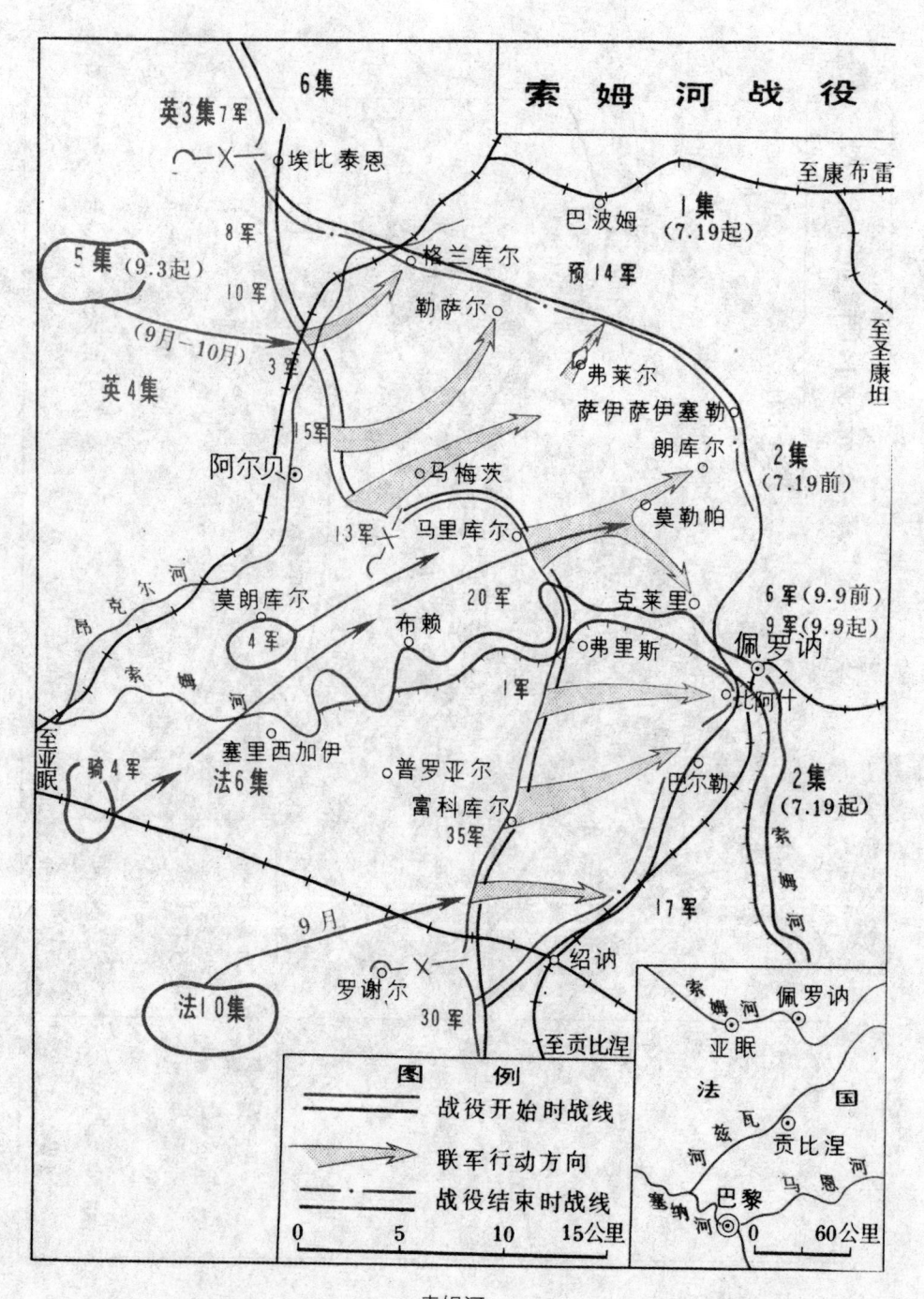

索姆河